相模女子大学中学部

〈収録内容〉

2024年度 ……………………… 第1回（算・国）
第2回（算・理・社・国）
適性検査型（適性検査）

※第2回国語の大問四は、問題に使用された作品の著作権者が二次使用の許可を出していないため問題を掲載しておりません。

2023年度 ……………………… 第1回（算・国）
第2回（算・理・社・国）
適性検査型（適性検査）

※第1回国語の大問五は、問題に使用された作品の著作権者が二次使用の許可を出していないため問題を掲載しておりません。

2022年度 ……………………… 第1回（算・国）
第2回（算・理・社・国）
適性検査型（適性検査）

便利なDLコンテンツは右のQRコードから

解答用紙

⇒

※データのダウンロードは2025年3月末日まで。
※データへのアクセスには、右記のパスワードの入力が必要となります。 ⇒534686

〈合格最低点〉

※学校からの合格最低点の発表はありません。

本書の特長

実戦力がつく入試過去問題集

- 問題 …………… 実際の入試問題を見やすく再編集。
- 解答用紙 …… 実戦対応仕様で収録。
- 解答解説 …… 詳しくわかりやすい解説には、難易度の目安がわかる「基本・重要・やや難」の分類マークつき（下記参照）。各科末尾には合格へと導く「ワンポイントアドバイス」を配置。採点に便利な配点つき。

入試に役立つ分類マーク

基本 確実な得点源！
受験生の90％以上が正解できるような基礎的、かつ平易な問題。
何度もくり返して学習し、ケアレスミスも防げるようにしておこう。

重要 受験生なら何としても正解したい！
入試では典型的な問題で、長年にわたり、多くの学校でよく出題される問題。
各単元の内容理解を深めるのにも役立てよう。

やや難 これが解ければ合格に近づく！
受験生にとっては、かなり手ごたえのある問題。
合格者の正解率が低い場合もあるので、あきらめずにじっくりと取り組んでみよう。

合格への対策、実力錬成のための内容が充実

- 各科目の出題傾向の分析、合否を分けた問題の確認で、入試対策を強化！
- その他、学校紹介、過去問の効果的な使い方など、学習意欲を高める要素が満載！

解答用紙ダウンロード 解答用紙はプリントアウトしてご利用いただけます。弊社ＨＰの商品詳細ページよりダウンロードしてください。トビラのＱＲコードからアクセス可。

UD FONT 見やすく読みまちがえにくいユニバーサルデザインフォントを採用しています。

相模女子大学 中学部

生徒数　239名
〒252-0383
神奈川県相模原市南区文京2-1-1
☎042-742-1442
小田急線相模大野駅北口　徒歩10分

広大で自然に恵まれた敷地に 幼稚園から大学までを設置 ゆとりの生活でのびのび育てる

URL	https://www.sagami-wu.ac.jp/chukou/

プロフィール

個性を尊重し 自立性を育成する

1900（明治33）年に日本で４番目に創立された伝統ある女子校である。大学は、子ども教育学科・メディア情報学科・人間心理学科・管理栄養学科等４学部９学科がある。幼稚園から大学までを備えた総合学園として、一貫した女子教育を実践しており、「高潔善美」を建学の精神とし、「研鑽力」「発想力」「協動力」を教育目標とする。

環境

充実した 教育施設・環境

中学部・高等部は、大学や小学部、幼稚部と共に、自然に恵まれた約５万３千坪の広大なキャンパスの中にある。

明るく広々とした教室には電子黒板やWi-FiなどICT環境が整っている。約400名を収容できるホール、約40,000冊蔵書の図書館、52畳の本格的な和室、トレーニングルームを備えた体育館、グラウンド、テニスコートなどが揃っている。

カリキュラム

高等部は４コース制を新設

中学部から、国語では読書指導や漢字テスト、漢字検定を取り入れ、英語ではネイティブスピーカーとのチームティーチング授業と英語検定の資格取得も奨励している。授業後にはS-STime（Self-Study Time）を設け、集中して自学自習を行う環境を整えている。

高等部では、１年次より、国公立・難関私大現役合格を目指す**特進コース**と多彩な分野への進路を応援する**進学コース**に分かれる。２・３年次は、アカデミック（文系・理系）、グローバル、ライフサイエンス、リベラルアーツの４コースから選択し進路系統に応じた探究的な学びを深めることができる。

外国人指導者による英会話授業

学校生活

学園が一丸となる 相生祭

中学部では、３年生の修学旅行、２年生の林間学校があるほか、体育祭や合唱コンクールもある。また、相生祭（文化祭）は、大学生から幼稚園児までが一緒に行う。

クラブは中学部に16、高等部に33ある。運動部ではバスケットボール、バトントワーリング、水泳、スキーの各部が全国大会に出場している。サッカー、体操、陸上競技、バドミントンの各部も優秀な成績を収めている。文化部には、東日本大会金賞の吹奏楽部、全国大会準グランプリの軽音楽部、全日本学生美術展で特選を獲得した美術部などがある。

学園祭　吹奏楽部のパレード

進路

他大学進学が主流 ２割が併設校に

卒業生の約90％が大学・短大に現役進学している。相模女子大学・短大には推薦入学制度があり、在学中の成績により約20％（希望者のほぼ全員）の生徒が入学する。お茶の水女子大、東京学芸大、横浜国立大、神奈川県立保健福祉大、早稲田大、慶應義塾大、法政大、中央大、明治大、青山学院大、学習院大など、難関大合格者も増加している。中央大、法政大など指定校も多数ある。

2024年度入試要項

試験日　12/16（帰国生）
2/1午前（第１回・適性検査型・プログラミング第１回）
2/1午後（第２回）　2/2午後（第３回）　2/5午前（第４回）　2/14午前（プログラミング第２回）

試験科目　国・算（第１・４回）　国・算または国・算・理・社（第２・３回）　適性（2/1午前）　プログラミング+発表・ディスカッション+基礎計算力テスト（プログラミング）　国・算か算・英＋作文＋面接（帰国生）

2024年度	募集定員	受験者数	合格者数	競争率
第1回/第2回	120	67/108	41/55	1.6/2.0
第3回/第4回		48/37	14/9	3.4/4.1
適性検査型		64	54	1.2
プログラ1回/2回		13/11	10/5	1.3/2.2

※帰国生の募集は若干名

過去問の効果的な使い方

① **はじめに**　ここでは，受験生のみなさんが，ご家庭で過去問を利用される場合の，一般的な活用法を説明していきます。もし，塾に通われていたり，家庭教師の指導のもとで学習されていたりする場合は，その先生方の指示にしたがって，過去問を活用してください。その理由は，通常，塾のカリキュラムや家庭教師の指導計画の中に過去問学習が含まれており，どの時期から，どのように過去問を活用するのか，という具体的な方法がそれぞれの場合で異なるからです。

② **目的**　言うまでもなく，志望校の入学試験に合格することが，過去問学習の第一の目的です。そのためには，それぞれの志望校の入試問題について，どのようなレベルのどのような分野の問題が何問，出題されているのかを確認し，近年の出題傾向を探り，合格点を得るための試行錯誤をして，各校の入学試験について自分なりの感触を得ることが必要になります。過去問学習は，このための重要な過程であり，合格に向けて，新たに実力を養成していく機会なのです。

③ **開始時期**　過去問との取り組みは，通常，全分野の学習が一通り終了した時期，すなわち6年生の7月から8月にかけて始まります。しかし，各分野の基本が身についていない場合や，反対に短期間で過去問学習をこなせるだけの実力がある場合は，9月以降が過去問学習の開始時期になります。

④ **活用法**　各年度の入試問題を全問マスターしよう，と思う必要はありません。完璧を目標にすると挫折しやすいものです。できるかぎり多くの問題を解けるにこしたことはありませんが，それよりも重要なのは，現実に各志望校に合格するために，どの問題が解けなければいけないか，どの問題は解けなくてもよいか，という眼力を養うことです。

算数

どの問題を解き，どの問題は解けなくてもよいのかを見極めるには相当の実力が必要になりますし，この段階にいきなり到達するのは容易ではないので，この前段階の一般的な過去問学習法，活用法を2つの場合に分けて説明します。

☆偏差値がほぼ55以上ある場合

掲載順の通り，新しい年度から順に年度ごとに3年度分以上，解いていきます。

ポイント1…問題集に直接書き込んで解くのではなく，各問題の計算法や解き方を，明快にわかるように意識してノートに書き記す。

ポイント2…答えの正誤を点検し，解けなかった問題に印をつける。特に，解説の 基本 重要 がついている問題で解けなかった問題をよく復習する。

ポイント3…1回目にできなかった問題を解き直す。同様に，2回目，3回目，…と解けなければいけない問題を解き直す。

ポイント4…難問を解く必要はなく，基本をおろそかにしないこと。

☆偏差値が50前後かそれ以下の場合

ポイント1～4以外に，志望校の出題内容で「計算問題・一行問題」の比重が大きい場合，これらの問題をまず優先してマスターするとか，例えば，大問2までをマスターしてしまうとよいでしょう。

理科

理科は1から順番に解くことにほとんど意味はありません。理科は，性格の違う4つの分野が合わさった科目です。また，同じ分野でも単なる知識問題なのか，あるいは実験や観察の考察問題なのかによってもかかる時間がずいぶんちがいます。記述，計算，描図など，出題形式もさまざまです。ですから，解く順番の上手，下手で，10点以上の差がつくこともあります。

過去問を解き始める時も，はじめに1回分の試験問題の全体を見通して，解く順番を決めましょう。得意分野から解くのもよいでしょう。短時間で解けそうな問題を見つけて手をつけるのも効果的です。くれぐれも，難問に時間を取られすぎないように，わからない問題はスキップして，早めに全体を解き終えることを意識しましょう。

社会

社会は1から順番に解いていってかまいません。ただし，時間のかかりそうな，「地形図の読み取り」,「統計の読み取り」,「計算が必要な問題」,「字数の多い論述問題」などは後回しにするのが賢明です。また，3分野(地理・歴史・政治)の中で極端に得意，不得意がある受験生は，得意分野から手をつけるべきです。

過去問を解くときは，試験時間を有効に活用できるよう，時間は常に意識しなければなりません。ただし，時間に追われて雑にならないようにする注意が必要です。“誤っているもの”を選ぶ設問なのに“正しいもの”を選んでしまった，“すべて選びなさい”という設問なのに一つしか選ばなかったなどが致命的なミスになってしまいます。問題文の“正しいもの”,“誤っているもの”,“一つ選び”,“すべて選び”などに下線を引いて，一つ一つ確認しながら問題を解くとよいでしょう。

過去問を解き終わったら，自己採点し，受験生自身でふり返りをしましょう。できなかった問題については，なぜできなかったのかについての分析が必要です。例えば,「知識が必要な問題」ができなかったのか,「問題文や資料から判断する問題」ができなかったのかで，これから取り組むべきことも大きく異なってくるはずです。また，正解できた問題も,「勘で解いた」,「確信が持てない」といったときはふり返りが必要です。問題集の解説を読んでも納得がいかないときは，塾の先生などに質問をして，理解するようにしましょう。

国語

過去問に取り組む一番の目的は，志望校の傾向をつかみ，本番でどのように入試問題と向かい合うべきか考えることです。素材文の傾向，設問の傾向，問題数の傾向など，十分に研究していきましょう。

取り組む際は，まず解答用紙を確認しましょう。漢字や語句問題の量，記述問題の種類や量などが，解答用紙を見て，わかります。次に，ページをめくり，問題用紙全体を確認しましょう。どのような問題配列になっているのか，問題の難度はどの程度か，などを確認して，どの問題から取り組むべきかを判断するとよいでしょう。

一般的に「漢字」→「語句問題」→「読解問題」という形で取り組むと，効率よく時間を使うことができます。

また，解答用紙は，必ず，実際の大きさのものを使用しましょう。字数指定のない記述問題などは，解答欄の大きさから，書く量を考えていきましょう。

算数　出題傾向の分析と合格への対策

●出題傾向と内容

近年の出題数は，第1回，第2回ともに大問6題，小問数にして20問であり，四則計算，割合，速さ，平面図形，立体図形，数列，数の性質，単位の換算を中心に，各分野からバランスよく出題されている。注目される点は，「図形」，「割合と比」，「数列・規則性」が重視されていることである。

ほとんどが基本レベルの内容であるが，思考力を試すような問題も出題されている。

毎年，割合や速さの三公式を利用して計算する問題や，平面図形の角度や面積の問題，立体図形の体積の問題，規則性の問題など，基本内容の理解を問う問題が多く出題されている。

学習のポイント

基本レベルの問題を練習して理解し，割合の三公式，図形の性質，規則性の問題などをしっかり身につけておこう。

●2025年度の予想と対策

過去問を利用して，本校の出題レベルに慣れておこう。割合と比，数列を中心に全体から幅広く問題が出題されるだろう。まず基本を確認し，さらに応用問題を解けるようにしておけば，対応ができる。平面図形は少しひねった問題が出題されることがあるので，基本的な問題はもちろん，応用問題も解いておくとよい。立体図形の問題は複雑ではない問題も多いので，苦手意識を持たずに基本問題にあたろう。まずは基本公式をきちんと使いこなせるようにすることが大切である。標準レベルの問題を反復練習して苦手分野をなくし，さらに思考力を高めて式を書くことに注意する。設問は難易度順ではないので，全体をよく見ることが大切である。

▼年度別出題内容分類表

※　よく出ている順に☆，◎，○の３段階で示してあります。

出題内容			2022年		2023年		2024年	
			1回	2回	1回	2回	1回	2回
数と計算		四則計算	◎	◎	◎	◎	◎	◎
		概数・単位の換算	☆	○	☆			◎
		数の性質	☆	☆	◎	○	○	
		演算記号						
図形		平面図形	☆	☆	☆	☆	☆	☆
		立体図形		◎	◎	◎	◎	◎
		面積	◎	◎	◎	◎	◎	○
		体積と容積			○	○	○	○
		縮図と拡大図			○			
		図形や点の移動				◎	◎	
速さ		三公式と比	◎		◎		☆	☆
	文章題	旅人算					○	○
		流水算						
		通過算・時計算						
割合		割合と比	☆	○	☆	☆	☆	☆
	文章題	相当算・還元算						
		倍数算						
		分配算						
		仕事算・ニュートン算						
文字と式								
2量の関係(比例・反比例)								
統計・表とグラフ			◎		◎	◎	◎	
場合の数・確からしさ			◎			○	○	○
数列・規則性			○	☆		◎	◎	◎
論理・推理・集合								
その他の文章題		和差・平均算						
		つるかめ・過不足・差集め算		◎		○		○
		消去・年令算						
		植木・方陣算						

相模女子大学中学部

算数 ——グラフで見る最近３ヶ年の傾向——

最近３ヶ年に出題されたすべての問題を内容別に分類・集計し，全体に対して何パーセントくらいの割合になっているかを示しました。

░……50 校の平均　■……相模女子大学中学部

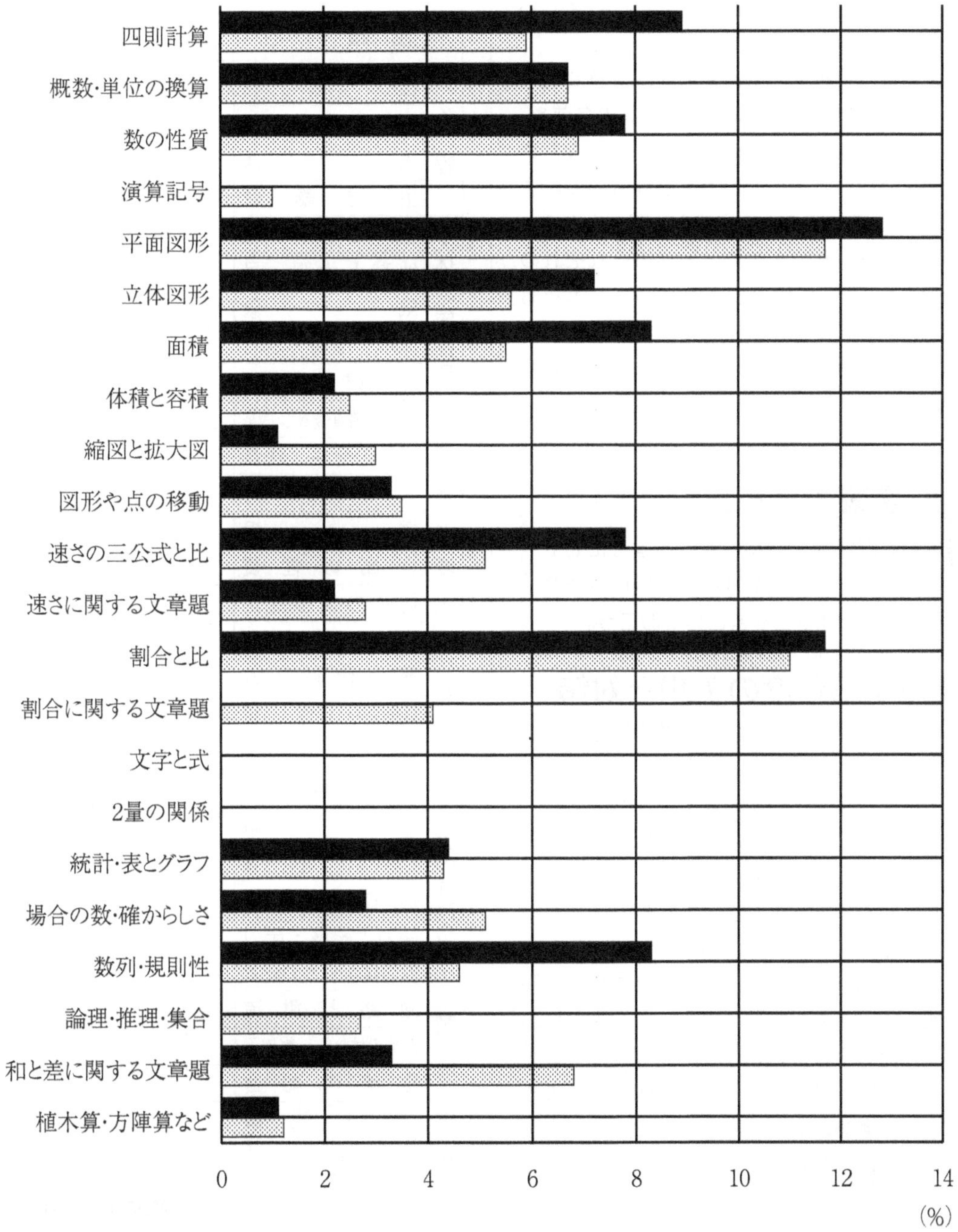

理科　出題傾向の分析と合格への対策

●出題傾向と内容

出題数は，2019年度より大問が4題で小問が20問程度となり，試験時間は社会と合わせて45分である。

答え方は，選択記号式が多いが，計算問題の求め方と答えや，重要語句，実験器具の名前や，図で答える問いもある。実験の図や，大切な言葉を漢字で書けるようにしておく必要もある。また，「なぜ，そうなるか」を答える問いもある。

内容は物理・化学・生物・地学のそれぞれの分野から大問1問ずつが出されていて，本年も「てこ」で力のモーメントを考える問題が出されている。各分野の基本事項をしっかり勉強しよう。

学習のポイント

基本的な問題をきちんと解けるようにしておこう。現象の原因や理由，実験の手順や器具，時事問題などをまとめておこう。

●2025年度の予想と対策

基本的な問題が多いので，問題集などの標準問題をしっかり練習しておくとよいだろう。計算などはミスをしないように，条件や図をよく見て，よく読んで答えるようにしよう。

物理・化学・生物・地学からまんべんなく出題されているので，苦手な分野を作らず，バランスよく解答できるように学習することが大切。特に今年出題されなかった単元は，これから順に出題されるかもしれないので，力を入れておくと良いだろう。日頃の理科に関連するニュース，気象現象や科学史などにも興味を持つようにしよう。実験に関する出題もあるので，実験には積極的に取り組み，図などにまとめておこう。

▼年度別出題内容分類表

※　よく出ている順に☆，◎，○の３段階で示してあります。

出題内容		2020年	2021年	2022年	2023年	2024年
		2回	2回	2回	2回	2回
生物	植物		◎	☆		
	動物		◎		☆	☆
	人体	☆				
	生物総合					
天体・気象・地形	星と星座		◎			
	地球と太陽・月					
	気象	☆			☆	☆
	流水・地層・岩石			☆		
	天体・気象・地形の総合					
物質と変化	水溶液の性質・物質との反応	☆			☆	
	気体の発生・性質					
	ものの溶け方					◎
	燃焼			☆		
	金属の性質					
	物質の状態変化		☆			◎
	物質と変化の総合					○
熱・光・音	熱の伝わり方					
	光の性質					
	音の性質					
	熱・光・音の総合					
力のはたらき	ばね					
	てこ・てんびん・滑車・輪軸	☆	◎	☆	☆	☆
	物体の運動					
	浮力と密度・圧力					
	力のはたらきの総合					
電流	回路と電流					
	電流のはたらき・電磁石					
	電流の総合					
実験・観察				◎	☆	
環境と時事／その他			☆			○

相模女子大学中学部

理科 ——グラフで見る最近5ヶ年の傾向——

最近5ヶ年に出題されたすべての問題を内容別に分類・集計し，全体に対して何パーセントくらいの割合になっているかを示しました。

（網かけ）…… 50校の平均　　（黒）…… 相模女子大学中学部

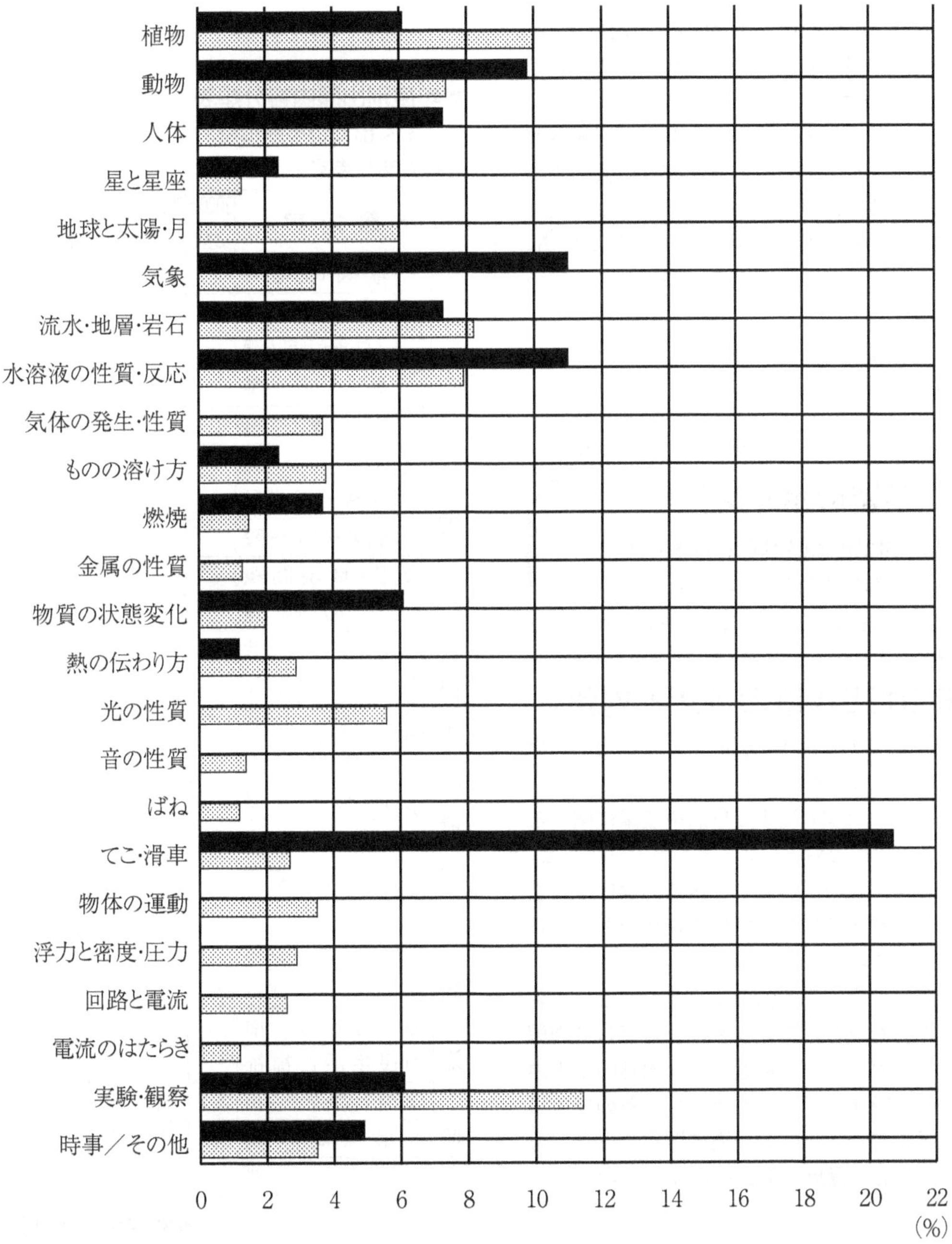

社会　出題傾向の分析と合格への対策

●出題傾向と内容

今年度も例年と同じで，大問が4題で，小問数は35問程度であった。分野別で地理が1題，歴史が1題，政治が1題，時事問題が1題である。

解答形式の多くが，記号と語句記入で，記述式は，2題出題されている。

地理は，日本の国土と自然などから出題された。歴史は，時代区分でみると鎌倉時代から出題されているが，テーマとしては政治や外交を中心に，社会や文化など幅広く問われている。政治は，国際連合に関することが出題されている。

また，最近の重要な時事問題も多く出題されている。

✔学習のポイント

地理：日本の地域的特色をおさえよう。
歴史：各時代の特色をおさえよう。
政治：憲法と時事問題に関心をもとう。

●2025年度の予想と対策

地理・歴史・政治の3分野の基本事項を正確におさえていくようにしよう。

地理では，日本の国土と自然や産業に関する特色を各種資料を活用して，まとめておくこと。

歴史では，各時代の流れと基本的な内容，重要人物の業績とその時代背景を資料をもとに正確に理解しておくこと。

政治では，憲法や政治のしくみを中心に，時事的な問題も含め，主要なものを考察して理解しておくこと。また，最近の主な内外の出来事の中から，時事問題が多く出題されるので，日頃からインターネットの報道に関心をもち，分析して，自分の意見もまとめておくとよい。

▼年度別出題内容分類表

※　よく出ている順に☆，◎，○の３段階で示してあります。

出題内容			2020年	2021年	2022年	2023年	2024年
			2回	2回	2回	2回	2回
地理	日本の地理	地図の見方	○			○	
		日本の国土と自然		☆	○	☆	☆
		人口・土地利用・資源					
		農業		○		○	○
		水産業					
		工業			☆		
		運輸・通信・貿易			◎		○
		商業・経済一般			○		
	公害・環境問題		◎			☆	
	世界の地理						
日本の歴史	時代別	原始から平安時代	◎	☆	○		
		鎌倉・室町時代	○		☆		☆
		安土桃山・江戸時代	◎			◎	
		明治時代から現代				☆	
	テーマ別	政治・法律	○	☆	☆	☆	☆
		経済・社会・技術	○	◎	◎	◎	◎
		文化・宗教・教育	○	○	○	○	○
		外交	◎	○	◎	○	○
政治	憲法の原理・基本的人権				◎		
	政治のしくみと働き		☆		○		
	地方自治						
	国民生活と福祉						
	国際社会と平和		○	☆	○	◎	☆
時事問題			☆	☆	☆	☆	☆
その他				◎	◎		○

相模女子大学中学部

社 会 ——グラフで見る最近５ヶ年の傾向——

最近５ヶ年に出題されたすべての問題を内容別に分類・集計し，全体に対して何パーセントくらいの割合になっているかを示しました。

……50校の平均　　……相模女子大学中学部

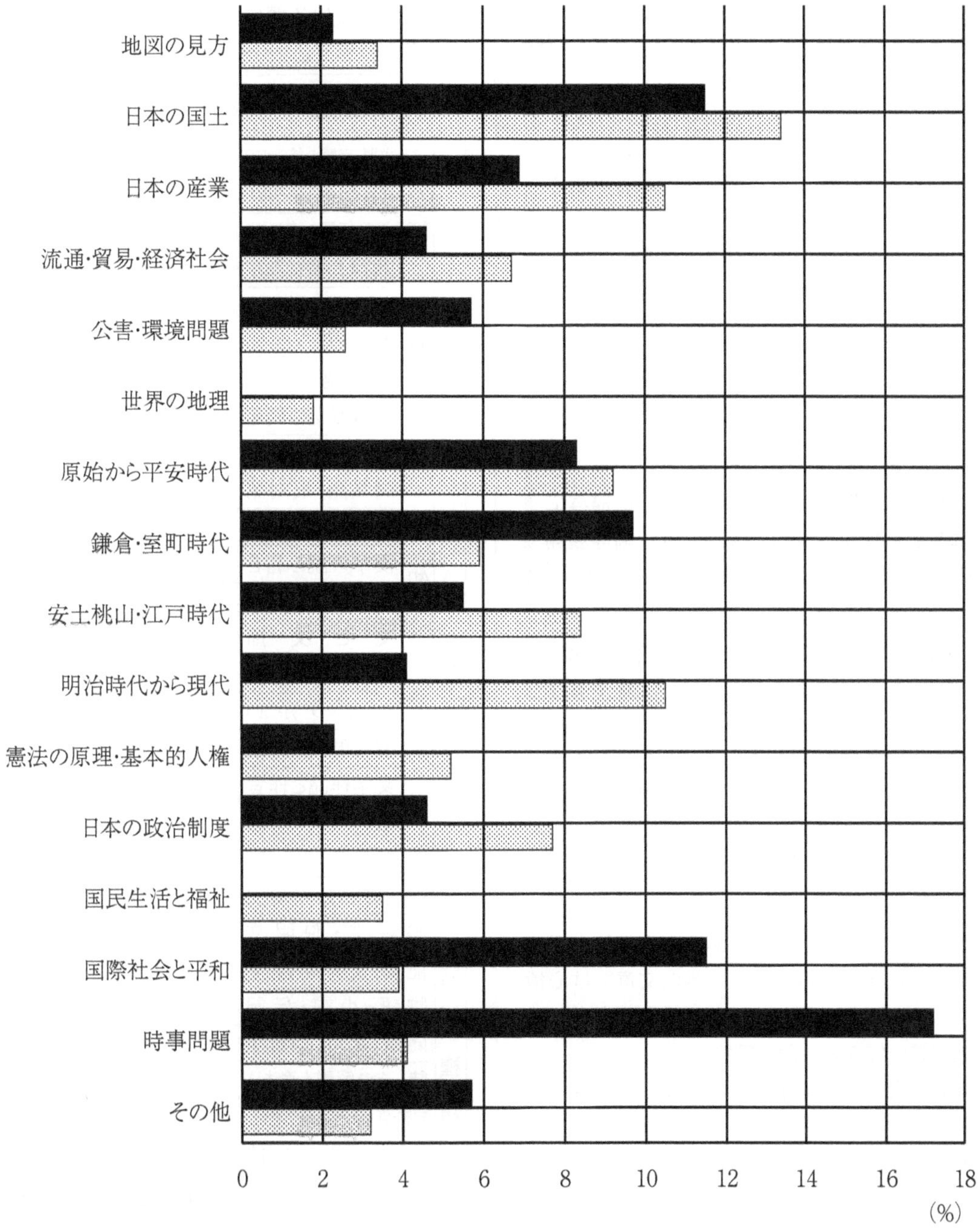

国語

出題傾向の分析と 合格への対策

●出題傾向と内容

本年も，知識問題が3題，論理的文章と文学的文章の長文読解が1題ずつの構成であった。

長文はどちらもオーソドックスな内容で読みやすく，長さも標準的である。

設問形式は抜き出しや選択肢が中心だが，本文をていねいに読み取る必要がある。字数は短いながらも本文をふまえた記述問題も出題された。

知識問題は漢字の読み書きを中心に，同音異義語や地図の読み取りなどが出題されており，幅広い知識が求められる。

学習のポイント

物語では登場人物の心情や，細かい描写に気を配りながら読む。論説文は，論理展開の道筋をきちんとおさえながら読むこと。

●2025年度の予想と対策

例年，テーマがはっきりとした文章が選ばれている。この傾向は，来年も続くことが十分予想される。日頃から新聞のコラムなどをまめに読むようにして，テーマをすばやく読み取る練習を重ねておくとよいだろう。その際，耳慣れない言葉や言い回しは意味を調べ，しっかりと自分のものにしておくこと。

長文読解の対策は必須である。論理的文章では要旨の的確な読み取り，文学的文章では心情を中心とした読み取り，また，過去問を通して記述問題の傾向もつかんでおきたい。

知識問題では，漢字だけでなく，ことばの意味やことわざなど全体を幅広くおさえておく必要がある。

▼年度別出題内容分類表

※　よく出ている順に☆，◎，○の３段階で示してあります。

出題内容			2022年		2023年		2024年	
			1回	2回	1回	2回	1回	2回
内容の分類	読解	主題・表題の読み取り						
		要旨・大意の読み取り			○	○	○	○
		心情・情景の読み取り	☆	☆	☆	☆	☆	☆
		論理展開・段落構成の読み取り	○		○		○	○
		文章の細部の読み取り	☆	☆	☆	☆	☆	☆
		指示語の問題						
		接続語の問題	○	○				
		空欄補充の問題	☆	☆	○	◎	◎	◎
	知識	ことばの意味	○	○	○	○		○
		同類語・反対語				○		
		ことわざ・慣用句・四字熟語	◎	◎	◎	○		
		漢字の読み書き	☆	☆	☆	☆	☆	☆
		筆順・画数・部首						
		文と文節						
		ことばの用法・品詞		○				○
		かなづかい	○					
		表現技法						
		文学作品と作者						
		敬語						
	表現	短文作成						
		記述力・表現力	○	○	◎	◎	◎	○
文の種類		論説文・説明文	○	○	○	○	○	○
		記録文・報告文						
		物語・小説・伝記	○	○	○	○	○	○
		随筆・紀行文・日記						
		詩（その解説も含む）						
		短歌・俳句（その解説も含む）						
		その他						

相模女子大学中学部

国語 ——グラフで見る最近3ヶ年の傾向——

最近3ヶ年に出題されたすべての問題を内容別に分類・集計し，全体に対して何パーセントくらいの割合になっているかを示しました。

……50校の平均　　　……相模女子大学中学部

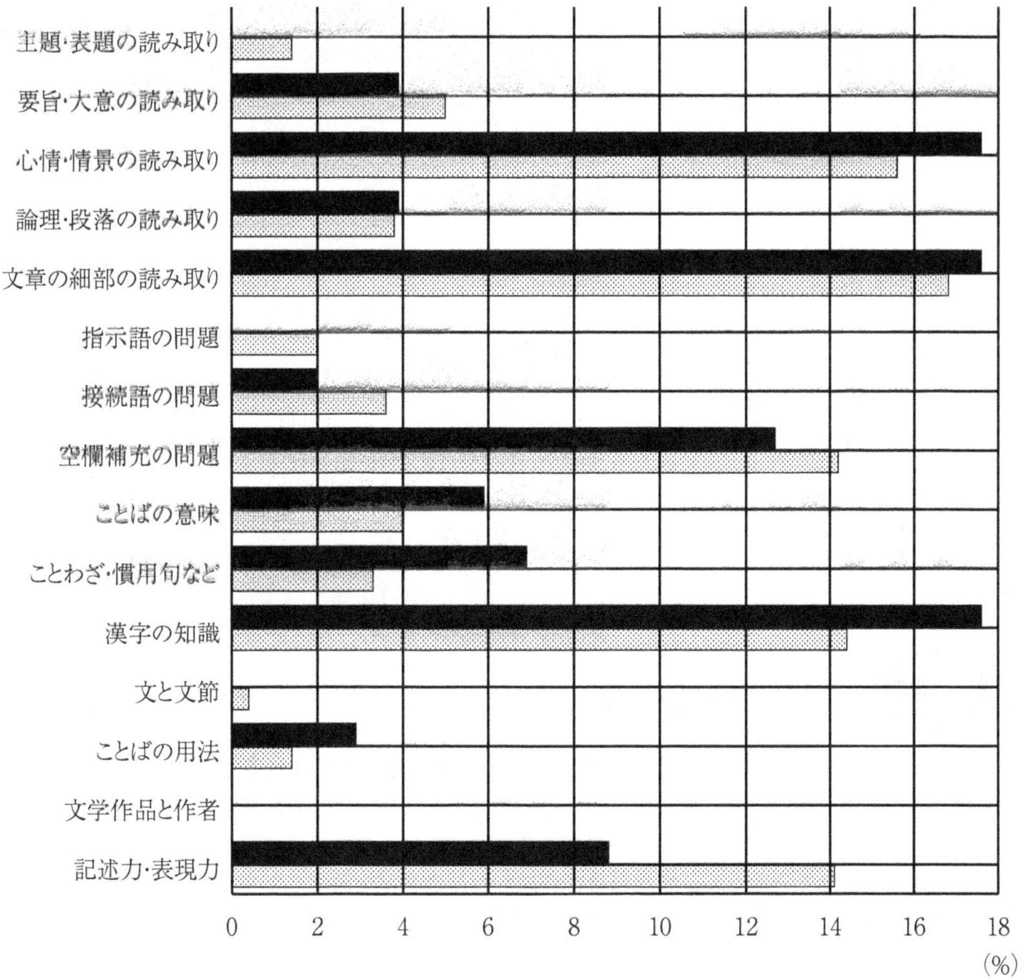

	論説文 説明文	物語·小説 伝記	随筆·紀行 文·日記	詩 (その解説)	短歌·俳句 (その解説)
相模女子大学 中学部	50.0%	50.0%	0%	0%	0%
50校の平均	47.0%	45.0%	8.0%	0%	0%

2024年度　合否の鍵はこの問題だ!!

（第2回）

算　数　2 (6)

> 難しい問題ではない「角度」の問題であるが，問題の図のなかにヒントになる「角度を示す数値がなにもない」！　では，どうするか？

【問題】

右図1は，AB＝ACの二等辺三角形とBC＝BDの二等辺三角形が重なった図である。

角アは何度か。

図1

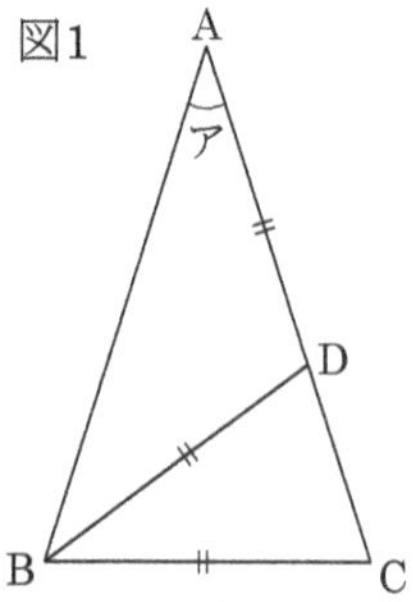

【考え方】

右図2より，180÷5＝36(度)

角CDB(＝角BCD＝角ABC)…ア×2(外角の定理)

二等辺三角形ABC，BCD…相似

図2

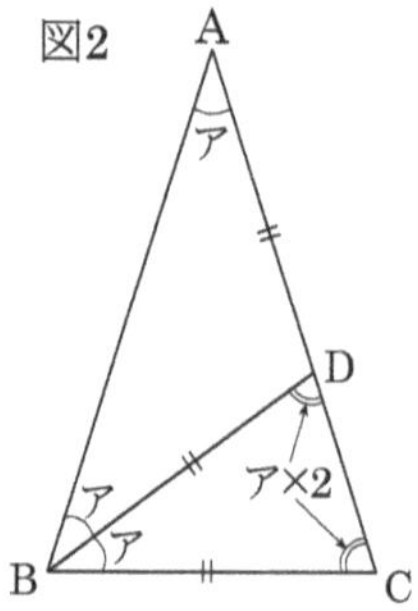

社　会　2 問3 (2) ②

本校は記述問題も出題される。基本的な知識事項の丸暗記だけでは対応できない「思考力」が試される問題が多いといえる。自分自身で持っている知識をいかに活用したり，組み合わせたりするかという視点が大切になる。このような力は一朝一夕では身につかないものなので，日々の継続的なトレーニングの積み重ねが不可欠となってくる。また自身で作成した記述答案を添削してもらいながら，解答のポイントをおさえる訓練を行うことが望ましい。設問が変わっても，「記述問題で評価される答案を作成するには」という視点は汎用性があるといえる。

2問3(2)②の設問は，以上のような出題傾向を象徴している問題であり，過去問演習等で対策してきた受験生とそうでない受験生とではっきり差がつくことが予想される。「蒙古襲来」についての問題であるが，一定時間内に正確にできるかどうかがポイントとなる。本校の社会の問題は全体的に設問数が多く，この問題に必要以上に時間を割いてしまうと，制限時間切れになってしまう危険性もある。このような形式の問題に不慣れな受験生にとっては負担のある設問であろう。リード文を解読・解釈する力や答案内容の論理の一貫性や説得力も採点のポイントとなる。

この設問の配点は他の設問と比べて高く，合格ラインに到達するためにはこのような問題で確実に得点することが求められ，「合否を左右する設問」といっても過言ではない。

理科 1

昨年度は浮力と融合した出題であったが、本年度は棒の重さを考える出題となった。「力のモーメント＝支点からの距離×おもりの重さ」,「均一な太さの棒の重さが重心にかかる」という知識から考える出題である。

(1)から(4)それぞれ支点の位置が異なることに注意して，支点からの距離を求め，左右どちら向きの回転のモーメントになるかを考えて式を立て計算することで正解を導くことができる。

一昨年は金網型のてこ，昨年は浮力を考えるてこと，てこの出題が続いているので，過去問題をしっかり解けるように類題を演習しておき，全問正解しよう。

国語 五 問十

★合否を分けるポイント

この文章において,「康平」が「カンちゃん」との昔の出来事を思い出している部分はどこまでか，回想部分の終わりとして最も適当な個所を選ぶ選択問題である。物語の展開をおさえ，場面を的確に読み取れているかがポイントだ。

★過去と現在の違いがわかるものを手がかりとして，場面を見分ける

本文を確認すると，現在62歳で，中華そば屋「まきの」の主人である康平は，幼なじみのカンちゃんが倒れたことから，カンちゃんとの昔の出来事を思い出している→【康平が24歳の夏，いつものようにカンちゃんを車の助手席に乗せてゴルフ練習場へ行った後，レストランでビールを飲んでいると，突然，康平という人間がおもしろくないのは,「雑学」が身についてないからだとカンちゃんが言う→屈辱で顔を真っ赤にして立ち上がる康平に，とにかく本を読め，優れた書物を読みつづける以外に人間が成長する方法はない，と自分に言い聞かせるようにカンちゃんは言うが，康平はひとことも言葉を口にしないままカンちゃんを家まで送った→カンちゃんへの腹立ちは強い恨みに変わっていきかけたが，カンちゃんは大阪に転勤になった→常連客の清瀬に仕事ぶりを褒められた康平は，本を読みたいのだが，どんな本を読んだらいいかと清瀬に相談し，清瀬が勧める本を読み始めた→本の面白さを感じた康平は読みたい本を読むようになり，27歳のときには本の置き場に困るようになり，父の許しも得て，すでに百冊以上になっていた康平の蔵書は，店の「まきの」の二階の書架に移した→書架を眺めていた父は，うまい中華そばが生まれると話す→ほとんど本代に消えていた給料を，父が上げてくれた】→蔵書は「いつのまにか八百数十冊」になり，カンちゃんと清瀬さんに感謝している，という内容になっている。〰〰24歳の夏から始まり，27歳では蔵書が「百冊以上」，最後の3行では蔵書が「八百数十冊」とあることから，この3行は現在の状況ということになり,「『いつのまにか八百数十冊だ』」直前までの【　】部分が回想部分で，Cが正解となる。本文では，年齢と「蔵書」の量の違いで回想部分と現在を見分けたが，小説や物語で過去の回想と現在の場面を見分ける場合，時間的な経緯や場面の背景などに着目することが重要だ。

MEMO

大切なことはメモしておこうネ！

2024年度

★★★★★★★★★★★★★★★★★★★★★★★★

入　試　問　題

2024年度

相模女子大学中学部入試問題（第１回）

【算　数】（45分）　<満点：100点>

【注意】 比は最も簡単な整数の比で答えなさい。円周率は3.14として計算しなさい。

1 次の □ にあてはまる数を求めなさい。

⑴ $47-11+9=$ □

⑵ $102+8\times 3=$ □

⑶ $4.5\times 3+3.6\div 0.6=$ □

⑷ $\frac{1}{4}+\frac{2}{3}-\frac{3}{5}=$ □

⑸ $\left(\frac{3}{4}-\frac{1}{2}\right)\times 3\frac{1}{5}\div 0.6=$ □

⑹ $22-(15+$ □ $)\div 4=17$

2 次の □ にあてはまる数を求めなさい。

⑴ 11で割ると３あまり，５で割ると２あまる数は □ です。

⑵ 1500円の □ %引きは1125円になります。

⑶ 生徒が５人います。５人が走る順番は全部で □ 通りです。

⑷ ある学校の今年の生徒数は昨年の生徒数より２%増えて459名でした。昨年の生徒数は □ 名です。

⑸ さいころを２回投げて１回目に出た目を分子，２回目に出た目を分母にして分数を作る。このとき，できた分数が整数となるような目の出方は □ 通りです。

⑹ 三角形ABCがあります。AD：DC＝４：５です。このとき，色のついた部分の面積は □ ㎠です。

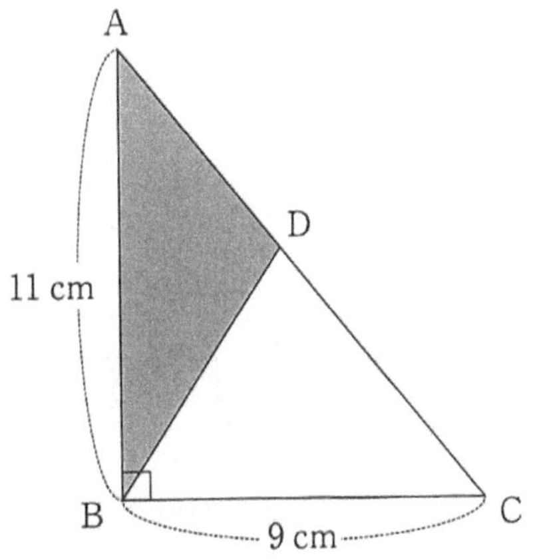

3 次の図のように，直線ℓと三角形ABCがあります。三角形ABCが直線ℓのまわりを１回転してできた立体について，下の問い答えなさい。

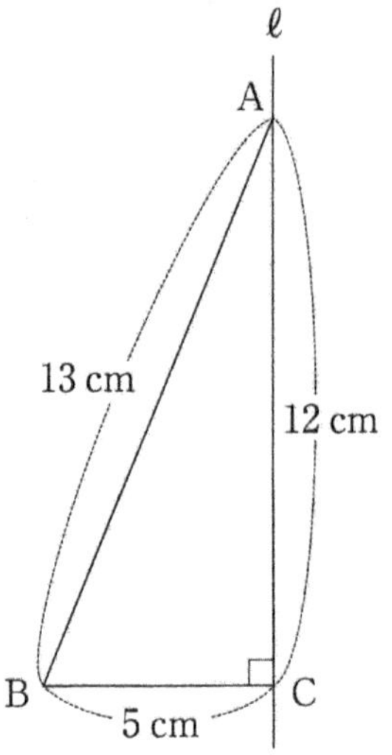

⑴　この立体の体積は何cm^3ですか。

⑵　この立体の表面積は何cm^2ですか。

4 次の問いに答えなさい。

⑴　濃さ２％の食塩水と濃さ８％の食塩水を混ぜると濃さ4.5％の食塩水が300ｇできます。このとき，混ぜた濃さ２％の食塩水は何ｇですか。

⑵　Ａ君は分速30m，Ｂ君は分速50mで同じ道を同じ方向に向かって歩いています。今，Ａ君はＢ君の400m前を歩いています。このとき，Ｂ君がＡ君に追いつくのは何分後ですか。

5 Ａさんは山門から山頂までの16㎞の道のりを時速４㎞で上り，山頂で５時間過ごしたあと時速８㎞で下りました。ＢさんはＡさんより３時間おそく山門から山頂までの同じ道のりを時速２㎞で上りました。次のグラフはＡさんとＢさんの進行の様子を表したものです。このとき，下の問いに答えなさい。

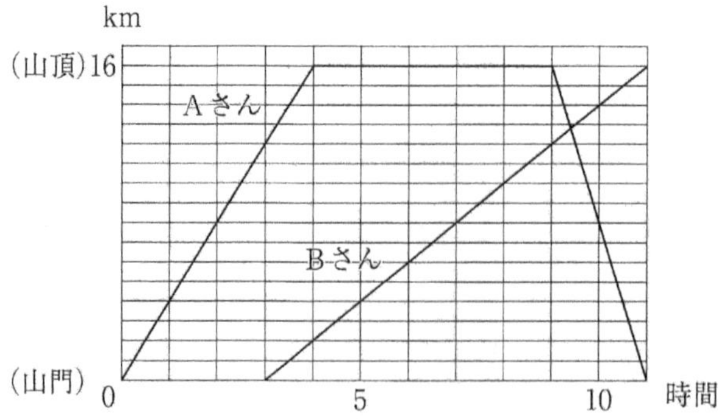

⑴　Ｂさんが山門から山頂までかかった時間は何時間何分ですか。

⑵　ＡさんとＢさんが出会った地点は山門から何㎞のところですか。ただし，答えを出すまでの式

や図，考え方などを書くこと。

6 ある規則に従って，次のように数が並んでいます。このとき，下の問いに答えなさい。ただし，答えを出すまでの式や図，考え方などを書くこと。

２，０，２，４，２，０，２，４，２，０，２，４，...

⑴ 2024番目の数は何ですか。

⑵ 並べた数を全て足したときの和が2024になるとき，並べた数は何個ですか。

エ　厳しい指摘を笑いに変えることで、自分の気持ちが楽になることに気づき、この方法を今後も取り入れたいと思ったから。

問三　――線部③「一連の作業が非常に丁寧であることも、柳さんの手先がとても器用なことも、よくわかる」とありますが、このような「柳さん」の作業を、別の言葉で何と表していますか。文章中から五字で抜き出して答えなさい。

問四　――線部④「私たちは前と同じじゃない」とありますが、「前」とは何が違っているのでしょうか。「前は」「今は」という言葉を入れて、簡単に説明しなさい。

問五　空欄 X にはどのような言葉が入りますか。「弾く」という言葉を本文に合う形に変化させて使い、当てはまる言葉を作りなさい。

問六　――線部⑤「頬が紅潮している」とありますが、この時の「由仁」の気持ちとして最も適当なものを次から選び、記号で答えなさい。

ア　和音の才能を改めて確認することができた感動。
イ　和音に対し優越感を感じていた自分への恥《は》ずかしさ。
ウ　和音の演奏を聴くことで湧き上がってきた音楽への熱意。
エ　和音と比べて才能のない自分を再認識した悲しみ。

問七　――線部⑥「僕にはもう和音が何を言おうとしているのかわかってしまった」とありますが、なぜわかったのでしょうか。その理由として最も適当なものを次から選び、記号で答えなさい。

ア　和音はピアノで言いにくいことを表現してきたから。
イ　和音と由仁は、お互いの考えが手に取るようにわかるから。
ウ　和音の落ち込んだ様子から、こうなることが想像できたから。
エ　和音の演奏を聴いて、和音の決意を感じたから。

問八　――線部⑦「まるで和音のピアノの音色みたいに」とありますが、「和音のピアノの音色」を、たとえを用いて表現している部分を探し、文章中から二十字以内で抜き出して答えなさい。

問九　――線部⑧「由仁のことはとても残念だけれど。とても、とても残念だけれど」の文は、この後に続く言葉が省略されています。省略されている言葉を文章中から十二字で抜き出して答えなさい。

問十　次の①～⑤は、文章中の五つの空欄に入る会話文です。空欄に入る会話文の順番として最も適当なものを次から選び、記号で答えなさい。

①　「ピアノで食べていける人なんてひと握りの人だけよ」
②　「ピアニストになりたい」
③　「プロを目指すってことだよね」
④　「目指す」
⑤　「ピアノで食べていこうなんて思ってない」

ア　②―①―⑤―③―④
イ　①―④―②―③―⑤
ウ　②―③―④―①―⑤
エ　⑤―①―②―③―④
オ　④―①―②―⑤―③

思ったけれど、違った。和音の決意がはっきりと聞こえた。和音は椅子《いす》から立ち上がり、こちらに向かってきちんとお辞儀《じぎ》をした。

「ありがとうございました」

こちらこそ、と答える代わりに拍手をした。由仁も、奥さんも、柳さんも、拍手をしていた。

「心配かけてごめんなさい」

和音が言った。そうして、次の言葉を発するために息を吸い込んだときに、⑥僕にはもう和音が何を言おうとしているのかわかってしまった。

「私、ピアノを始めることにした」

和音のピアノはもう始まっている。とっくの昔に始まっている。本人が気づいていなかっただけで。ピアノから離れることなんて、できるわけがなかった。

「　　　　　　　　」

静かな声に、確かな意志が宿っていた。⑦まるで和音のピアノの音色みたいに。由仁の頭がぴょこんと跳《は》ねた。

「　　　　　　　　」

晴れやかな声だった。うきうきと弾む声。和音はようやく表情を和らげてうなずいた。

「　　　　　　　　」

「　　　　　　　　」

奥さんが早口で言った。言ったそばから、自分の言葉など聞き流してほしいと思っているのがじんじん伝わってきた。ひと握りの人だけだからあきらめろだなんて、言ってはいけない。だけど、言わずにはいられない。そういう声だった。

「　　　　　　　　」

和音は言った。

「ピアノを食べて生きていくんだよ」

部屋にいる全員が息を飲んで和音を見た。和音の、静かに微笑《ほほえ》んでいるような顔。でも、黒い瞳が輝いていた。きれいだ、と思った。

いつのまに和音はこんなに強くなったんだろう。ほれぼれと和音の顔を見る。きっと前からこの子の中にあったものが、由仁が弾けなくなったことで顕在化《けんざいか》したのだと思う。そうだとしたら、悪いことばかりじゃない。⑧由仁のことはとても残念だけれど。とても、とても残念だけれど。

（宮下奈都『羊と鋼の森』一部抜粋）

＊調律…正しい音を出す状態に弦《げん》の張り具合を調節すること

問一　――線部①「わがままだなあ」とありますが、「柳さん」は、「僕」のどのような希望に対して、「わがまま」だと言っているのですか。文章中の言葉を使って、十五字以内で答えなさい。

問二　――線部②「なんだか気持ちが軽くなった」とありますが、その理由として最も適当なものを次から選び、記号で答えなさい。

ア　「わがままだ」とこども扱《あつか》いされることで、これまで遠く感じていた柳さんとの距離《きょり》が一気に縮まったように感じたから。

イ　いつも弟と比較《ひかく》され、兄として我慢《がまん》を強いられてきたが、やっと素直に自分をさらけ出して自由になれた気がしたから。

ウ　これまでわがままを通したいと思うほどのことがなかったが、究めたいことを見つけて、自分に素直になっても良いと思えるようになったから。

連の作業が非常に丁寧《ていねい》であることも、柳さんの手先がとても器用なことも、よくわかる。真似をしなくていい。誰もがこんな調律ができるわけではない。でも、ひとつのお手本だ。つくづく、見習い期間中にこの人に教わることができてよかったと思う。

「終わりました」

ドアを開けて、柳さんが声をかける。すぐに奥さんとふたごが入ってきた。

「前と同じ状態に調律しておきました」

柳さんが簡単に説明すると、由仁は少し不服そうだった。

「あのう、④私たちは前と同じじゃないですけど」

まっすぐに柳さんの目を見ながら言う。

「ピアノは同じにしておくほうがいいと思います。あなたたちが変わったのなら、きっと以前とは違《ちが》う音色になります。それを確かめるのも大事なことだと思います」

由仁はわずかに首を傾けたまま黙《だま》っていたが、僕を見て言った。

「外村さんはどう思いますか」

僕がどう思うか聞きたくて呼んだわけではないと思うのに。しばらく由仁のまなざしを感じていたが、

「わかりません」

正直に答えると、視線が外されるのがわかった。

「［　X　］と、わかりません。試しに弾いてみてもらえますか」

和音がうなずいた。

以前は、試しに弾くのも連弾《れんだん》だった。ピアノの前にふたりで並んですわっていたふたご。観る、などと言うと芸か何かのようだけれど、艶《つや》のある黒い楽器の前に、ふたごが並んですわったとき、聴《き》くよりもまず観るよろこびが胸の中で弾《はじ》けた。こんなにいいものを僕ひとりで観てしまっていいのか、という思い。どこかの音楽家によってあらかじめ書かれていた曲だとは思えないほど、ピアノから生まれてくるのは彼女たちの音楽だった。

由仁のピアノは魅力《みりょく》的だった。華やかで、縦横《じゅうおう》無尽《むじん》に走る奔放《ほんぽう》さがあった。人生の明るいところ、楽しいところを際立たせるようなピアノ。対して、和音のピアノは静かだった。静かな、森の中にこんこんと湧《わ》き出る泉のような印象だ。これからどうなるのだろう。ふたりのピアノがひとりのピアノになって、それでも泉は泉でいられるのだろうか。

でも、和音がたったひとりでピアノの前にすわったとき、はっとした。背中が毅然《きぜん》としていた。白い指を鍵盤《けんばん》に乗せ、静かな曲が始まった瞬間《しゅんかん》に、記憶も雑念も、どこかへ飛んでしまった。

音楽が始まる前からすでに音楽を聴いていた気がした。今このときにしか聴けない音楽。和音の今が込《こ》められている。でも、ずっと続いていた音楽。短い曲を弾く間に、何度も何度も波が来た。和音のピアノは世界とつながる泉で、涸《か》れるどころか、誰も聴く人がいなかったとしてもずっと湧き出続けているのだった。

ピアノの向こう側に、和音を見つめる由仁の横顔があった。⑤頰《ほお》が紅潮している。由仁は弾けなくなったのに、和音は弾く。耐えられるだろうか、と案じてしまったことが恥《は》ずかしい。由仁こそ和音の泉を一番に信じていたのだろう。

短い曲が終わった。調律の具合を確かめるための軽い試し弾きかと

で、読者に食べ物の尊さを再認識してもらおうとしている。

エ　消費者にとっての見た目や利便性の不具合を理由にして食品が廃棄される事例を具体的に複数示すことで、読者に問題意識をもってもらおうとしている。

五　次の文章を読んで、後の問いに答えなさい。

「閉めて」
ピアノに屈《かが》み込んだまま、柳さんが言う。
「いつも閉まってんだから、閉めた状態で＊調律したい」
「でも、もったいないです。開けて弾《ひ》いたほうがいいです」
「①わがままだなあ」
「えっ」
驚いた声に、柳さんが顔を上げる。
「なに驚いてんだ」
「すみません」
わがままだと言われたのは、記憶にある限り、生まれて初めてのことだ。
「わがまま、って、あの、僕《ぼく》のことでしょうか」
思わず確かめると、柳さんは眉間《みけん》に皺《しわ》を寄せてこちらを睨《にら》んだ。
「この部屋にいるのは誰だ。俺《おれ》と外村だ。そして、俺は今仕事をしている。わがままは言ってないつもりだ。俺がわがままじゃないとしたら、さて、誰がわがままだと思う」
「はい」
右手を挙げた僕に、よろしい、と柳さんはうなずいてみせた。
しかたなく、一度開けたカーテンを戻《もど》す。音を遮《さえぎ》るだけでなく、光も遮ってしまう。もう一度僕はカーテンを開けた。夕刻のやわらかな日差しが差し込んでくる。
「おい」
「はい」
しぶしぶ閉める。もったいない、という思いを捨て切れない。
「こどもかよ」
こどもだなんて言われたのも、生まれて初めてだった。そうか、こどもか。ふ、と笑みが漏《も》れる。②なんだか気持ちが軽くなった。そうか、こどもか。わがままか。
「なに笑ってんだ」
「いえ、すみません」
謝る声にも、笑いが混じっていただろう。
やっと、わがままになれた。これまでどうしてわがままじゃなかったんだろう。聞き分けがよかった。おとなしかった。いつも弟に押《お》されていた。通したいほどの我《が》がなかった。
今、わがままだ、こどもだ、と指摘《してき》されてわかった。僕は、ほとんどのことに対してどうでもいいと思ってきた。わがままになる対象がきわめて限られていたのだ。
わがままが出るようなときは、もっと自分を信用するといい。わがままを究めればいい。僕の中のこどもが、そう主張していた。
ふたごがどうして僕を呼んだのかわからないまま、滞《とどこお》りなく進む柳さんの調律を見ていた。端正《たんせい》な調律だった。ついてまわっているときはわからなかった。ひとりでやるようになってからあらためて見ると、③一

エ　賞味期限が切れておらず、安全でおいしく食べられる食品

問三　――線部②「そのなかでも日本は特別らしい」とありますが、どのような点で「特別」なのですか。最も適当なものを次から選び、記号で答えなさい。

ア　消費者が買う食品の中で廃棄される量の多さ

イ　食品の見た目や安全性に対する要求の高さ

ウ　フードバンク事業に着手する企業の多さ

エ　食品を外国からの輸入に頼る割合の高さ

問四　――線部③「私もずっと抵抗を感じながら、食品を廃棄してきました」とありますが、抵抗を感じるのは、「食品を廃棄」することをどのように思っているからですか。これより後の文章中から六字の言葉で抜き出して答えなさい。

問五　――線部④「その要求」とありますが、これは「食品」に対するどのような「要求」ですか。次の文の空欄に当てはまるように、文章中の言葉を使って二十字程度で書きなさい。

「食品に対して［　　　　］という要求」

問六　――線部⑤「袋やパックにきれいに包まれた、形や大きさもそろった野菜たち」とありますが、こうした「野菜たち」を何にたとえていますか。文章中から四字で抜き出して答えなさい。

問七　――線部⑥「自分の五感よりも、印刷されたデータの方を信じてしまう」について、あとの問いに答えなさい。

（一）「自分の五感」とありますが、「五感」を使っている様子が具体的に書かれている一文を探し、最初の五字を抜き出して答えなさい。

（二）「印刷されたデータ」とは、具体的には何を指していますか。文章中から四字で抜き出して答えなさい。

問八　――線部⑦「生鮮野菜の一世帯あたりの消費量（二〇〇六年）が一〇年前から一六％減る一方で、国民ひとりあたりの冷凍食品消費量は一年に二一・一キログラムと過去最高になっている」とありますが、このデータから筆者が伝えようとしていることとして最も適当なものを次から選び、記号で答えなさい。

ア　日本で生産された食材の割合が減り、輸入された食材を加工したものが増えているということ。

イ　生鮮食材に新鮮さを求めることが難しくなり、鮮度の関係ない冷凍食品が選ばれているということ。

ウ　素材に手をかけて調理する機会が減り、すでに加工されたものを食べる機会が増えたということ。

エ　食の西洋化から肉料理を食べる機会が増え、国民が野菜を消費する機会が減っているということ。

問九　この文章についての説明として当てはまるものを次から一つ選び、記号で答えなさい。

ア　食品の廃棄に対する考え方の違《ちが》いについて、複数の外国と日本を比較《ひかく》することで、読者に国際的な視野で考えてもらおうとしている。

イ　日本国内の廃棄される食品の量をくわしく調査し、数年間にわたる推移をデータで示すことで、読者に正確な事実を伝えようとしている。

ウ　かつての日本の家庭における食品との向き合い方を紹介《しょうかい》すること

合の期限で、甲南女子大学名誉《めいよ》教授の奥田和子さんの実験では、生卵を冷蔵庫に保存し、ゆで卵にして味を評価したところ、期限後三〇日まで食べられたそうだ。食パンは冷凍すると期限の三週間後まで問題なく、納豆も期限切れから三週間まで食べられたという。期限切れだから、と急いで捨てる必要はない、と奥田さんは指摘《してき》する（日本経済新聞、二〇〇七年一二月二九日）。

　ところが先日、三十代の会社員と話していたら、彼女が思いがけないことを言った。

「腐った食品がどういうものか、見たことがないからわからないんです」

　彼女にとっては、ラベルに記された数字だけが頼り。賞味期限が切れた食品は、開けて中身を確かめるまでもなく、迷わずそのままゴミ箱に捨てているという。

⑥自分の五感よりも、印刷されたデータの方を信じてしまう。そんな人たちが若い世代を中心にふえているのかもしれない。

　毎晩遅くまで忙しく仕事をしている彼女は、家で料理をする時間がほとんどないそうだ。食事は外食やコンビニだのみ。さらにオフィスでパソコンに向かいながら、手軽に小腹を満たせる栄養補助菓子や栄養補給飲料などで済ませることも少なくない。振り返れば、私も会社に勤めていたころはそうだった。

　ほんらい、食べ物とは生き物や植物などの命をいただくもの。でも、栄養補助菓子や加工食品の多くからは、その命は見えてこない。賞味期限だけを基準に食品を捨てられる感覚は、こうして養われているのかもしれない。

　２ＨＪのボランティアが、ため息をついていたことがある。

「若い世代にフードバンクのことを説明しても、なかなか理解してもらえなくなっている。『えーっ、だってメーカーが捨てようとしていたものでしょ？　なんかやっぱり問題があるんじゃないかな、って思っちゃう』。そんな反応にしばしば出合うんです」

　食をめぐる私たちの環境《かんきょう》は、大きく変わってきた。外食や、中食（弁当や総菜などを買って帰り、自宅で食事すること）が普及《ふきゅう》し⑦生鮮野菜の一世帯あたりの消費量（二〇〇六年）が一〇年前から一六％減る一方で、国民ひとりあたりの冷凍食品消費量は一年に二一・一キログラムと過去最高になっている。安くて便利で手軽がなにより。食べ物を生産する人と食べる人との距離《きょり》感は、物理的にも精神的にも、どんどん広がっているように思う。

（大原悦子『フードバンクという挑戦　貧困と飽食のあいだで』一部抜粋）

問一　――線部①「余っている食べ物を、困っている人に。フードバンクの原理は、いたってシンプルだ」とありますが、フードバンクが行っている事業内容を、より具体的に説明した次の文の空欄に当てはまる言葉を、指定された文字数で文章中から抜き出して答えなさい。

「余っている食べ物を［　①（八字）　］、困っている人のいる［　②（六字）　］すること。

問二　空欄［Ａ］に入る文として最も適当なものを次から選び、記号で答えなさい。

ア　賞味期限は切れているが、安全でおいしく食べられる食品

イ　賞味期限は切れていないが、安全性にやや不安の残る食品

ウ　賞味期限が切れているが、まだ食べることはできる食品

たとえば、トマトの缶詰を輸入している会社の品質保証部に勤める男性から、こんな話を聞いた。

「梱包する箱が少しヨレっとなっているだけで日本では即、返品です。缶詰だから中身にはまったく影響がないんですよ。輸入元のイタリアやアメリカの業者からは「腐《くさ》っていたわけじゃないんだろ?」「なぜ箱が汚れたぐらいで問題になるのか?」と聞かれます。彼らは理解に苦しむようですが、日本は一〇〇%完璧《かんぺき》を求める社会なんですね。③私もずっと抵抗を感じながら、食品を廃棄してきました」

別の会社ではフランスからチーズを輸入している。輸入元は「寄せられる苦情が一〇〇件あったとすると、九五件は日本から。日本は要求が多すぎる」とこぼす。

こうした嘆《なげ》きは、食品会社の担当者から繰り返し聞く。

きれいなものを。安全なものを。新鮮《しんせん》なものを。完璧なものを。そう求めるのは消費者として当然の心理だろう。口に入れるものなのだから、もちろん欠陥《けっかん》は許されない。同じ値段を出すのなら、少しでも新鮮で状態のいいものを、と私だって願う。

だが、日本の社会では、④その要求があまりにも高すぎるのかもしれない。

私が二〇〇〇年から二年間暮らしたイタリアでは、野菜ひとつとっても大きさや形がバラバラだった。日本では絶対お目にかからない規格ハズレ品が当然のように売られている。

「曲がっていようが、ぶかっこうだろうが、ニンジンはニンジンだろうが!」

イタリアの食品売り場にはそんなおおらかさがあり、野菜には野菜ほんらいの力強い味があふれていた。旬《しゅん》が過ぎると、まったく手に入らない食品も多かった。

対して日本では一年中、世界中のものが手に入る。それは、豊かさや便利さのしるし、と言えるかもしれないけれど、⑤袋やパックにきれいに包まれた、形や大きさもそろった野菜たちの陰《かげ》で、多くの規格外の野菜が捨てられているのではないかと心配になる。

島村菜津さんの『スローフードな日本!』（新潮社、二〇〇六年）によると、農林水産省が野菜の標準規格を設けたのは一九七一年のこと。「まるで工業製品のように」野菜の形、寸法、品質を統一、それに応じてダンボールまでそろえなければならないという。

「…誰が野菜の大きさと形をそろえて欲しいと頼んだのか。見栄えのいいものばかり買いたがる消費者のせいだと言う人もいるし、傷めず、効率よく、遠くまで運ぶという流通の都合だと言う人もいる。おそらく両方だろう。いずれにせよ、それが農家の手間や出費を増やし、苦しめている。その上、規格外となると、売り物にならないとはじかれ、泣く泣く処分するらしい。そんな、もったいない話があるだろうか」と島村さんは憤《いきどお》る。私もまったく同感である。

（中略）

まだ食べられるかな?

以前はどこの家庭でもにおいをかいだり、酸味や苦味を確かめたり、と五感を使って食べ物の鮮度を判断していたものだ。悪くなりかかったものでもその部分だけを削《けず》ったり、火を通したりすれば大丈夫だったりした。

卵の賞味期限は採卵日から二週間ほど。しかし、これは生で食べる場

・橋を渡ってそのまま［　４　］。

・細い横道がありますが、そのまま直進すると学校に着きます。

・［　５　］。

四　次の文章を読んで、あとの問いに答えなさい。

①余っている食べ物を、困っている人に。

フードバンクの原理は、いたってシンプルだ。「余っている」と聞くと、多くの人は「賞味期限切れの売れ残り品」を連想するかもしれない。だが、フードバンクは賞味期限が切れている食品はいっさい扱《あつか》わない。

「なぜかって？安全で、十分においしく食べられる食品しか扱いたくないからです。それに、賞味期限内の食品を引き取るだけでも、倉庫が満杯《ぱい》になってしまいます」

日本で初めて本格的なフードバンク活動を行っているＮＰＯ法人「セカンドハーベストジャパン」（略称、２ＨＪ、東京都台東区）の理事長チャールズ・Ｅ・マクジルトンさんはこう言い切る。

２ＨＪは二〇〇七年度の一年間に三五〇トンの食料を企業から引き取り、約六〇の施設《しせつ》に再分配した。すべて賞味期限が切れていないのに、廃棄《はいき》されるはずだった食品だ。

たとえば、先に述べたような、賞味期限をまだ数カ月も残しているのに販売期限が切れてしまった缶詰《かんづめ》やレトルト食品。あるいは、ラベルの印字がたまたま少し薄かった、ずれただけ、という商品もある。

コンテナ船で輸送中、ダンボール箱の一部が不可抗力《ふかこうりょく》でへこんだり、つぶれたりした冷凍《とう》食品。梱包《こんぽう》する外箱の問題なので中身にはいっさい問題がないが、へこみがあるだけでも引き取り手がなくなってしまうという。

カリフォルニアレーズン五〇万袋がやってきたこともあった。袋《ふくろ》につけたキャンペーン応募《おうぼ》用のシールがはがしにくく、「袋が破れて応募できなかった」というクレームが二件入ったからだ。

飛行機内で配られていたペットボトル入り飲料水約一万二〇〇〇本も届いた。一部アメリカ製のフタを使ったボトルが混じっており、日本製のものに比べるとしまりがゆるい。「万一ボトルが倒《たお》れてお客さまの服に水がかかっては」と心配する声が出た。アメリカ製のものだけを抜き出すのは困難で、日本製のものも含めすべて廃棄することに。二トン車にぎっしり詰めて、四回に分けて運び込まれたが、２ＨＪで引き取れずに捨てられたボトルが、その一〇倍以上はあったという。

都内の総菜会社からも相談があった。一〇〇〇食分のお弁当をつくるためには一一〇〇食分の具材を仕入れる。余分な一〇〇食分は、これまで捨てるしかなかったそうだ。

くどいようだが、これらはみな、［　Ａ　］。２ＨＪが引き取らなければ廃棄されていた。

大量消費・大量廃棄はなにも日本に限った現象ではない。「本家」アメリカはもちろんのこと、多くの先進国でも食品の三割から四割が捨てられているとみられている。イギリスのインディペンデント紙によると、同国でも毎年二〇〇〇万トンの食べ物が捨てられており、消費者が買う食品の三分の一はゴミ箱行きだという。賞味期限にとらわれ過ぎていたり、「まとめ買いがお得」といったスーパーの宣伝に乗せられているのが大きな要因のようだ（二〇〇八年三月二日、同紙電子版）。

しかし、②そのなかでも日本は特別らしい。

【国　語】（四五分）〈満点：一〇〇点〉

【注意】字数の指定がある場合は、句読点や記号も全て一字と数えます。

一　次の――線部の漢字の読み方をひらがなで答えなさい。

1　晩年はさびしく暮らしたそうだ。
2　模造紙を大量に買う。
3　彼は快活な人だ。
4　潔く負けを認める。
5　ほめられて有頂天になる。

二　次の――線部のカタカナを漢字に直しなさい。

1　ヨウケンを済ませる。
2　美しいエマキモノを見る。
3　新しいナイカクが誕生した。
4　ホソクで説明を加える。
5　ヤセイの牛が走っている。

三　次の問いに答えなさい。

（一）次の１～５の二つの文の空欄には、同じ音の言葉が入ります。二つの文の空欄に共通して入る言葉をひらがなで答えなさい。

1　・注意を□　・あぐらを□
2　・酒を□　・布を□
3　・愛情を□　・なぞを□
4　・泡を□　・手柄を□
5　・小回りが□　・機転が□

（二）次の地図の「相模大野駅から学校までの道順」を、文章で表しました。空欄に当てはまる言葉や文を答えなさい。

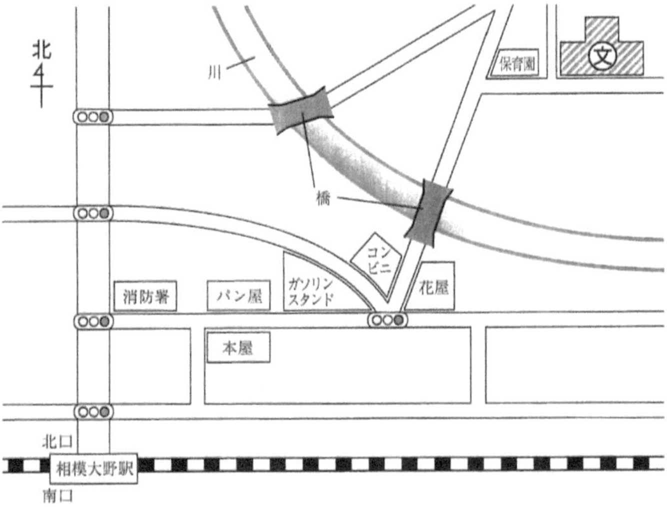

・相模大野駅の北口を出て北上します。
・二つ目の［1］を右に曲がります。
・［2］を右手に見ながら進むと、道が三方に分かれます。
・コンビニと［3］の間の道を進むと川があります。

2024年度

相模女子大学中学部入試問題（第２回）

【算　数】（45分）　＜満点：100点＞

【注意】 比は最も簡単な整数の比で答えなさい。円周率は3.14として計算しなさい。

1 次の □ にあてはまる数を求めなさい。

⑴　$18 - 3 \times 2 =$ □

⑵　$24.3 \times 7 =$ □

⑶　$0.3 \times 8 + 1.7 \times 8 =$ □

⑷　$2.4 \div 0.5 + 3.6 \div 2 =$ □

⑸　$\frac{5}{12} \times 3 - 1\frac{3}{4} \div 2\frac{5}{8} =$ □

⑹　$\left(\square \times 2 - \frac{2}{3} \right) \div \frac{1}{4} = 3$

2 次の □ にあてはまる数を求めなさい。

⑴　202400を □ で割ると商は911で，あまりは158になります。

⑵　姉と妹が4.9㎞離れた地点から向かい合って同時に出発しました。姉は分速85m，妹は分速55mで歩いています。２人が出会うのは出発してから □ 分後です。

⑶　大小２つのさいころを同時に投げるとき，出た目の和が５または６となる場合は □ 通りです。

⑷　時速54㎞は秒速 □ mです。

⑸　同じ大きさの長いすがいくつかあり，そこに子どもが座ります。１きゃくに６人ずつ座ると，10人座れません。また，１きゃくに８人ずつ座ると３きゃくあまります。このとき，子どもは □ 人います。

⑹　右の図は，AB＝ACの二等辺三角形とBC＝BDの二等辺三角形が重なった図です。また，DA＝DB＝BCです。このとき，角アの大きさは □ 度です。

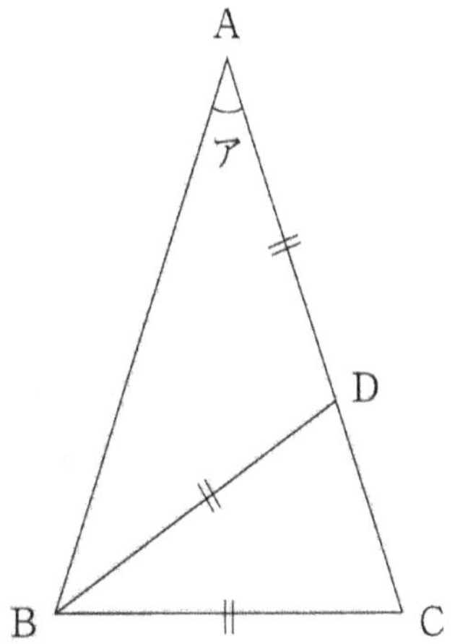

3 次の図のように，1辺が３㎝の立方体をすき間なく積み重ねた１辺が９㎝の立方体があります。この立方体の色のついた面から，反対側までまっすぐくり抜きます。このとき，下の問いに答えなさい。

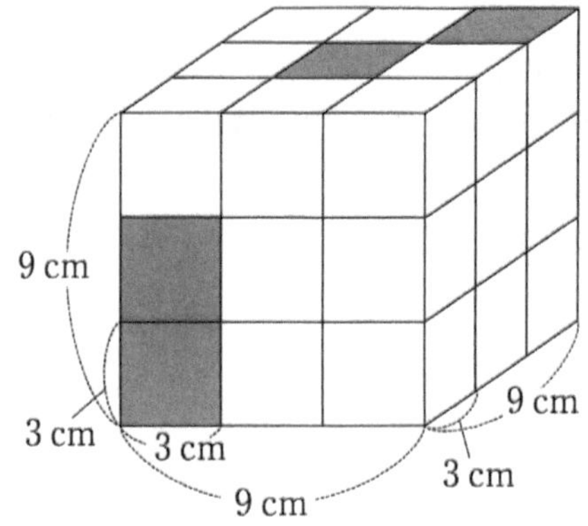

⑴　残った立体の体積は何㎝^{3}ですか。

⑵　残った立体の表面積は何㎝^{2}ですか。

4 次の問いに答えなさい。

⑴　容器に濃さ10％の食塩水が300ｇ入っています。この容器に水を加えたら濃さが４％になりました。このとき，加えた水の量は何ｇですか。

⑵　ある中学校の生徒数を調べると，昨年度の男子と女子の人数比は３：１でした。今年度は昨年度よりも男子が12％減少し，女子が20％増加しました。今年度の男子生徒数は，全体の何％ですか。

5 Ａさんは，はじめの１㎞は分速50ｍで，それ以降は分速80ｍで歩き続けます。このとき，次の問いに答えなさい。ただし，答えを出すまでの式や図，考え方などを書くこと。

⑴　Ａさんは出発してから30分で何ｍ進みますか。

⑵　ＢさんはＡさんが出発してから30分後に，Ａさんが出発した地点から同じ道を自転車で追いかけます。Ｂさんは分速160ｍで進み続けます。Ｂさんは出発してから何分何秒後にＡさんに追いつきますか。

6 ある規則に従って，数が次のように並んでいます。このとき，下の問いに答えなさい。ただし，答えを出すまでの式や図，考え方などを書くこと。

$$\frac{2}{1},\ \frac{2}{2},\ \frac{4}{2},\ \frac{2}{3},\ \frac{4}{3},\ \frac{6}{3},\ \frac{2}{4},\ \frac{4}{4},\ \frac{6}{4},\ \frac{8}{4},\ \cdots$$

⑴　はじめて分母が10になるのは，はじめから何番目の数ですか。

⑵　はじめの数から$\frac{4}{9}$まで足したときの和はいくつですか。

【理　科】（社会と合わせて45分）　＜満点：100点＞

1　重さ60ｇで長さ40㎝の太さが一様な棒をひもでつるして，実験を行いました。ただし，ひもの重さは考えないものとします。あとの問いに答えなさい。

⑴　下の図のように，おもりＡを付け，ひもの位置を動かしたところ，棒がつり合いました。つるしたひもの位置より右側にはおもりがないにも関わらず，棒がつり合っています。このことから，棒の（　①　）の位置に棒の重さと同じ60ｇのおもりが付いているものとして，考えることができます。（①）はどの位置ですか。図のア～エから１つ選び，記号で答えなさい。

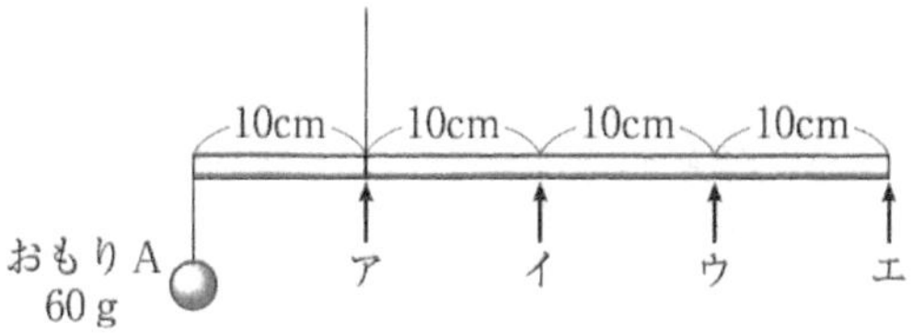

⑵　下の図のように，おもりＢを付け，ひもの位置を動かしたところ，棒がつり合いました。このとき，おもりＢは何ｇですか。

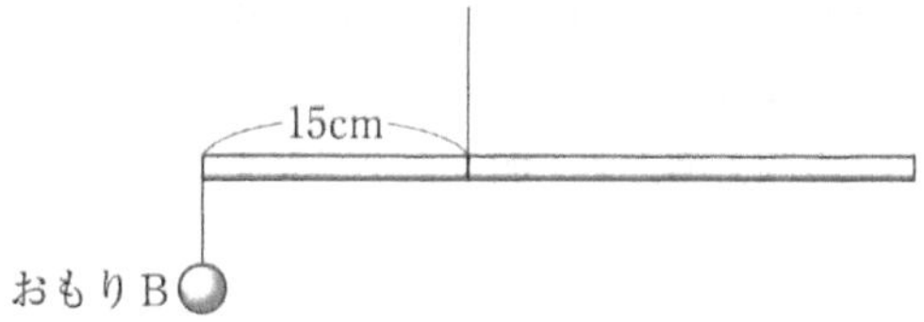

⑶　下の図のように，おもりＣ，Ｄを付け，ひもの位置を動かしたところ，棒がつり合いました。このとき，おもりＣは何ｇですか。

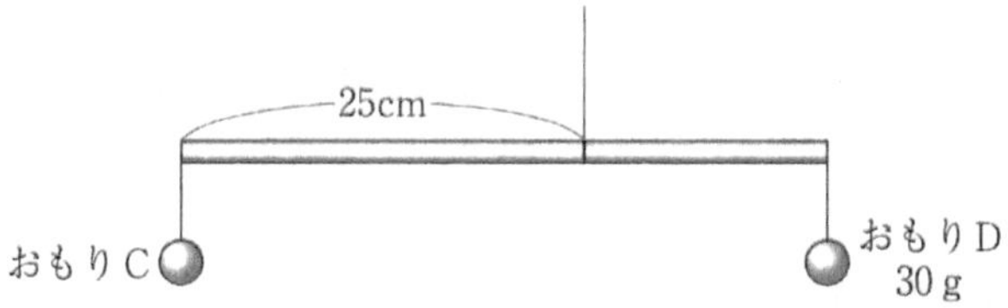

⑷　下の図のように，おもりＥ，Ｆを付け，棒をばねばかりでつるしたところ，棒がつり合いました。このとき，ばねばかりの目盛りは何ｇを示しますか。

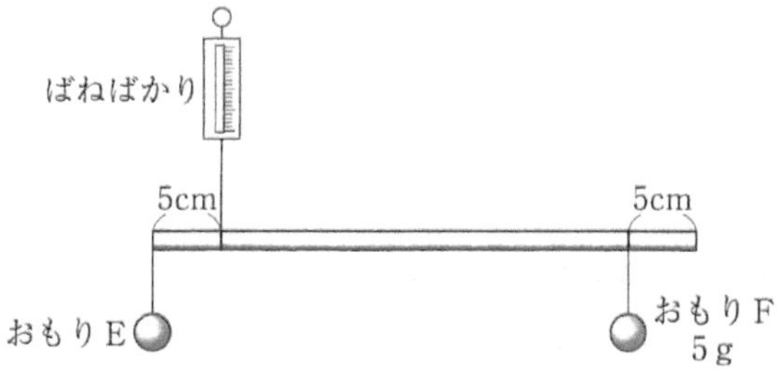

2　あいかさんは，カブトムシの幼虫を飼育したところ，さなぎから羽化し，成虫になりました。メスの成虫が産卵したので，カブトムシの卵を校内にある（　Ａ　）に移し，それぞれの個体数の変

化を調査しました。あとの問いに答えなさい。

⑴　カブトムシの幼虫は，どのような場所で育ちますか。前のページの文章中の（A）にあてはまる語句を次のア～オから１つ選び，記号で答えなさい。

ア　池の水の中　　　イ　かわいた土の中　　ウ　葉の上

エ　くさった落ち葉の中　　オ　しめった草の中

⑵　成虫のカブトムシの足はどれですか。次のア～エから１つ選び，記号で答えなさい。

ア　　　イ　　　ウ　　　エ

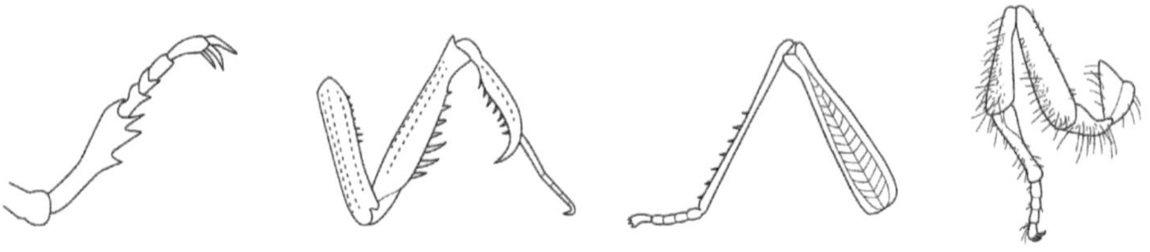

⑶　こん虫のからだは，食べるエサや，すんでいる場所に適したつくりとはたらきをもっています。成虫のカブトムシの足のつくりには，どのような特ちょうがありますか。簡単に答えなさい。

⑷　メスが産卵した210個の卵のうち，ふ化したものは165匹でした。すべての幼虫を（　A　）の場所に移して個体数の調査を続けたところ，幼虫からさなぎになったのは20匹，さなぎから成虫になったのは12匹でした。今回の調査で，卵，幼虫，さなぎのうち，最も死亡率が高い時期はいつですか。

⑸　⑷の時期の死亡率は何％ですか。ただし，小数第一位を四捨五入し，整数で答えなさい。

⑹　今回の調査で，卵から成虫まで成長したものの割合は何％ですか。小数第一位を四捨五入し，整数で答えなさい。

3　みほさんは，夏休みにお父さんと海にキャンプに行きました。下の**【会話文】**を読み，あとの問いに答えなさい。

【会話文】

お父さん：ご飯の準備を始めましょう。

みほさん：「水」と「塩」が見当たりません。どうしましょう。

お父さん：キャンプに来たことですし，海水から水と塩を作ってみましょう。

みほさん：どのように作るのですか？

お父さん：まずは水の作り方を見て準備してみましょう。

【資料１】　水の作り方

<材料>

海水，たき火台，まき，大きいなべ（２つ），びん

<作り方>

①　なべを重ね，下のなべに海水を入れ，その中に水を受けるびんを用意する。

②　２つのなべの間にすき間ができないように密閉させる。

③　上のなべに海水を入れる。

④　たき火台の上に装置を乗せて下から火をつける。

⑤　下のなべで熱された海水が水蒸気に変わり，上のなべ底についた水がびんにたまると水の完成。

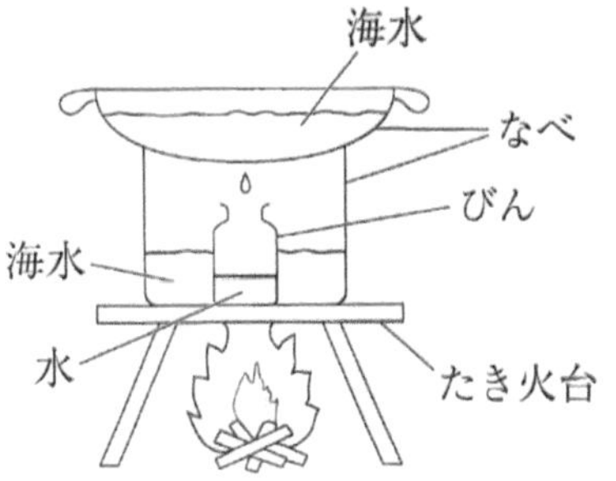

【図１】 水を作る装置

みほさん：本当に作ることができましたね。次は塩の作り方を見てみましょう。

【資料２】 塩の作り方

<材料>

海水，たき火台，まき，フライパン，なべ，木べら，お玉，キッチンペーパー，ボウル，ザル

<作り方>

①　ザルとキッチンペーパーを使い，海水をろ過して不純物を取り除く。

②　なべにろ過した海水を注ぎ，木べらでかき混ぜながら強火で煮詰《つ》める。

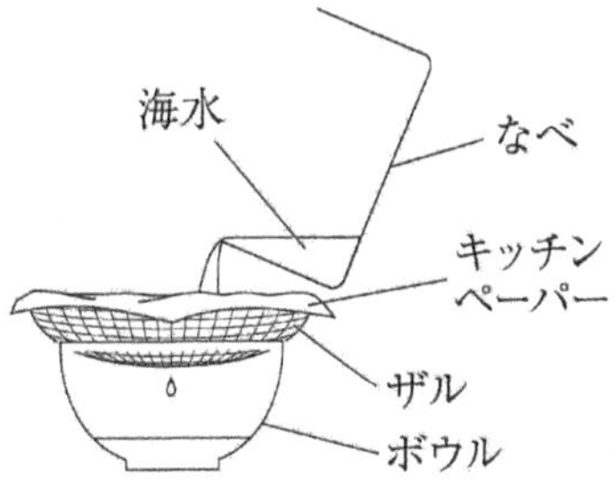

【図２】 ろ過のようす

③　ある程度煮詰まって海水が白くなってきたら，お玉でなべの海水をすくう。ザルとキッチンペーパーを使い，Ⅰ海水をろ過してボウルに移す。このときにキッチンペーパーの上に残る白いものは，海水に含まれる石こう分なので捨てる。

④　なべを一度よく洗い，ろ過した海水をさらに加熱して煮詰める。

⑤　Ⅱ海水が白くなってきたら，水分が残っているうちに火から下ろす。

⑥　ザルとキッチンペーパーを使い，ろ過をする。キッチンペーパーの上に残るものが「塩」，ボウルに落ちた水分が「にがり」になる。

⑦　キッチンペーパーの上に残った塩をフライパンで炒《いた》めると塩の完成。

お父さん：時間はかかりましたが，水も塩も作ることができましたね。

みほさん：とても楽しかったです。いい勉強になりました。

⑴　**【図１】**の水を作る装置で海水を加熱すると，水が水蒸気に変わりました。この現象を漢字２字で答えなさい。

⑵　**【図１】**のように，上のなべに海水を入れる理由を簡単に答えなさい。

⑶　**【図１】**のように下のなべの海水を加熱したとき，海水の動く様子を表したものとして正しいものを次のページのア～エから１つ選び，記号で答えなさい。ただし，ア～エの図中の→は海水の動く向きを表しています。

ア　　　　　イ　　　　　ウ　　　　　エ

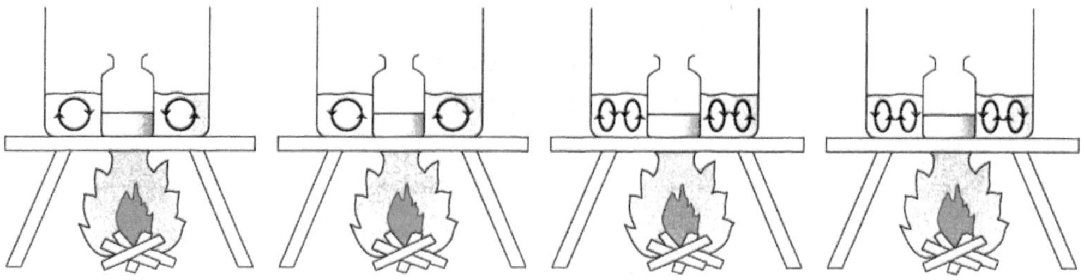

⑷　【資料２】<作り方>のⅠとⅡの海水について，正しく述べているものを次のア～ウから１つ選び，記号で答えなさい。

ア　Ⅱの海水はⅠの海水と同じ濃さである。

イ　Ⅱの海水はⅠの海水よりうすい。

ウ　Ⅱの海水はⅠの海水より濃い。

⑸　【資料２】を参考にして，みほさんとお父さんは海水2000ｇから何ｇの塩を作ることができますか。ただし，海水の塩分濃《のう》度は３％とします。

4　近年，世界中で猛《もう》暑や大雨などの異常気象が起きています。日本も例外ではなく，2023年は猛暑に見舞《ま》われ，大雨の被《ひ》害も多く見られました。2023年８月に発生した台風７号について，下の**【資料】**を読み，あとの問いに答えなさい。

【資料】

台風７号は広い範《はん》囲に記録的な大雨をもたらした。気象庁は，台風の中心から数百キロ・メートルまで広がる「降雨帯」で雨雲が発達したと分析。16日も降雨帯がかかる可能性がある日本海側などでは土砂災害や河川氾濫《はんらん》に注意するようにうながしている。

台風の中心に向かっては，「スパイラルバンド」と呼ばれるらせん状の降雨帯が広がる。海面水温が高い海域をゆっくりと進んだ台風７号は次第に発達していき，和歌山県や奈良県などで，11～15日の総雨量が平年の８月の１か月分を上回る大雨となった。

15日朝に線状降水帯《せんじょうこうすいたい》が発生した鳥取，岡山両県でも，スパイラルバンドが中国山地にぶつかって（　①　）が次々と発達。鳥取では断続的に雨が降り，大雨特別警報の発表につながった。

【図】台風周辺の降雨帯が大雨をもたらすイメージ

（読売新聞オンライン「台風７号の記録的大雨、「スパイラルバンド」で雨雲発達か…通過後も警戒《かい》必要」一部変更）

⑴　文章中の（①）にあてはまる語句を次のア～エから１つ選び，記号で答えなさい。

ア　巻層雲

イ　積乱雲

ウ　乱層雲

エ　高積雲

⑵　台風の雲の中心部に，穴のようにすっぽりとあいている部分があります。この部分を何といいますか。次のア～オから１つ選び，記号で答えなさい。

ア　台風の口　　イ　台風のへそ　　ウ　台風の鼻　　エ　台風の目　　オ　台風の耳

⑶　台風は夏に発生するが，冬に発生しないのはなぜですか。その理由を前のページの**【資料】**から７字で抜き出して答えなさい。

⑷　下の図は，2023年８月11日，13日，15日，17日のいずれかの天気図です。次のア～エを日付順に並びかえなさい。

ア

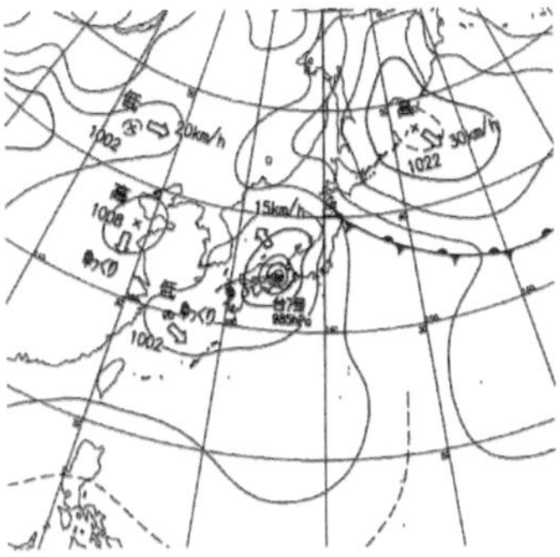

イ

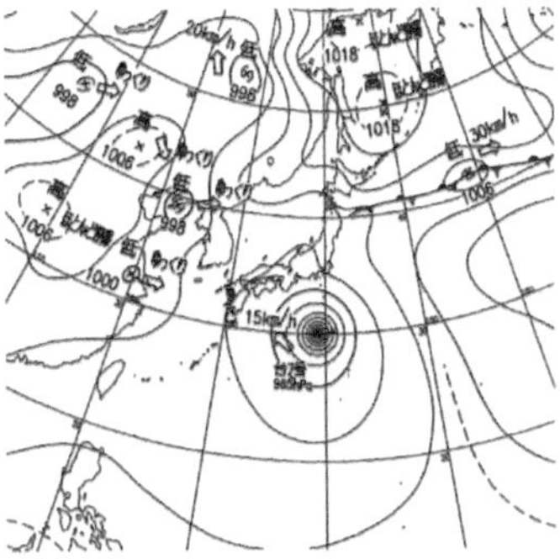

ウ

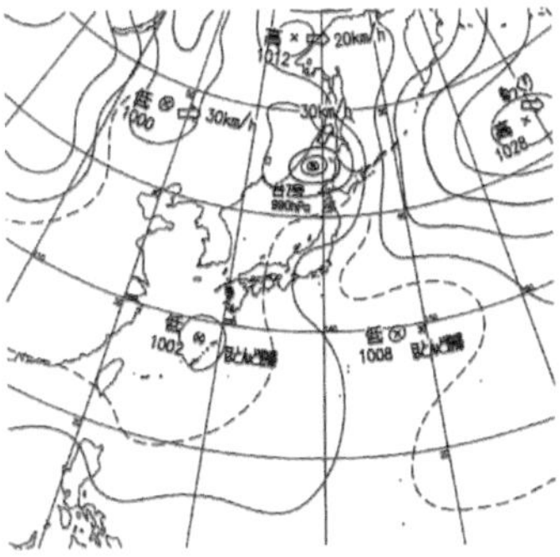

エ

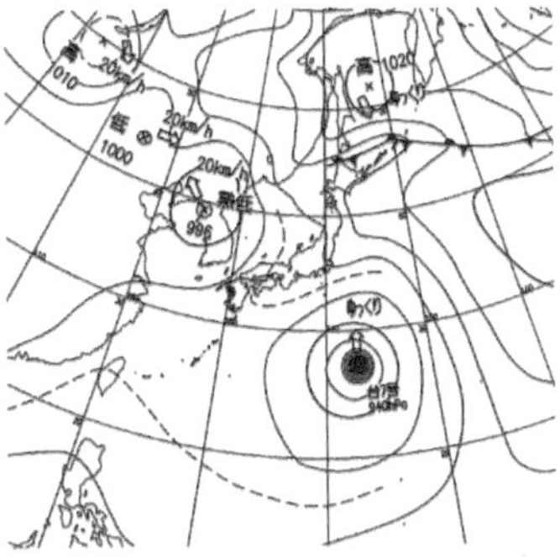

⑸　日本では毎年，台風によって土砂災害や河川氾濫などの被害を受けているため，これらの被害を最小限にするために各県でさまざまな対策をしています。具体的な対策例として間違っているものはどれですか。次のア～カから１つ選び，記号で答えなさい。

ア　ハザードマップをより多くの人に認知してもらう。

イ　災害が起きた際に危険な場所には公共施《し》設や住宅を建てない。

ウ　堤《てい》防や橋など壊れているところがないか日頃から点検を行う。

エ　砂防ダムの整備やがけ崩《くず》れ防止工事を行う。

オ　森林を積極的に伐《ばっ》採して見通しをよくする。

カ　河川にたい積した土砂を取り除き，護岸や堤防の建設をして河川整備を行う。

【社　会】（理科と合わせて45分）　＜満点：100点＞

1　相模女子大学中学部に通う花さんは，相模先生と海の環境についての話をしている。会話文を読み，あとの問いに答えなさい。

花さん：先日テレビで，(A)海の環境が変わってきているという特集を見ました。魚が小型化したり，サンゴ礁《しょう》が減ったりしているのだそうです。やはり，海水温の上昇《じょうしょう》が関係しているのでしょうか。

相模先生：確かに原因の１つかもしれません。先日，国連は今の地球の状態を温暖化ではなく，沸騰化《ふっとうか》と表現しました。海水温の高温化によって魚の代謝量※1が増して小型化したり，水温30度前後の海にしか生息できないといわれているサンゴが徐々《じょじょ》に減っているのだそうです。日中の気温が高いことによる被害《ひがい》だけではなく，海水温の上昇により水蒸気が多く発生し，突然《とつぜん》の雨になるというケースも世界各所で起きています。

花さん：昨年の夏は，例年に比べて特に暑い日が続いていましたよね。晴れていたかと思ったらスコールのような雨が降ってきて，(B)沖縄県によく見られるような天気だと感じました。

相模先生：そうですね。次のページの日本の年平均気温偏差《へんさ》の資料を見てください。トレンドとは，直線の傾《かたむ》きを示しています。傾きが大きいほど変化が大きく，(C)過去100年で1.30度，上昇したことが分かります。天気予報でも，「ニューノーマル」という言葉が使われるようになってきましたし，以前と同じ環境ではなくなってきているのかもしれません。

花さん：私は「(D)サステナブル」という言葉を，最近よく耳にするようになったと思います。地球環境をどのように整えていくのかが世界共通の大きな課題なのですね。

相模先生：身近にあるものを利用した環境改善の取り組みを１つ紹介《しょうかい》しましょう。2020年にモーリシャス沖で，石油を積んだ日本の(E)タンカーが座礁《ざしょう》※2するという事故が起きました。この事故により，観光を主力産業とするモーリシャスの経済は大打撃《だげき》を受けました。大量に海に流れ出てしまった油を吸い取るために使われたのは何だと思いますか？

花さん：何だろう…網《あみ》とかですか？

相模先生：惜《お》しいですね！　実は，人間の髪《かみ》の毛を上手く利用しました。美容室で切られた髪を回収し，ストッキングに詰《つ》め込んで海に浮《う》かべると髪の毛が油を良く吸い取り，海の環境を守ることに繋《つな》がるのだそうです。これこそ，少しの工夫で地球環境を維持《いじ》することなのではないでしょうか。

花さん：そんな取り組みがあるのですね！　私たちにできることは，意外にもまだまだありそうですね。

※1　代謝量…生体内のあらゆる物質変化の総称で，物質代謝，新陳代謝ともいう。また，生体がその生命活動を維持するための最小必要量のエネルギー量を基礎代謝という。

※2　座礁…船が，水面下に隠れて見えないサンゴ礁や浅瀬に乗り上げる現象のことをいう。

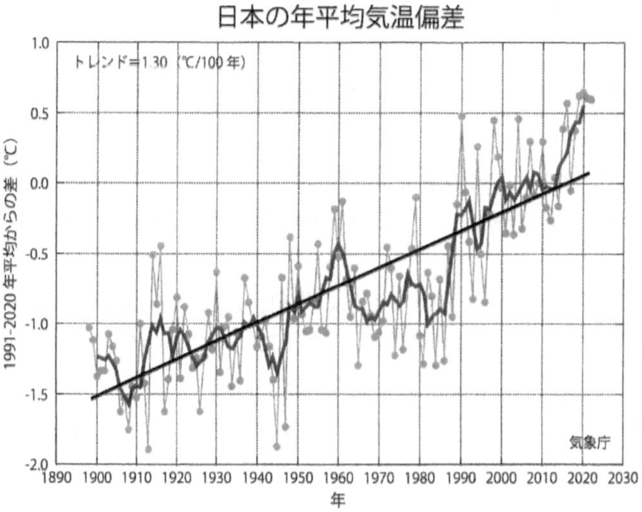

問１　下線部（A）について，海流同士がぶつかり合うところを何というか，名称で答えなさい。

問２　下線部（A）について，下の資料のXにあてはまる海流の名称を答えなさい。

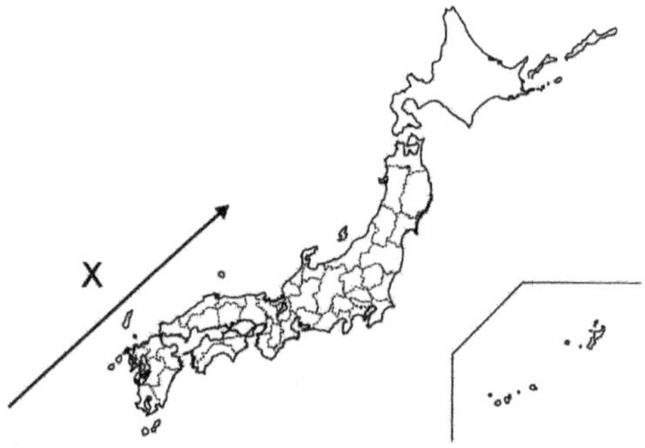

問３　下線部（B）の都道府県の形として正しいものを，ア～エのうちから１つ選び，記号で答えなさい。

ア．

イ．

ウ．

エ．

問４　下線部（B）に関する特徴として間違っているものをア～エのうちから１つ選び，記号で答えなさい。

ア．1429年に琉球王国が成立し，その後薩摩藩の侵攻を受け島津氏の支配下に入った。

イ．日本の人口減少が社会問題になる中，唯一自然増で人口が増えている都道府県である。

ウ．蛇皮《へびかわ》が張られた三味線は沖縄の伝統楽器である。太平洋戦争直後には空き缶を使用したカンカラ三線というものも存在した。

エ．日本にある米軍基地のうちの約７割が沖縄に集中している。

問５　下線部（B）では，国内シェア100％の果物が多く生産されている。下線部（B）で生産されている作物としてあてはまるものを以下のア～エのうちから記号で選び，答えなさい。

ア．梨　　イ．パイナップル　　ウ．ぶどう　　エ．もも

問６　次の資料は，下線部（C）に関連した月毎の平均気温偏差の資料である。月毎の平均気温の上昇率が一番高いのはいつか，以下のア～エのうちから記号で選び，答えなさい。

ア．

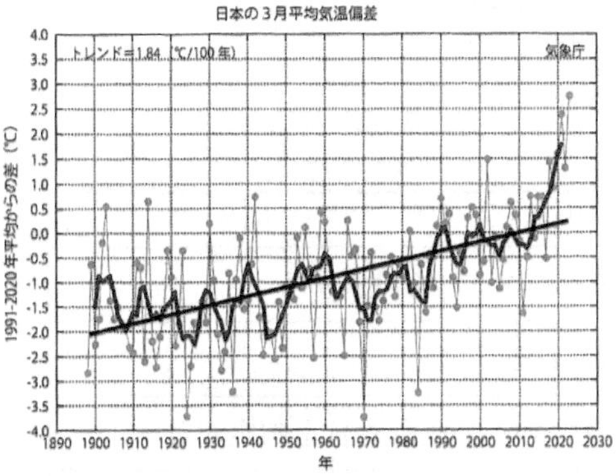

イ．

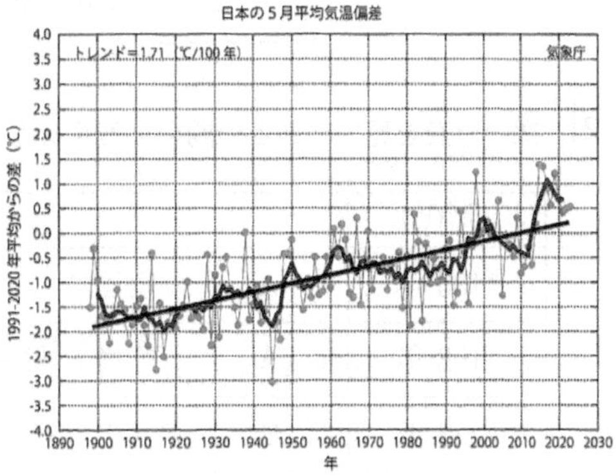

ウ．

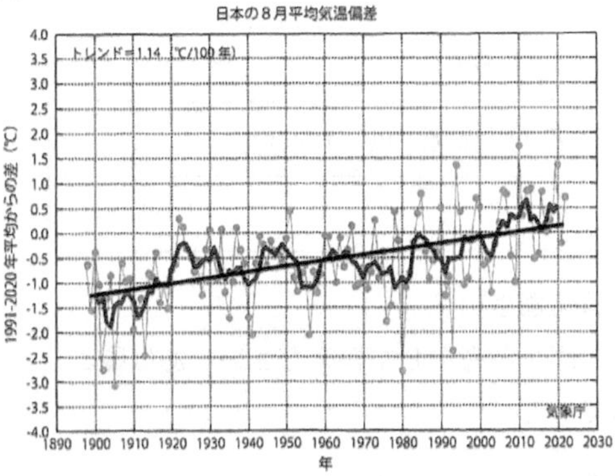

エ．

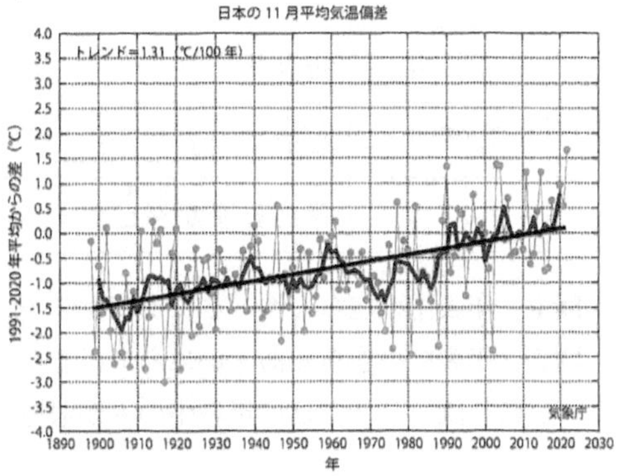

問７　下線部（D）について，この言葉の意味について説明しなさい。

問８　下線部（E）は船舶という交通輸送手段の一つである。この他の交通輸送手段には，航空機，鉄道，自動車の３つが主に用いられている。あとのア～エの４枚のカードに書かれた特徴としてあてはまるものを選び，それぞれ記号で答えなさい。

ア．
・大量輸送や長距離輸送に適している
・定刻通りにものを運ぶことができる

イ．
・大量輸送や長距離輸送に適している
・速度は遅いが，費用を抑えることができる

ウ.
- 目的地まで直接送り届けることができる
- 大量輸送や長距離輸送に適している

エ.
- 軽い商品を運ぶのに適している
- 鮮度が大事なものを運ぶのに適している

2 次の年表を見て，あとの問いに答えなさい。

年代	内容
1185年	（　A　）が全国に（　あ　）・（　い　）を設置する
1192年	（　A　）が征《せい》夷《い》大《たい》将《しょう》軍《ぐん》に任命される
1232年	（　B　）が武士で初めての法律である御成敗式目《ごせいばいしきもく》を制定する
1274年	（Ｘ）モンゴルが日本に攻《せ》めてくる（文永の役）
1281年	再びモンゴルが日本に攻めてくる（弘安《こうあん》の役）
1297年	幕府は（Ｙ）御家人《ごけにん》に対して、（Ｚ）借金帳消し令を出す
1333年	鎌倉幕府が滅亡《めつぼう》する

問１　年表中の空らんA・Bにあてはまる人物名を答えなさい。

問２　年表中の空らんあ・いにあてはまる語句を下の図を参考にして答えなさい。あは国ごとに，いは荘園《しょうえん》・公領ごとに年表中のAが設置した役職である。

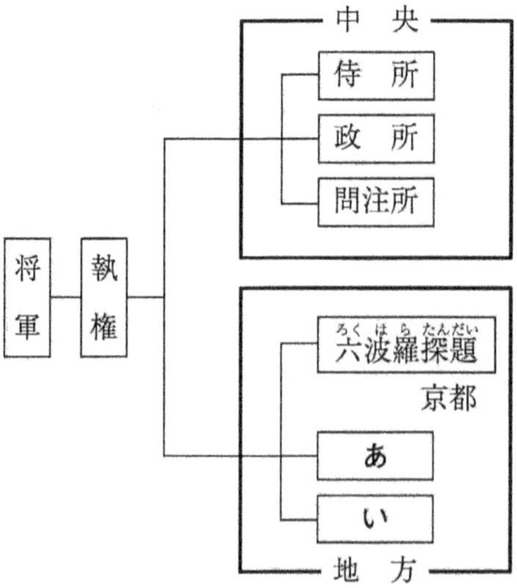

問３　年表中の下線部（Ｘ）について，次の各問いに答えなさい。

⑴　この当時のモンゴル帝国《ていこく》の皇帝の名前として正しいものを下のア～エから１つ選び，記号で答えなさい。

ア．オゴタイ・ハン　　　イ．チンギス・ハン

ウ．チャガタイ・ハン　　エ．フビライ・ハン

⑵　以下の①・②の問いに答えなさい。

①この時の鎌倉幕府の執権《しっけん》の名前として正しいものを下のア～エから１つ選び，記号で答えなさい。

ア．徳川家光　　イ．北条時宗　　ウ．豊臣秀吉　　エ．足利義政

②あなたが①の人物であったら，文永の役のあと，どのようなことが起こることを予想し，どのような対策をとりますか。あなたの考えを述べなさい。

問４　年表中の下線部（Ｙ）について，鎌倉幕府は御家人との間に「封建制度《ほうけんせいど》」とよばれる関係を築いていた。日本の「封建制度」の関係を示した下の図のⅠ・Ⅱにあてはまる語句を答えなさい。

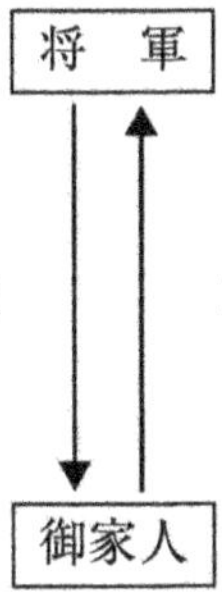

問５　下の史料は下線部（Ｚ）の法令である。この法令の名前として正しいものを下のア～エから１つ選び，記号で答えなさい。

> 領地の質入れや売買は，御家人の生活が苦しくなるもとなので，今後は禁止する。
> …御家人以外の武士や庶民《しょみん》が御家人から買った土地については，売買後の年数に関わりなく，返さなければならない。（部分要約）

ア．刀狩令　　イ．大宝律令　　ウ．（永仁の）徳政令　　エ．治安維持法

問６　吉田兼好《よしだけんこう》（兼好法師）が記した随筆《ずいひつ》を何というか。

3　次の文章を読んで，本文中の空らん（①）～（⑩）にあてはまる語句を，あとの**【語群】**から選び，それぞれ記号で答えなさい。

> 二度の世界大戦の反省から1945年に（　①　）が発足した。本部はアメリカの（　②　）に置かれ，最初から加盟していた国は51か国であった。
> （①）には全加盟国が参加する（　③　）や世界の平和と安全を維持《いじ》する機関としての安全保障理事会がある。この安全保障理事会にはアメリカ，イギリス，（　④　），（　⑤　），（　⑥　）の５か国の常任理事国と10か国の非常任理事国が参加する。常任理事国には特別に（　⑦　）権が与《あた》えられている。

またその他いくつかの機関が存在し，教育や科学，文化を広めて世界平和に貢献《こうけん》しようとする（　⑧　）や世界各国民の健康増進をはかる（　⑨　），主に発展途上国の子どもたちに対し，予防接種の普及や食料，医療品などの提供を行う（　⑩　）などがある。

【語群】

ア．ドイツ	イ．ロシア	ウ．司法	エ．総会
オ．ユネップ	カ．韓国	キ．国際連盟	ク．ユニセフ
ケ．ユネスコ	コ．ニューヨーク	サ．WTO	シ．フランス
ス．国会	セ．日本	ソ．WHO	タ．中国
チ．ガット	ツ．サンフランシスコ	テ．拒否	ト．国際連合

4 あとの問いに答えなさい。

問１　長らくパンデミックとして世界的に流行した新型コロナウイルス感染症は昨年の５月８日より感染症法上の位置付けとして何類感染症に分類されたか，ア～エの中から１つ選び記号で答えなさい。

ア．２類　　イ．３類　　ウ．４類　　エ．５類

問２　福島第１原子力発電所の処理水の中には，原発由来の物質の中で除去しきれないものが１つある。その名称は何か，ア～エの中から１つ選び記号で答えなさい。

ア．デブリ　　イ．トリチウム　　ウ．リチウム　　エ．ウラン

問３　2024年問題とはどのような社会問題か，ア～エの中から１つ選び記号で答えなさい。

ア．衆議院議員の任期が満期を迎える問題

イ．働き方改革関連法案により，トラックドライバーの労働時間に上限が課されることで生じる問題

ウ．合計特殊出生率が1.0人を下回る問題

エ．高齢者人口の増加と教育費の増額により，日本の人口が減少傾向に転じる問題

問４　マイナンバーカードは他で使われていた証明書といずれ一体化すると言われている。その証明書の名称として正しいものをア～エの中から１つ選び記号で答えなさい。

ア．パスポート（旅券）　　イ．健康保険証（健康保険被保険者証）

ウ．運転免許証《めんきょしょう》　　エ．定期券（定期乗車券）

問５　「こどもまんなか社会」を目指すために昨年新たに作られた省庁の名称をア～エの中から１つ選び記号で答えなさい。

ア．こども生活庁　　イ．こども社会庁　　ウ．こども家庭庁　　エ．こども教育庁

ウ　父は「まきの」のスープには一味足りないと感じているが、その「一味」は、調味料などではなく、読書を通じて康平が身に付けた、人としての深みや厚みのようなものが生み出すと考えているから。

エ　父は「まきの」のスープには一味足りないと言いながら、その「一味」は時代とともに変わるものであり、常に時代の変化をとらえている康平にしかその味はつかめないと思っているから。

問八　――線部⑦「五十四歳の父」とありますが、この「父」の人物像として当てはまるものを全て選び、記号で答えなさい。

ア　仕事に対して、妥協《だきょう》することなく柔軟《じゅうなん》に変化を受け入れながら、向上する心を持ち続けている父である。

イ　息子の仕事ぶりに対して非常に厳しく、若者のやることをなかなか受け入れられない頑固《がんこ》な父である。

ウ　自分の仕事の仕方に強いこだわりがあり、息子の言葉であっても耳を貸さない職人かたぎの父である。

エ　息子を厳しくも温かく見守り、仕事ぶりや成長を頼もしく思いながら、黙って後押しする父である。

オ　同じ仕事を選択した息子に対抗心を抱き、息子に追い越されまいと意地になって争う父である。

問九　――線部⑧「元はといえば、カンちゃんだ」とありますが、この言葉にはどのような気持ちが込められていると考えられますか。最も適当なものを次から選び、記号で答えなさい。

ア　若い頃の屈辱的な言葉を思い出し、何も言い返せなかった自分を今でも情けなく思う気持ち。

イ　若い頃の厳しい言葉をきっかけとして自分は読書にはげみ、成長できたことへの感謝の気持ち。

ウ　若い頃には屈辱的に感じた言葉も、今では受け入れられるものだという自分の変化に驚く気持ち。

エ　若い頃の戒めの言葉から自分は読書に励み、相手を見返すことができたことを満足に思う気持ち。

問十　この文章において、「康平」が「カンちゃん」との昔の出来事を思い出している部分はどこまでですか。回想部分の終わりとして最も適当な箇所を、【A】～【D】より選び、記号で答えなさい。

「お前、よく読めたなぁ」

「そのために漢和辞典と国語辞典を買ったよ。フリガナのついてない漢字がたくさんあったし、読めても意味のわからない言葉も多かったしね」

　康平はそのころ月に五万円の給料を貰《もら》っていたが、ほとんどは本代に消えたのだ。康平が頼んだわけではないのに、父は翌月から七万円に上げてくれた。【　C　】

「いつのまにか八百数十冊だ」

　と康平は父の苦笑いを思い浮《う》かべながらつぶやいた。【　D　】

　⑧元はといえば、カンちゃんだ。そして、俺の恩師は常連客だった清瀬さんだ、と康平は思った。

（宮本輝『灯台からの響き』一部抜粋）

問一　――線部①「カンちゃんへの腹立ち」とありますが、「康平」は「カンちゃん」の言葉をどのように受け止めて腹を立てているのですか。文章中から一文で探し、最初の五字を抜き出して答えなさい。

問二　――線部②「きみは骨惜しみしないな」とありますが、ここでの「骨」と同じ意味で使われているものを次から選び、記号で答えなさい。

ア　大病をして骨と皮になってしまった。

イ　骨をうずめる覚悟でアメリカに渡る。

ウ　内容を理解するのに骨が折れた。

エ　連休は温泉でゆっくり骨を休める。

問三　――線部③「老人の来歴」（経歴のこと）はどのようなものですか。文章中から十字以内で抜き出して答えなさい。

問四　――線部④「ちゃんとした本を読みたい」とありますが、なぜ「康平」は「ちゃんとした本」を希望したのでしょうか。次の説明の空欄に当てはまる言葉を、それぞれ指定された文字数で抜き出して答えなさい。

カンちゃんから、［　①（八文字）　］・［　②（五文字）　］を読むように言われたから。

問五　――線部⑤「よし、あとは自分が本屋に行って、読みたいと思った本を読んだらいいよ」とありますが、「清瀬」がこのように言ったのはなぜですか。この理由に当たる内容を文章中から探し、「～から」に続くように四十五字以内で抜き出し、最初と最後の五字を書きなさい。

問六　空欄［a］・［b］・［c］に入る言葉の組み合わせとして最も適当なものを次から選び、記号で答えなさい。

ア　a＝「読書量」・b＝「読書用」・c＝「読書熱」

イ　a＝「読書風」・b＝「読書熱」・c＝「読書量」

ウ　a＝「読書用」・b＝「読書用」・c＝「読書風」

エ　a＝「読書熱」・b＝「読書量」・c＝「読書用」

問七　――線部⑥「俺のよりもうまい中華そばが、ここから生まれるぜ」とありますが、「父」がそのように言った理由として、最も適当なものを次から選び、記号で答えなさい。

ア　父は「まきの」のスープには一味足りないと感じているが、その「一味」は、今はまだこの世にはないような新しい調味料や料理手法を使い、次世代の息子が作るものだと考えているから。

イ　父は、「『まきの』のスープには一味足りないところがある」と言うことで、読書好きで研究熱心な康平の気持ちを奮い立たせ、ますます仕事に励むよう仕向けたいと考えているから。

はない。

康平は、次にトルストイの『戦争と平和』を読み、ゴーゴリの『外套《がいとう》』も読み、ロシアの歴史に関する本を数冊買ってロシア革命について学んだ。読んでいるうちに数冊では足りなくなり、十数冊の歴史書が並んだ。

その次はフランス革命について学んだあと、再び『渋江抽斎』を読み、江戸期から明治・大正に及ぶ期間の歴史書に耽溺《たんでき》した。島崎藤村の『夜明け前』はそのころに読んだのだ。

父は、康平の突然の［ａ］に気づいていたし、その最初の指南役が清瀬五郎という常連客であることも知っていたくせに、長いあいだ、知らぬふりをつづけた。

それ以後、康平の［ｂ］はさらに増えつづけて、手当たり次第の乱読の時期を迎えたが、つねに『渋江抽斎』と『夜明け前』からは離れなかった。読書に疲れると、いつもこの二作に戻っていった。【 Ａ 】

康平が二十七歳のとき、本の置き場に困るようになり、「まきの」の二階を自分用に使わせてくれと父に頼《たの》んだ。

「本てのは重いからなぁ、床が抜けないか？」

と言ったが、物置として使っていた二階が息子の［ｃ］の部屋に変わることは、父にとっては嬉しいことだったようで、すぐに許してくれた。

すでに百冊以上になっていた康平の蔵書は「まきの」の二階に移されて、康平が大工仕事をして壁《かべ》に取り付けた書架《しょか》に整然と並んだとき、父は、腕組《うでぐ》みをしながらそれを眺《なが》め、

「⑥俺のよりもうまい中華そばが、ここから生まれるぜ」

と言った。

「うちの中華そばは父ちゃんので完成してるよ」

お世辞でなく、康平はそう思っていたのだ。

「冗談《じょうだん》じゃない。どんな料理にも、完成された味なんてないさ。『まきの』の中華そばのスープには、なにか一味足りないんだ。ひょっとしたら一味多いのかもしれないけど、俺はそれがなんなのか、どうしてもわからねえ。思いつくものを足したり引いたりしてきたが、その一味が出せないんだよ」

⑦五十四歳の父は、書架に並んだ本のなかから、いちばん背表紙が汚れている文庫本を出して、

「これか？　お前がもう何回も読んだってのは」

と言って『渋江抽斎』をひらいた。

「息子がそこまで入れ揚《あ》げた本を俺も読んでみるか」

「難しくて退屈になったら飛ばして読んだらいいよ」

と康平は言った。

「生意気なこと言いやがって。ちゃんと完読してやるさ」

しかし四日後の早朝、厨房《ちゅうぼう》を掃除し、裸足《はだし》になって換気扇《かんきせん》の羽根をタオルで磨《みが》いている康平の顔の前に『渋江抽斎』を突き出し、

「俺には読めねえ。ギブアップだ」

と父は言って苦笑いを向けた。【 Ｂ 】

「確かに日本語なんだけどな、俺にはその日本語の意味がわからねえ。これは口語体じゃあないよなぁ」

「いや、口語体だよ。だけど鷗外の文体での口語体だから、いまはほとんど使わない語句とか用語だらけの部分もあるんだ」

ここは居酒屋ではなく中華そば屋だと客に認識してもらうためだった。そういう決め事を作っておかないと、チャーシュウを肴《さかな》に酒を飲みつづける客がいるのだ。

「酒も焼酎も、二杯だけしか出してもらえないってのは、いいね。『まきの』に行ってくるって言うと、女房《にょうぼう》が安心するんだ」

とその老人は言って、康平の仕事ぶりを褒《ほ》めてくれた。

「②きみは骨惜《ほねお》しみしないな。若いのに立派だな」

人に褒められたことのない康平は嬉《うれ》しくて、チャーシュウを切りながら珍《めずら》しく言葉を交わしているうちに、③老人の来歴を知ったのだ。

清瀬五郎《きよせごろう》という名の老人はそのとき、六十五歳だった。

清瀬が次にやって来たとき、康平は、本を読みたいのだが、なにを読めばいいのかわからないと言った。でも、④ちゃんとした本を読みたい、と。

清瀬は焼酎のお湯割りを口に含《ふく》み、それからポケットのメモ用紙を出して、「モンテ・クリスト伯《はく》　アレクサンドル・デュマ」と書いた。

「ただ難しいだけじゃしょうがない。書物はおもしろくないとね。まずこれから文学の世界に入ろう。これを読了《どくりょう》したら次に読む本を教えるよ」

と清瀬は言った。

商店街の本屋になかったので、休みの日に都心に出て、康平は『モンテ・クリスト伯』の文庫本を買った。読み終わるのに十日かかった。

清瀬が次に読めと勧《すす》めたのはユゴーの『レ・ミゼラブル』で、その次は森鷗外《もりおうがい》の『渋江抽斎《しぶえちゅうさい》』だった。

「これは史伝だけど、ぼくは鷗外の最高傑作《けっさく》だと思ってるんだ。これを読了できたら、康平くんの心のなかに数千人の人間の歴史が生まれてるよ」

康平は必ず読み切りますと約束して、また都心の大型書店に行き、『渋江抽斎』を手に入れた。

そのときすでに康平のなかには読書という下地ができていて、古典や名作の凄《すご》さが多少はわかるようになっていたが、自分では気づかなかった。

『渋江抽斎』にはてこずった。実在した渋江抽斎という江戸時代の学者の周りにいた人々の履歴《りれき》や、どうでもよさそうなエピソードや、その係累《けいるい》のそれぞれの個性や特技などが事細かく描かれていて、退屈で、おもしろくもなんともなくて、何回その文庫本を放り出そうとしたかしれない。

だが、最後の数ページにさしかかったとき、康平は、ひとりの人間が生まれてから死ぬまでには、これほど多くの他者の無償《むしょう》の愛情や労苦や運命までもが関わっているのかと、粛然《しゅくぜん》と身を正すようになっていた。

「そうか、それを感じたか。⑤よし、あとは自分が本屋に行って、読みたいと思った本を読んだらいいよ」

と清瀬は言い、次はなにを読めとは言わなかった。

『渋江抽斎』の影響で、康平は歴史に興味を持ち始めていた。

作者が想像力で創り上げた架空《かくう》の人物よりも、実際にこの世を生きた実在の人物のほうがはるかに魅力《みりょく》があるという気がしたのだ。

康平はまず、歴史そのものを知らなくてはならないと考えた。

だが、歴史といっても雲を摑《つか》むほどに多岐《たき》にわたるし、英単語を覚えるためのマメタンのようにAからZまでを暗記すればいいというわけで

飲んだ。どんな話をしていたのか康平は忘れたが、突然、カンちゃんは言ったのだ。

「お前と話してるとおもしろくなくて、腹がたってくるんだ。康平、お前の話がなぜおもしろくないか教えてやろうか。お前が知ってるのはラーメンのことだけなんだ。じゃあ、職人と呼ばれる職業の人間はみんなおもしろくないのか。そうじゃないよ。牧野康平という人間がおもしろくないんだ。それはなぁ、お前に『雑学』ってものが身についてないからさ。大学ってところはなぁ、専門の学問を学ぶよりも、もっと重要なことが身につくところなんだ。諧謔《かいぎゃく》、ユーモア、議論用語、アルゴリズム……。それらを簡単に言うと『雑学』だ。女の話から、なぜか進化論へと話は移って、ゲノムの話になり、昆虫の生態へと移り、いつのまにかカルタゴの滅亡《めつぼう》とローマ帝国の政治っていう歴史学に変わってる。どれも愚《ぐ》にもつかない幼稚《ようち》な話だよ。でも、それによって各人が読んだり聞いたりして得た『雑学』の程度の差が露呈《ろてい》するんだ。康平、お前にはその雑学がまったくないんだ」

康平は、屈辱《くつじょく》で顔が真っ赤になり、

「俺《おれ》は高校中退だからな」

としか言い返せなかった。

「高校を中退したのはお前の勝手だろう。家が貧乏で仕方なく働くしかなかったってわけじゃないだろう」

この野郎《やろう》、歩いて帰りやがれ。そう思って車のキーを持って立ち上がると、カンちゃんは言った。

「康平、とにかく本を読むんだ。小説、評論、詩、各論文、歴史書、数学、科学、建築学、生物学、地政学に関する書物。なんでもいいんだ。雑学を詰《つ》め込むんだ。活字だらけの書物を読め。優れた書物を読みつづける以外に人間が成長する方法はないぞ」

もしかしたら、カンちゃんは自分に言い聞かせているのではないだろうかと康平は思った。

えらそうに言うな。俺が高校も卒業しなかったから小馬鹿《こばか》にしてやがる。俺には俺の考えがあって「まきの」の跡《あと》を継《つ》ごうと思ったんだ。

そう言い返したかったが、康平はひとことも言葉を口にしないまま、その夜はカンちゃんを車の助手席に乗せて家まで送った。

俺には俺の考えがあってだと？

どんな考えなんだ。ただ学校に行きたくなかっただけではないか。

①カンちゃんへの腹立ちは、そのうち強い恨《うら》みに変わっていきかけたが、日を置かずにカンちゃんが大阪に転勤になると知ったとき、あの日にはもうそれが内定していたのだなと悟《さと》って、康平はこんどは自分に腹がたってきた。

カンちゃんが大阪に行ってしまって一か月ほどたって、五年くらい前から「まきの」を週に二、三回訪れる老人がかつては高校の数学の教師であったことを知った。

その老人は、たいてい火曜日と土曜日の夕方にやって来て、焼酎《しょうちゅう》のお湯割りを二杯飲み、それからチャーシュウ麺《めん》を食べていく。

「まきの」ではアルコール類はビールと清酒と焼酎を出すが、それには店による決め事があった。

ビールは大瓶《おおびん》一本だけ。清酒と焼酎はコップに二杯だけ。それ以上はお出ししません。もっと飲みたければ他所《よそ》で飲んで下さい。

そうわざと無愛想に書いた紙が、目につく場所に貼《は》ってあるのだ。

【国語】（四五分）〈満点：一〇〇点〉

一 次の――線部の漢字の読み方をひらがなで答えなさい。

1 我先にと走り出す。
2 異性を意識する。
3 本の冊数を数える。
4 電話を拝借できますか。
5 女の子を授かる。

二 次の――線部のカタカナを漢字に直しなさい。

1 離れたカイイキで魚を捕る。
2 お店のカンバンが倒れていた。
3 足にゲキツウがはしった。
4 公園のサンサクに出かけた。
5 相手にセンセン布告した。

三 次の問いに答えなさい。

（一）次の１～５の二つの文の――線部の言葉を、それぞれの意味に当てはまる漢字に直しなさい。（送りがなも答えること）

1 A、席を前にうつす　B、答えをノートにうつす
2 A、台風にそなえる　B、仏前に花をそなえる
3 A、目的地につく　B、委員長の役職につく
4 A、身長がのびる　B、会議の予定がのびる
5 A、走るのがはやい　B、集合時間にはまだはやい

（二）次の各文の文脈に合うように、（　）内の言葉を使って、それぞれの文の終わりを考えて書きなさい。（　）内の言葉は形を変えてかまいません。

（例）この日の思い出は、決して［　　］。（忘れる）
→ 忘れはしない。

1 彼女の笑顔は、まるで［　　］。（ひまわり）
2 少人数で、この仕事が果たして［　　］。（終わる）
3 大金を持っている人が、かならずしも［　　］。（幸せ）
4 この絵を描いた作者に、ぜひ［　　］。（会う）
5 弟の野球チームは、もしかしたら［　　］。（優勝）

四 ※問題に使用された作品の著作権者が二次使用の許可を出していないため、問題を掲載しておりません。

（出典：清水真砂子『大人になるっておもしろい？』一部抜粋）

五 次の文章を読んで、後の問いに答えなさい。

> 主人公の「康平」は現在六十二歳で、商店街の中華そば屋「まきの」の主人である。この日、幼なじみの「カンちゃん」が倒れたことから、カンちゃんとの昔の出来事を思い出している。

康平は二十四歳の夏の月曜日、いつものようにカンちゃんを車の助手席に乗せて、高島平《たかしまだいら》にあるゴルフ練習場へ行った。

その日、カンちゃんは出張帰りで疲《つか》れていたのか、あまり気乗りしないようだったが、いつものように二百球打つと、レストランでビールを

2024年度

相模女子大学中学部入試問題（適性検査型）

【適性検査】（45分）　＜満点：100点＞

1　自転車運転時のヘルメット着用に関する，次の**【記事１】**，**【記事２】**を読み，あとの(1)，(2)の各問いに答えましょう。

【記事１】

ヘルメット　広がるか　自転車に努力義務スタート

１日から自転車運転時のヘルメット着用が努力義務となった。自転車販売《はんばい》店のヘルメット売り場は盛況《せいきょう》で，企業《きぎょう》にも着用の動きが出ている。だが，着脱《ちゃくだつ》の煩《わずら》わしさや費用負担もあり，自転車利用者には「かぶらない」という声も多い。どのように浸透《しんとう》させるかが課題になる。

（中略）

着用しない人の死亡リスクは高い。事故で頭部の損傷が致命傷《ちめいしょう》になるケースが多いためで，警察庁が昨年までの５年間に起きた自転車事故の死者2005人を分析《ぶんせき》したところ，ヘルメット未着用者の致死率は着用者の2.1倍だった。

これらを踏《ふ》まえ，全世代にヘルメット着用の努力義務を課す改正道路交通法が昨年４月に成立。自転車は幅《はば》広く利用されているため，急な義務化は影響が大きいとして罰則《ばっそく》は設けなかった。警察は路上などで着用を促《うなが》す活動を強化する。

（中略）

マーケティング会社「スコープ」（東京）が２月に女性300人を対象に行った調査では，着用が努力義務となっても常に着用したいと答えた人は８％にとどまった。35％は着用しないとし，理由に持ち運びにくさや髪《かみ》形が乱れることを挙げた。周りの着用状況を見てから判断するとした人も34％を占《し》めた。

通勤で自転車を利用する大阪市の会社員男性（30）は「罰則があるわけでもないし，費用もかかるから……」と後ろ向きだ。

購入《こうにゅう》費を補助して着用を促す自治体もある。東京都足立区は３月，区民が3000円以上のヘルメットを購入する際に2000円を補助する制度を開始。半月で1500個分の利用があった。中学生以下などに限っていた埼玉県坂戸市も今月から全年齢《ねんれい》に拡大した。

桜美林大の戸崎肇教授（交通政策）は「利用者には『周囲の様子を見て着用するか決める』との心理が働きやすい。普及《ふきゅう》は簡単ではないだろうが，コロナ禍《か》のマスクのように着用者が増え始めれば，自然と定着する可能性はある。警察や自治体，民間による地道な取り組みが欠かせない」としている。

（読売新聞　2023年４月１日夕刊　一部抜粋）

【記事２】

自転車事故　ヘルメット非着用96％　５年間　頭致命傷の死者

昨年までの５年間に自転車の事故で頭部に致命傷を負って死亡した1116人のうち，96％(1071人)はヘルメットをかぶっていなかったことが警察庁のまとめでわかった。４月１日から自転車に乗る全ての人のヘルメット着用が努力義務化されており，全国の警察が春の全国交通安全運動（５月11～20日）などで着用を呼びかける。

警察庁によると，2018～22年に自転車事故で死亡した人は2005人で，半数以上の1116人は頭部が致命傷。このうちヘルメットを着用していたのは43人だけだった。

「密」を避《さ》けるコロナ禍で自転車を利用する人は多く，自転車の事故も増えている。交通事故全体の件数は近年，減少傾向《けいこう》で，昨年は約30万件だったが，自転車事故は20年から２年連続で増加し，昨年は６万9985件に上った。

全交通事故に占める自転車事故の割合は，16年から上昇《じょうしょう》が続いており，昨年は23.3％だった。

道路交通法では従来，13歳未満の児童へのヘルメット着用を保護者の努力義務としてきた。だが，多発する事故の状況を踏まえ，4月１日施行《しこう》の改正道交法で，努力義務の対象が全ての利用者に拡大された。

５月の春の全国交通安全運動でも初めて自転車のヘルメット着用の徹底《てってい》が重点項目《こうもく》とされている。警察庁幹部は「自分はもちろん，周りの人にも着用を呼びかけ，大切な人の命を守ってほしい」と話している。

（読売新聞　2023年４月27日夕刊）

(1)　相模女子大学中学部の生徒会では，新聞記事の内容をもとに，自転車事故に関するデータをグラフにしてポスターにすることで，生徒にヘルメット着用の大切さを伝えることにしました。次の【資料１】の［Ａ］，［Ｂ］にあてはまる言葉を，【記事１】，【記事２】から抜き出して答えなさい。

【資料１】 自転車事故に関するデータのグラフ

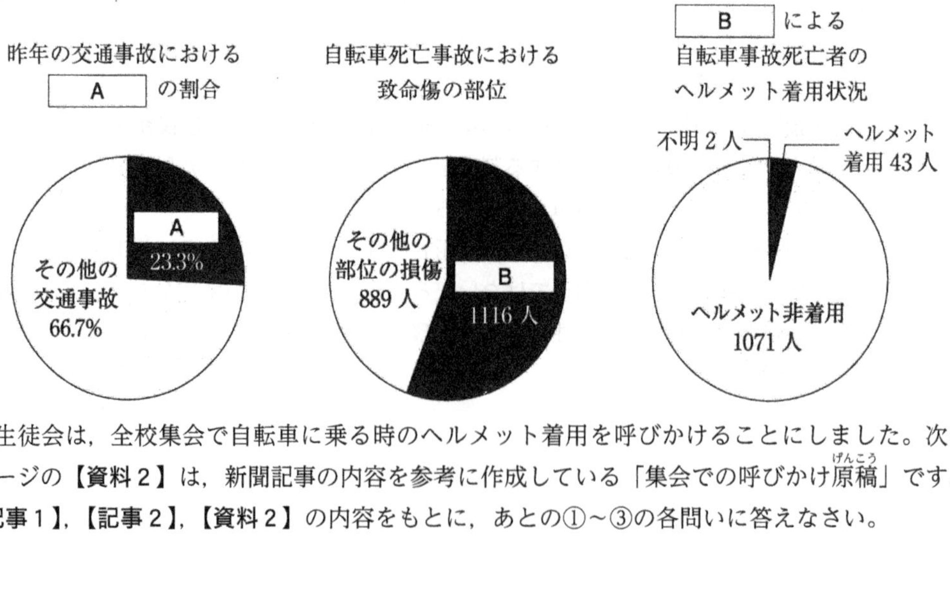

(2)　生徒会は，全校集会で自転車に乗る時のヘルメット着用を呼びかけることにしました。次のページの【資料２】は，新聞記事の内容を参考に作成している「集会での呼びかけ原稿《げんこう》」です。【記事１】，【記事２】，【資料２】の内容をもとに，あとの①～③の各問いに答えなさい。

【資料２】「集会での呼びかけ原稿」

原稿の構成	集会での呼びかけ原稿
・あいさつ ・ヘルメット着用についてたずねる	おはようございます。突然ですが、皆さん、自転車に乗る時にヘルメットをかぶっていますか？ 登下校に自転車を使う人もいますし、日常的に自転車で買い物や習い事に出かけるという人も多いと思います。自転車で登校する人の様子を見ていると、ヘルメットをかぶっていない人が多いようです。
・道路交通法の改正について	しかし、これは法律違《い》反《はん》になってしまうことを知っていますか？今年の４月から「道路交通法」が改正されました。 改正後は、［　あ　］ しかし法律や罰則の有無に関わらず、「自分の命を守るため」にヘルメットは必要です。
・ヘルメット着用をためらう気持ちを理解する	［　い　］ という理由で、ヘルメットをかぶることをためらうという人の気持ちもわかります。ですが、何より大切なのは命です。
・ヘルメットの必要性を伝えるデータ	［　う　］ というデータがあります。このデータからも、ヘルメットをかぶることの大切さが分かると思います。
・最後の呼びかけ	マスクをつけることと同様で、多くの人がヘルメットをかぶることで、身に付けることが当たり前になってくるはずです。まずはあなたから、ヘルメットをかぶることを習慣にしていきましょう。

① ［あ］ には，「改正道路交通法」の改正内容が入ります。「道路交通法」の「改正」の内容としてあてはまるものを，次のア～オから１つ選び，記号で答えなさい。

ア．自転車に乗る13歳未満の児童のヘルメット着用が，本人に対する努力義務となりました。

イ．自転車に乗る13歳未満の児童にヘルメットを着用させていない保護者に罰則が科されるようになりました。

ウ．65歳以上の高齢者を対象に，自転車に乗る際のヘルメット着用が義務となりました。

エ．自転車に乗る全ての人のヘルメット着用が努力義務となりました。ただし，罰則はありません。

オ．自転車に乗る全ての人のヘルメット未着用に対し，罰則が科されるようになりました。

② ［い］ には，「ヘルメットをかぶることをためらう」理由が入ります。【記事１】の内容を参考にして，どのような理由が挙げられるかを考え，［い］ にあてはまるように20字以内で原稿を書きなさい。句読点は１字と数えることとします。

③ ［う］ には，「ヘルメットの必要性」を伝える具体的なデータが入ります。【記事１】，【記事２】の中から適当なデータを使用して，［う］ にあてはまるように原稿を書きなさい。使用するデータは２つ以上でも構いません。

2 あいこさんの学校で球技大会がありました。球技大会では，バスケットボール，サッカー，ドッジボールの３種目の競技が行われます。それぞれの競技について，あとの⑴～⑶の各問いに答えましょう。

⑴ バスケットボールに出場するチームは全校で16チームあります。試合形式はトーナメント戦です。**【資料１】**を参考にして，バスケットボールの試合は全部で何回になるかを答えなさい。

【資料１】トーナメント表の例
※４チームの場合

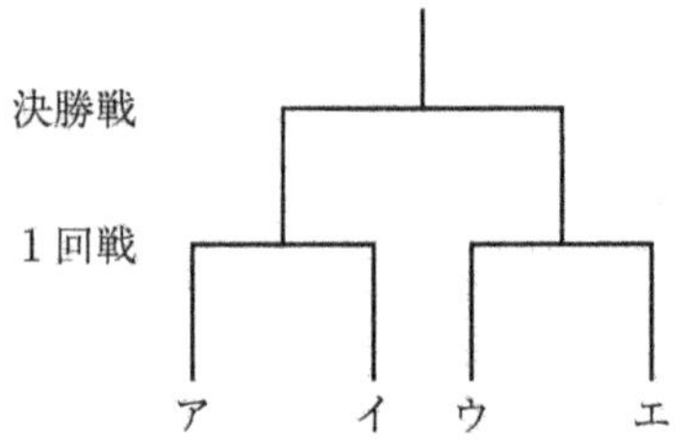

⑵ サッカーでは，全校で10チームが出場し，ＡグループＢグループに分かれて予選が行われました。予選は５チームの総当たり戦で，その結果の上位３チームが決勝トーナメントに進出できます。Ａグループの決勝に進出するチームは決まっています。次の**【条件】**，**【資料２】**を読み，Ｂグループの予選で１位～３位となったチームをそれぞれ答えなさい。

【条件】

・Ｂグループは，赤チーム，青チーム，白チーム，緑チーム，黄チームの５チームで戦った。
・総当たり戦の順位は勝ち点が多い順に決める。
・勝ち点は，勝利したとき３点，引き分けのとき１点，敗北したとき０点とする。
・総当たり戦が全て終わったときの勝ち点が同点だったチーム同士の順位は，各チームの総ゴール数が多い順で決める。
・総当たり戦の得点表は，「Ｘチームは，Ｙチームに２対１で勝利，Ｚチームには０対１で敗北しているのでＸチームの勝ち点は３点となる」のように見る。

	Ｘチーム	Ｙチーム	Ｚチーム	勝ち点
Ｘチーム		2-1	0-1	3

【資料２】Ｂグループ得点表

	赤チーム	青チーム	白チーム	緑チーム	黄チーム	勝ち点	ゴール数	順位
赤チーム		1-1	1-2	2-0	0-1			
青チーム	1-1		0-2	1-0	0-1			
白チーム	2-1	2-0		1-1	1-2			
緑チーム	0-2	0-1	1-1		2-0			
黄チーム	1-0	1-0	2-1	0-2				

⑶ あいこさん，ちよさん，ももこさんはドッジボールの試合結果について話しています。ドッジボールの決勝トーナメントに進出したチームはＡチームからＨチームの８チームです。次の**【会**

話文】を読み，**【資料３】**，**【資料４】**を見て，ア～クにあてはまるチームを答えなさい。ただし，ア，ウ，オ，キは１回戦で勝った方のチームとします。

【会話文】

ももこ：１回戦の第２コートでＡチームに勝ったＦチームは強いと思ったのですが，優勝したチームはさらに強かったですね。

あいこ：そうですね。私はずっと第１コートで応援《おうえん》していましたが，優勝したチームは１回戦も２回戦も圧勝でしたよ。

ち　よ：優勝したチームの１回戦の相手はＥチームでしたよね。敗者復活戦も含めて一度も勝てなかったからくやしいでしょうね。Ｇチームも一度も勝てなかったそうですね。

ももこ：Ｇチームに勝ったＢチームも２回戦止まりでしたよね。Ｂチーム対Ｄチームの試合は接戦だったと聞きました。敗者復活戦は，どちらの試合もおもしろかったです。第４コートの方が，声援が大きかった気がします。

ち　よ：連続で何人も当てた人がＨチームにいたみたいです。けれど結局３位決定戦で負けてしまったそうです。

あいこ：決勝戦のＣチーム対Ｄチームの戦いも，熱い試合でしたね！

ち　よ：私は，１回戦は第４コートで試合を見ていました。そのあとは用事があってコートのそばを離《はな》れてしまい，決勝戦が始まる時にコートにもどってきました。Ｄチーム対Ｈチームの１回戦を見ていたせいか，気づいたらＤチームを応援していました。

ももこ：最後は両チームともコートに１人だけが残り，とって投げての良い試合でした。ですがＤチームの人がボールを落としてしまって勝敗が決まりましたね。

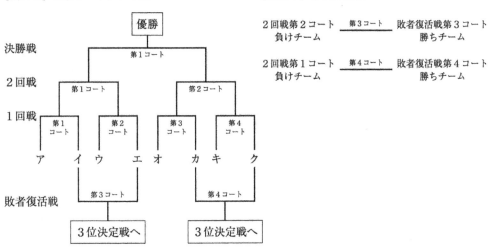

あいこ：そうでした。とれた！　と思ったのですがね。

【資料３】決勝トーナメント表

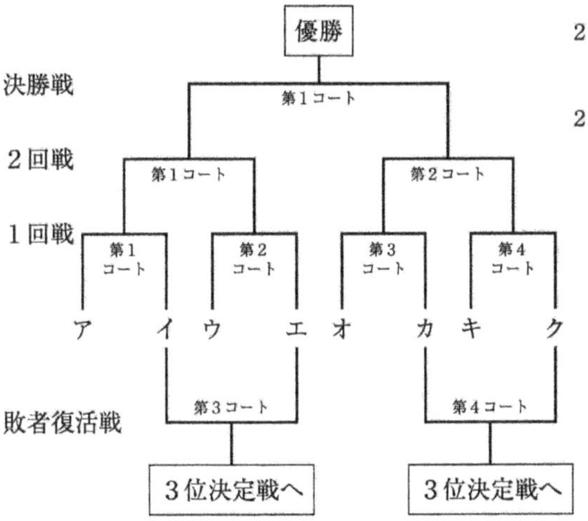

【資料４】３位決定戦

２回戦第２コート負けチーム　―第３コート―　敗者復活戦第３コート勝ちチーム

２回戦第１コート負けチーム　―第４コート―　敗者復活戦第４コート勝ちチーム

3　科学部に所属するゆきさんとまいさんは「緑のカーテン」について話し合っています。次の**【会話文】**と**【実験１】**，**【実験２】**を読み，あとの⑴，⑵の各問いに答えましょう。

【会話文】

ゆき：今年の夏は猛暑《もうしょ》日が非常に多かったので，エアコンをつける機会も多かったような気がします。エアコンを使用すると二酸化炭素を排出《はいしゅつ》してしまうので地球温暖化につながってしまいます。暑い日でも涼《すず》しく過ごせる方法はないでしょうか。

まい：理科の授業で「緑のカーテン」というものを勉強しました。「緑のカーテン」はアサガオなどのつる性の植物を利用して，建物の窓や壁《かべ》に強い日差しが当たらないようにする天然のカーテンのことです。植物は大気中の二酸化炭素を吸って酸素や水蒸気を出してくれるので，エアコンを使用するよりも環境に負荷をかけません。「緑のカーテン」を設置した場合と何も設置しなかった場合を比べて，「緑のカーテン」の効果について調べてみましょう。

【実験１】「緑のカーテン」の効果を調べよう！

〔目的〕

「緑のカーテン」を設置した場合と何も設置しなかった場合を比べて効果を確かめる。

〔条件〕

・**【写真１】**のようにアサガオで作った「緑のカーテン」を設置する。

・室内ではエアコンをつけず，窓も開けない状態で室温を測定する。

・７月25日から31日の７日間，９時から17時まで測定する。（すべて快晴）

【写真１】アサガオで作った「緑のカーテン」

〔結果〕室内の平均気温

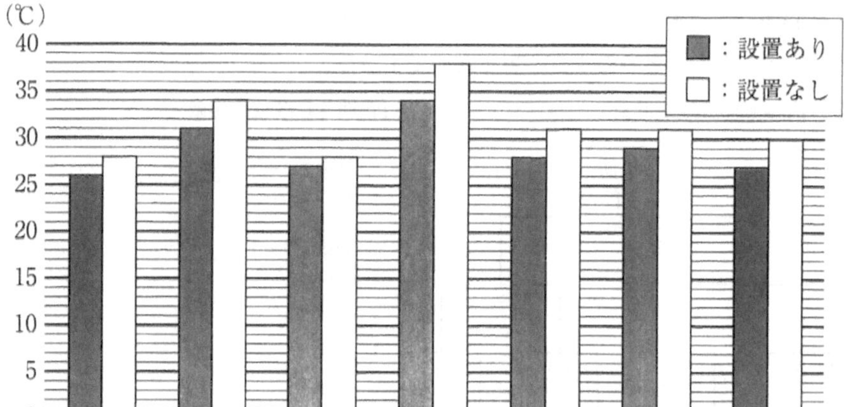

ゆき：**【実験１】**のグラフから「緑のカーテン」を設置すると２～４℃ほど室温を下げることができると分かります。「緑のカーテン」を設置した場合と何も設置しなかった場合では，エアコンにかかる電気代にもちがいが出るのではないでしょうか。

まい：そうですね。環境省のホームページによると，室内の平均気温を28℃以下に保つことをすすめているようなので，室温の平均気温が28℃以下の日はエアコンを使用せず，28℃よりも高い日は８時間使用すると仮定しましょう。エアコンの設定温度を28℃にした場合，電気代は１時間17円になります。

ゆき：この実験期間中，「緑のカーテン」を設置した場合のエアコンの電気代は408円，何も設置しなかった場合のエアコンの電気代は［　　　円］になりました。「緑のカーテン」を設置するとエアコンを使用する回数が減り，電気代も安くできますね。

まい：すごいですね。私のおじいさんの家に「ヨシズ」という「緑のカーテン」に似たものがあります。「ヨシズ」は乾燥《かんそう》したアシという植物のくきで作られています。どちらがより効果があるか実験してみましょう。

【実験２】「緑のカーテン」と「ヨシズ」の効果を比べよう！

〔目的〕

「緑のカーテン」を設置した場合と「ヨシズ」を設置した場合を比べて室温の変化を調べる。

〔条件〕

【写真２】 ヨシズ

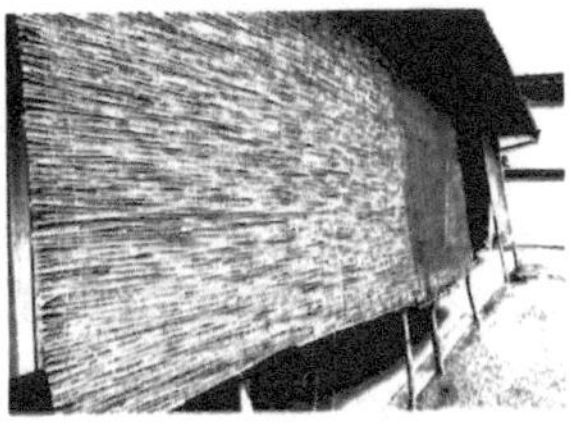

- 「緑のカーテン」は**【実験１】**の**【写真１】**と同じように設置する。「ヨシズ」は**【写真２】**のように設置する。
- 室内ではエアコンをつけず，窓も開けない状態で室温を測定する。
- ８月１日から10日の10日間，9時から17時まで測定する。（すべて快晴）

〔結果〕室内の平均気温

	1日	2日	3日	4日	5日	6日	7日	8日	9日	10日
緑のカーテン（℃）	27	28	34	27	32	34	27	31	28	26
ヨシズ（℃）	30	31	34	29	34	37	28	31	31	27

ゆき：「緑のカーテン」と「ヨシズ」を比べると「緑のカーテン」の方が１～３℃ほど室温を下げることが分かりました。しかし，８月３日と８月８日は室温が同じになりました。
なぜでしょう。

まい：実はこの２日間は，朝の水やりを忘れてしまいました。これが関係しているのでしょうか。

ゆき：そうかもしれません。「緑のカーテン」は生きた植物ですからね。

まい：なるほど。「緑のカーテン」の植物を育てるのも楽しみの１つですね。

ゆき：**【実験１】**と**【実験２】**をまとめて，「緑のカーテン」を多くの人に知ってもらうために文化祭で発表しましょう。

まい：環境問題に目を向けてもらえるといいですね。

⑴　**【会話文】**の［　　　円］にあてはまる電気代を答えなさい。

⑵　**【実験２】**について，８月３日と８月８日の２日間，「緑のカーテン」と「ヨシズ」で室温に差が見られなかった理由としてあてはまるものを次のア～エから１つ選び，記号で答えなさい。

ア．アサガオが水分を吸えず，葉の表面が焼けてしまったから。

イ．アサガオが水分を吸えず，呼吸によって水蒸気を出せなくなったから。

ウ．アサガオが水分を吸えず，一緒に吸うはずの栄養分が葉に行きわたらなかったから。

エ．アサガオが水分を吸えず，土の表面温度が高くなってしまったから。

4 あきこさんの中学校では２年生で職場訪問を行い，様々な職業の業務内容についてインタビューすることになりました。**【会話文１】**は，職場訪問の計画についての会話，**【会話文２】**は職場訪問後の「ふりかえり」の会話です。**【資料２】**は訪問先の事業所の事業内容とともに，対応可能な時間とインタビューにかかる時間が書かれています。**【会話文１】**，**【会話文２】**を読み，次のページの**【資料１】**～**【資料３】**を参考にしながら，あとの⑴～⑶の各問いに答えましょう。

【会話文１】職場訪問の計画についての会話

あきこ：私たち１班《はん》は，「文京センター」，「ベーカリー南」，「大野ポート」の順番で３つの事業所を訪問するという計画を立てました。

はるこ：学校から一番遠い事業所から訪問する計画ですね。

あきこ：はい。学校を出発する時間はすべての班が８時50分ですから，電車の乗車時間や駅からの徒歩にかかる時間などを合わせると，最初の訪問先である「文京センター」には ①　時　分 に着く予定です。

はるこ：私たち２班は，「相模銀行」，「相模郵便局」，「エコビレッジ緑」の３つの事業所を訪問先に選びました。すべてを訪問して，なるべく早く学校に帰り着く順番を考えたいのですが，他の班と訪問時間が重ならないように，「エコビレッジ緑」は９時30分～10時30分の間に訪問しなければなりません。すべての事業所を訪問し，インタビューにかかる時間も合わせて，最も早く学校に帰り着く予定時刻は ②　時　分 です。

あきこ：お昼休み前にもどって，「ふりかえり」をしたいですね。

【会話文２】職場訪問後の「ふりかえり」の会話

まさこ：私たちは文京センターを訪問して，短い時間ですが，障がいのある方々と施設周辺の散歩に出かけました。私は車いすを使用している方といっしょに駅前を歩いたのですが，普段は階段を使っている場所は通れなくて，ずい分と遠回りしてしまいました。

ひろみ：私は，杖《つえ》を使って歩行している方の介助《かいじょ》をしながら歩きましたが，幅《はば》が狭《せま》い歩道は，２人並んで歩くことが難しかったです。

あやこ：中学校のマーガレットタイムで実施した「障がい者体験」でも，どの道に点字ブロックがあるかなど事前に分かっていたらよかったと感じることは多かったですよね。

さとみ：では，Ａ駅とＢ駅の駅前と商店街を中心とした「バリアフリーマップ」を作りませんか。

まさこ：いいですね。通常の地図に「この道は幅が狭くて車いすや介助の必要な人は通りにくい」などが分かるように情報を付け加えるのですね。

ひろみ：「バリアフリー」というのは「壁《かべ》を作らない」という意味ですから，障がいのある方のためだけではなく，高齢《れい》者の方にも便利な地図になるといいですよね。例えば「ひと休みできるベンチの場所」などが記されているといいと思います。

あやこ：では，障がいのある方，高齢者の方，小さなお子さんを連れている方が街を歩くことをイメージして，どのような情報をのせると便利な地図になるのかを考えましょう。

【資料１】 学校と訪問先の間の電車や徒歩の所要時間

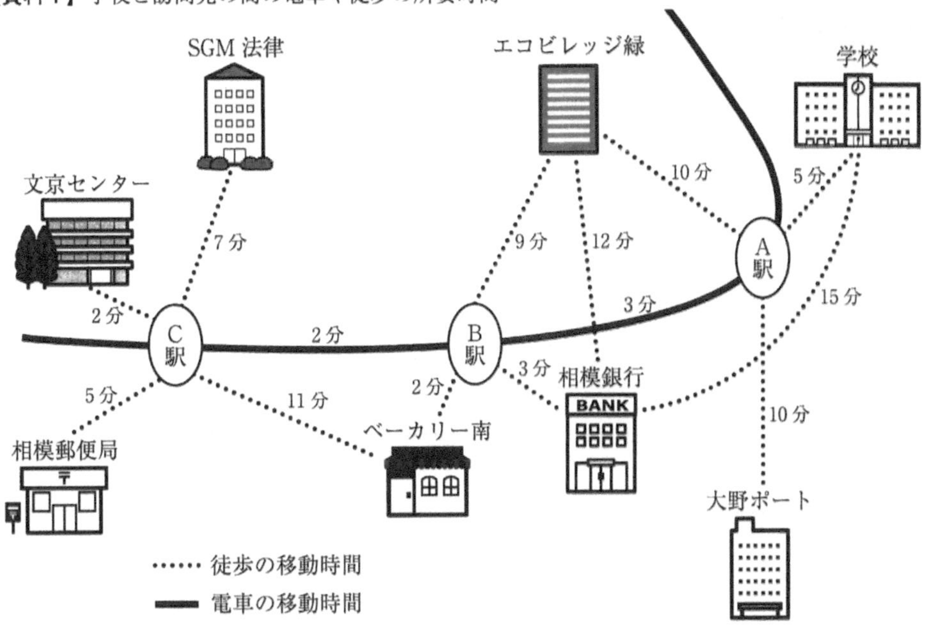

【資料２】 事業所一覧

事業所名	事業内容	対応可能時間	インタビュー時間
相模銀行	銀行	9時～16時	30分
大野ポート	百貨店	10時～17時	15分
ベーカリー南	飲食店	9時～11時	20分
文京センター	障がい者施設	9時～10時	30分
SGM法律	法律事務所	10時～14時	30分
相模郵便局	郵便局	9時～10時	20分
エコビレッジ緑	ごみ処理場	8時～11時	15分

【資料３】 電車時刻表

A駅→C駅

A駅①	8:01	この間 10分おき	10:01	この間 15分おき	16:01
B駅②	8:04		10:04		16:04
C駅③	8:06		10:06		16:06

C駅→A駅

C駅①	8:03	この間 10分おき	10:03	この間 15分おき	16:03
B駅②	8:05		10:05		16:05
A駅③	8:08		10:08		16:08

⑴ **【会話文１】**の ［①　時　分］ に入る時刻を答えなさい。

⑵ **【会話文１】**の ［②　時　分］ に入る時刻を答えなさい。

⑶ まさこさんたちは，「障がい者」「高齢者」「小さな子どもを連れている人」にとって便利な「バリアフリーマップ」を作ろうとしています。あなたならどのような人のためにどのような情報を付け加えますか。30字以上，50字以内で説明しなさい。句読点は１字と数えることとします。

（例）高齢者や足の不自由な人のために，座って休めるベンチの場所を地図にのせる。

MEMO

大切なことはメモしておこうネ！

第1回

2024年度

解　答　と　解　説

《2024年度の配点は解答欄に掲載してあります。》

<算数解答>

1　(1)　45　(2)　126　(3)　19.5　(4)　$\frac{19}{60}$　(5)　$\frac{4}{3}\left[1\frac{1}{3}\right]$　(6)　5

2　(1)　47　(2)　25%　(3)　120通り　(4)　450名　(5)　14通り　(6)　22cm^2

3　(1)　314cm^3　(2)　282.6cm^2　　4　(1)　175g　(2)　20分後

5　(1)　8時間0分　(2)　12.8km　　6　(1)　4　(2)　1012個

○推定配点○

各5点×20　　計100点

<算数解説>

1　(四則計算)

(1)　56－11＝45　　(2)　102＋24＝126

(3)　13.5＋6＝19.5　　(4)　$\frac{11}{12}-\frac{36}{60}=\frac{19}{60}$

(5)　$\frac{1}{4}\times\frac{16}{5}\times\frac{5}{3}=\frac{4}{3}$　　(6)　□＝5×4－15＝5

重要　2　(数の性質，割合と比，場合の数，平面図形)

(1)　11で割ると3余る数…3，14，25，36，47，～　したがって，5で割ると2余る数は47

(2)　(1500－1125)÷1500×100＝25(%)

(3)　5×4×3×2×1＝120(通り)

(4)　459÷1.02＝450(名)

(5)　分母が1の場合…6通り　分母が2の場合…3通り　分母が3の場合…2通り　分母が4，5，6の場合…3通り　したがって，全部で6＋3×2＋2＝14(通り)

(6)　右図1より，11×9÷2÷(4＋5)×4＝22(cm^2)

図1

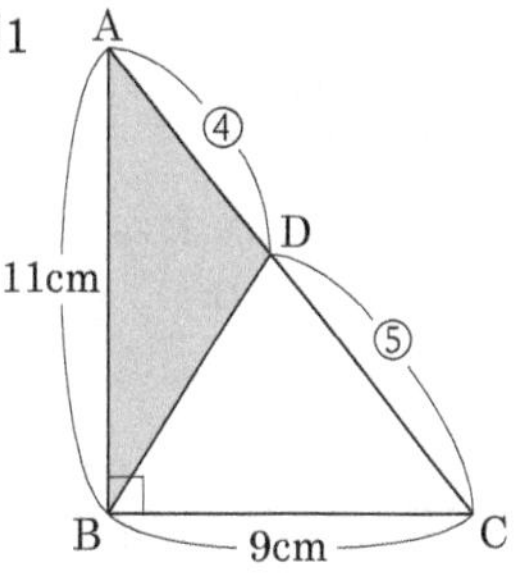

重要　3　(平面図形，図形や点の移動，立体図形)

(1)　体積…5×5×3.14×12÷3＝100×3.14＝314(cm^3)

(2)　表面積…5×(5＋13)×3.14＝90×3.14＝282.6(cm^2)

図2

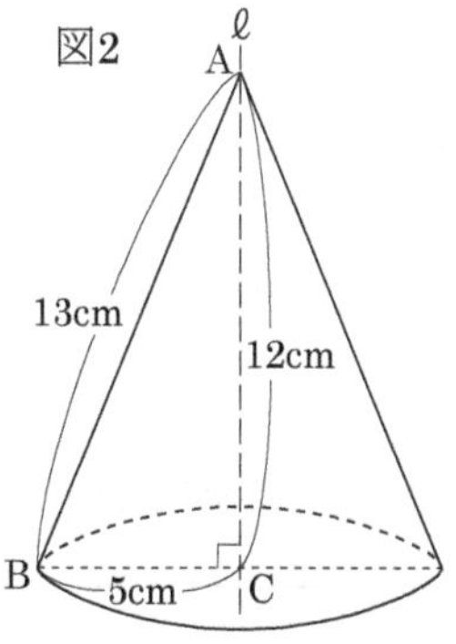

重要　4　(割合と比，速さの三公式と比，旅人算)

(1)　2%の食塩水と8%の食塩水の重さの比…右図3より，色がついた部分の面積が等しく(8－4.5)：(4.5－2)＝35：25＝7：5　したがって，求める重さは300÷(7＋5)

図3

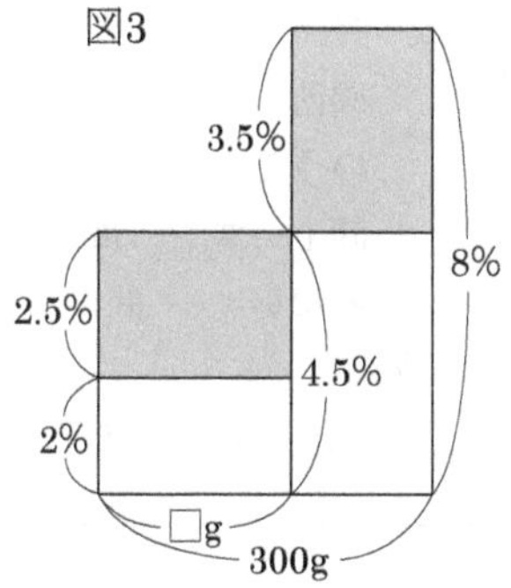

×7＝175(g)

(2)　400÷(50－30)＝20(分後)

5　(速さの三公式と比，旅人算，グラフ)

基本　(1)　16÷2＝8(時間)　　したがって，8時間0分

重要　(2)　Aさんの下りの速さとBさんの速さの比…8：2＝4：1　　したがって，山門から2人が出会った位置までは16÷(4＋1)×4＝12.8(km)

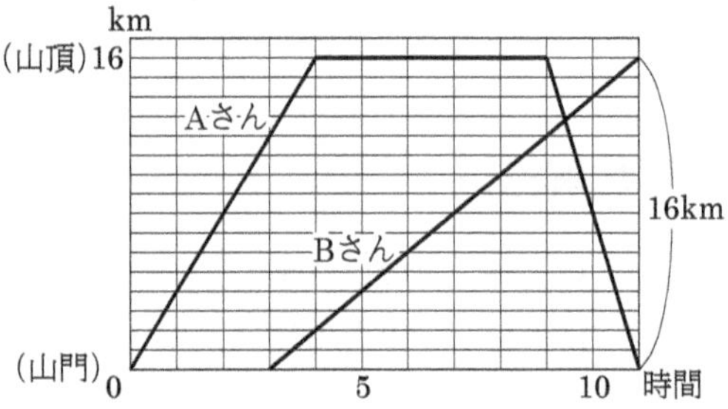

【別解1】　Aさんが下り始めたときの2人の間の距離…4km　　したがって，16－4÷(4＋1)×4＝12.8(km)

【別解2】　Aさんが下り始めてから2人が出会うまでの時間…4÷(8＋2)＝0.4(時間)　　したがって，16－8×0.4＝12.8(km)

重要　6　(数列)

(1)　2024÷4＝506　　したがって，2024番目の数は右端にある数4

(2)　2＋0＋2＋4＝8　　2024÷8＝253　　したがって，求める個数は4×253＝1012(個)

2 0 2 4
2 0 2 4
⋮

★ワンポイントアドバイス★

3(2)では，「円錐の側面積＝底面の半径×母線の長さ×3.14」を利用する。4(1)「食塩水の重さ」を求める問題もよく出題される問題であり，解き方を理解して覚えてしまおう。まず，1，2で全問正解することがポイント。

＜国語解答＞

一　1　ばんねん　　2　もぞう　　3　かいかつ　　4　いさぎよ(く)　　5　うちょうてん

二　1　用件　　2　絵巻物　　3　内閣　　4　補足　　5　野生

三　(一)　1　かく　　2　たつ　　3　かける　　4　たてる　　5　きく　　(二)　1　信号　2　本屋　　3　花屋　　4　(例)　直進します　　5　(例)　保育園の角を右折します

四　問一　①　企業から引き取り　　②　施設に再分配　　問二　エ　　問三　イ　問四　もったいない　　問五　(例)　きれいで，安全で，新鮮で完璧なものがよい　問六　工業製品　　問七　(一)　以前はどこ　　(二)　賞味期限　　問八　ウ　　問九　エ

五　問一　(例)　カーテンを開けたいということ　　問二　ウ　　問三　端正な調律　問四　(例)　前は，由仁と和音の二人でピアノを弾いていたが，今は和音が一人で弾くということ。　　問五　(例)　弾いてもらわない(と，わかりません。)　　問六　ア　問七　エ　　問八　静かな，森の中にこんこんと湧き出る泉　　問九　悪いことばかりじゃない。　　問十　ウ

○配点○

一～三　各2点×20　　四・五　各3点×20(四問一完答)　　計100点

＜国語解説＞

一 (漢字の読み)

1は年老いてからの時期。2の「模造紙」は掲示物の作成などで用いる大判の用紙のこと。3は明るくて元気のよいさま。4の音読みは「ケツ」。熟語は「潔白」など。5はこの上なく大喜びすること。

二 (漢字の書き取り)

1は行うべき仕事や用事。同音異義語で必要な条件という意味の「要件」と区別する。2は巻物に描かれた日本独自の絵画作品。3は国会で決められた法律や予算に基づいて，国の仕事を進めていく組織。4の「補」の部首は「ネ(ころもへん)」であることに注意。5の「生」を「性」などとまちがえないこと。

三 (空欄補充・地図の読み取り)

やや難 (一) 1の上は十分に注意をしないこと，下は座り方のほかに，何の努力もしないことのたとえ。2の上の漢字は「断つ」，下は「裁つ」。3の上は心を寄せる，届けること，下は仕向けること。4の上は盛んに気泡を生じさせること，下は功績をあげること。5はいずれも，状況に応じてすばやく動くことができること。

重要 (二) 1は地図から，角に消防署のある「信号」，2は「右手に見」えるものなので「本屋」，3は「コンビニ」と道をはさんでいるものなので「花屋」がそれぞれ当てはまる。4は橋をまっすぐ行くので「直進します」，5は学校のある方角へ曲がるので「保育園の角を右折します」といった文が当てはまる。

四 (論説文－要旨・大意・細部の読み取り，指示語，空欄補充，記述力)

基本 問一 「2HJは……」で始まる段落内容から，①には「企業から引き取り(8字)」，②には「施設に再分配(6字)」がそれぞれ当てはまる。

問二 空欄A直前の「くどいようだが」は，「フードバンクの原理は……」から続く4段落の内容と同様のことを述べるために用いているので，エが適当。これらの段落内容をふまえていない他の選択肢は不適当。

問三 ――線部②の説明として②直後から続く6段落で，「『日本は一〇〇%完璧を求める社会なんですね』『日本は要求が多すぎる』」といった，食品会社の担当者の話を引用しながら，「日本の社会では，その要求が高すぎるのかもしれない」と述べているのでイが適当。これらの段落内容をふまえていない他の選択肢は不適当。

問四 ――線部③と同様のこととして「『…誰が……』」で始まる段落で，『スローフードな日本！』の著者である島村さんは「『……(野菜が)規格外となると，売り物にならないとはじかれ，泣く泣く処分するらしい。そんな，もったいない話があるだろうか』」と憤る，と述べていることから，③で「食品を廃棄」することに対して思っているのは「もったいない(6字)」である。

問五 ――線部④直前の段落で，「消費者」が「きれいなもの……安全なもの……新鮮なもの……完璧なもの」を「求める」と述べていることをふまえ，このことを④の具体的内容として，設問の文の空欄に当てはまる形でまとめる。

問六 ――線部⑤直後の段落で，⑤のように「形，寸法，品質を統一」した「野菜」を「工業製品(4字)」にたとえていることを述べている。

重要 問七 (一) 「以前はどこの……」で始まる段落の，「以前はどこの家庭でもにおいをかいだり，酸味や苦みを確かめたり，と五感を使って食べ物の鮮度を判断していたものだ。」という一文で，「五感」を使っている様子を具体的に述べている。 (二) ――線部⑥について「ほんらい……」で始まる段落で，「賞味期限だけを基準に食品を捨てられる感覚」とも述べているので，⑥の「印刷されたデータ」はラベルに記された「賞味期限(4字)」を指している。

問八　――線部⑦は「外食や，中食……が普及し」たことを示すデータなので，ウが適当。⑦直前の内容をふまえ，加工されたものを食べる機会について説明していない他の選択肢は不適当。

やや難　問九　エは「しかし，そのなかでも……」で始まる段落～(中略)直前までの内容をふまえているので当てはまる。アの「複数の外国と日本を比較する」は，日本の要求が高すぎることを述べるためなので，「国際的な視野で考えてもらおう」は当てはまらない。イの「日本国内の……推移」の「データ」，ウの「かつての日本の……向き合い方」も述べていないので当てはまらない。

五　**(小説－心情・情景・段落構成・細部の読み取り，空欄補充，記述力)**

重要　問一　――線部①は「『……開けて弾いたほうがいいです』」と話す「僕」に対するもので，この後で「もう一度僕はカーテンを開けた」ことが描かれているので，「カーテンを開けたいということ」というような内容で，「僕」の希望を説明する。

問二　――線部②後で，「やっとわがままになれた。これまでどうしてわがままじゃなかったんだろう……わがままが出るようなときは，もっと自分を信用するといい。わがままを究めればいい」という「僕」の心情が描かれているのでウが適当。この心情をふまえていない他の選択肢は不適当。

基本　問三　――線部③は直前で描かれているように，柳さんの「端正な調律(5字)」に対するものである。

やや難　問四　「以前は，……」から続く3段落で，「以前は，試しに弾くのも連弾だった」「ふたりのピアノがひとりになって……でも，和音がたったひとりでピアノの前にすわった……」と描かれていることをふまえ，「前は」由仁と和音の二人でピアノを弾いていたこと，「今は」和音が一人で弾いていることを説明する。

問五　X直後で「『試しに弾いてもらえますか』」と話していることから，Xは「『弾いてもらわない(と，わかりません。)』」と話しているという文脈になる。

問六　――線部⑤の由仁の表情に対し，「由仁こそ和音の泉を一番に信じていたのだろう」という「僕」の心情が描かれているのでアが適当。⑤直後の「僕」の心情をふまえ，和音の才能を認め，演奏に感動していることを説明していない他の選択肢は不適当。

問七　「短い曲が……」で始まる段落で，和音の演奏から「和音の決意がはっきりと聞こえた」という「僕」の心情が描かれているのでエが適当。この段落内容をふまえていない他の選択肢は不適当。

問八　「由仁のピアノは……」で始まる段落で，和音のピアノは「静かな，森の中にこんこんと湧き出る泉(18字)」のような印象であることが描かれている。

重要　問九　――線部⑧は，「和音……の中にあったものが，由仁が弾けなくなったことで顕在化したの……だとしたら，悪いことばかりじゃない」という思いに対するものなので，⑧に続く言葉も「悪いことばかりじゃない。(12字)」が省略されている。

問十　五つの空欄のある場面を整理すると，確かな意思が宿っている和音のセリフとして②→和音の決意を補う由仁のセリフとして③→由仁のセリフをくり返す和音のセリフとして④→ひと握りの人だけだからあきらめろだなんて，言ってはいけないけれど，言わずにいられないことを話すお母さんのセリフとして①→お母さんへの返事である和音のセリフとして⑤，という展開になる。

★ワンポイントアドバイス★

地図の読み取りは，実際に自分が地図の上で動いていることを想像しながら確認していこう。

第2回

2024年度

解 答 と 解 説

《2024年度の配点は解答欄に掲載してあります。》

＜算数解答＞

1 (1) 12 (2) 170.1 (3) 16 (4) 6.6 (5) $\frac{7}{12}$ (6) $\frac{17}{24}$

2 (1) 222 (2) 35分後 (3) 9通り (4) 秒速15m (5) 112人 (6) 36度

3 (1) $405cm^3$ (2) $486cm^2$ 4 (1) 450g (2) 68.75％

5 (1) 1800m (2) 22分30秒後 6 (1) 46番目の数 (2) $44\frac{2}{3}\left[\frac{134}{3}\right]$

○推定配点○

各5点×20 計100点

＜算数解説＞

1 （四則計算）

(1) $18-6=12$

(2) $168+2.1=170.1$

(3) $2\times8=16$

(4) $4.8+1.8=6.6$

(5) $\frac{5}{4}-\frac{7}{4}\times\frac{8}{21}=\frac{7}{12}$

(6) $\square=\left(\frac{3}{4}+\frac{2}{3}\right)\div2=\frac{17}{24}$

2 （割合と比，速さの三公式と比，旅人算，場合の数，単位の換算，差集め算，平面図形）

基本 (1) $(202400-158)\div911=222$

(2) $4900\div(85+55)=35$（分後）

重要 (3) 和が5の場合…1＋4，2＋3より，4通り　和が6の場合…1＋5，2＋4，3＋3より，4＋1＝5（通り）　したがって，全部で4＋5＝9（通り）

基本 (4) $54000\div3600=15$（m）

重要 (5) 8人がけのイスの数…右下表より，$(6\times3+10)\div(8-2)=14$（きゃく）　したがって，子供は$8\times14=112$（人）

⑥…⑥⑥⑥⑥ 10

⑧…⑧×××

重要 (6) 角ア…右図1より，$180\div5=36$（度）

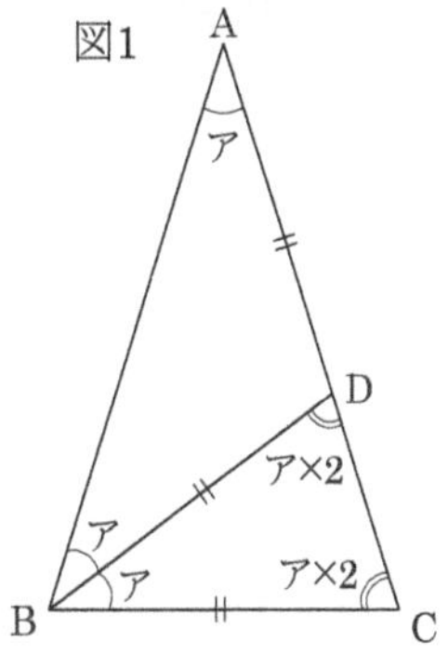

図1

3 （平面図形，立体図形）

重要 (1) $3\times3\times3\times(3\times3-2+4\times2)=27\times15=405(cm^3)$

やや難 (2) 右図2より，上段部分の上面…$3\times3\times7=63(cm^2)$

上段部分の底面…$9\times3=27(cm^2)$

上段部分の側面＝$(9+3)\times4\times3=144(cm^2)$

下段部分の底面…$3\times3\times4=36(cm^2)$

中・下段部分の側面＝$\{(9+6)\times2+3\times2\}\times6=216(cm^2)$

したがって，表面積は$63+27+144+36+216=486(cm^2)$

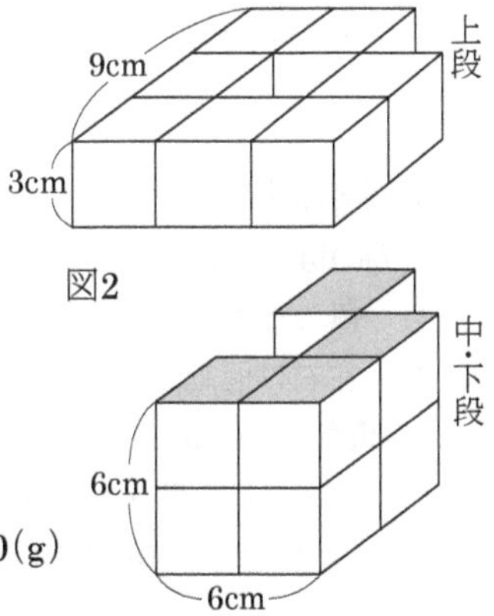

図2

重要 4 （割合と比）

(1) 水を加える前の濃さに対する水を加えた後の濃さの割合…$4\div10=\frac{2}{5}$（倍）　したがって，加えた水の重さは$300\times\left(\frac{5}{2}-1\right)=450$（g）

【別解】食塩の重さ…300×0.1＝30(g)　30÷0.04－300＝450(g)

(2)　昨年度の男子と女子…300人と100人とする　今年度の男子…300×0.88＝264(人)　今年度の女子…100×1.2＝120(人)　したがって，求める割合は264÷(264＋120)×100＝68.75(％)

基本　5　(速さの三公式と比，旅人算，単位の換算)

(1)　1000mを進む時間…1000÷50＝20(分)　30分で進む距離…1000＋80×(30－20)＝1800(m)

(2)　1800÷(160－80)＝22.5(分後)　0.5分…60×0.5＝30(秒)　したがって，22分30秒後

重要　6　(数列・規則性)

$\frac{2}{1}, \frac{2}{2}, \frac{4}{2}, \frac{2}{3}, \frac{4}{3}, \frac{6}{3}, \frac{2}{4}, \frac{4}{4}, \frac{6}{4}, \frac{8}{4}, \cdots$

(1)　1＋2＋3＋～＋9＋1＝(1＋9)×9÷2＋1＝45＋1＝46(番目)

(2)　分母が1の分数…2　分母が2の分数の和…2×(1＋2)÷2＝3　分母が3の分数の和…2×(1＋2＋3)÷3＝4　分母が4の分数の和…2×(1＋2＋3＋4)÷4＝5　分母が8までの分数の和…2＋3＋～＋9＝45－1＝44　したがって，求める数は44＋(2＋4)÷9＝$44\frac{2}{3}$

★ワンポイントアドバイス★

3(2)「残った立体の表面積」は，簡単ではなく間違いやすい。2(6)「二等辺三角形の角アの大きさ」は重要な問題であり，「三角形ABCと三角形BCD」は「相似」であることがポイントである。1，2の12題で，全問正解しよう。

<理科解答>

1　(1)　イ　(2)　20g　(3)　6g　(4)　275g

2　(1)　エ　(2)　ア　(3)　木にしっかりとつかまることができる　(4)　幼虫　(5)　88％　(6)　6％

3　(1)　蒸発　(2)　上のなべ底についた水蒸気を冷やして水にするため　(3)　イ　(4)　ウ　(5)　60g

4　(1)　イ　(2)　エ　(3)　海面水温が高い(から。)　(4)　エ→イ→ア→ウ　(5)　オ

○配点○

1　各6点×4　2　(1)・(2)　各3点×2　他　各5点×4　3　各5点×5

4　各5点×5((4)完答)　計100点

<理科解説>

1　(力のはたらき－てこ)

基本　(1)　棒の重さは重心にかかり，太さが一様な場合は棒の真ん中の位置イにかかる。

(2)　左右に回転させるモーメント＝おもりの重さ×支点からの距離が等しいことから，おもりBの重さ×15(cm)＝60(g)×(20cm－15cm)よりおもりB＝20(g)となる。

(3)　おもりCの重さ×25(cm)＋60(g)×(25cm－20cm)＝30(g)×(40cm－25cm)となり，おもりCの重さ×25＋300＝450より，おもりCの重さは6(g)となる。

(4)　おもりEの重さ×5(cm)＝60(g)×(20cm－5cm)＋5(g)×(40cm－5cm－5cm)となり，おもりEの重さ×5＝900＋150よりおもりEの重さ＝210(g)となる。ばねばかりにかかる重さ＝210(g)＋5(g)＋60(g)＝275(g)である。

2　(生物－動物)

基本　(1)　カブトムシの幼虫は腐葉土や朽ちた木を食べるのでくさった落ち葉の中で育つ。

(2)　カブトムシの成虫は木の樹皮に爪をかけるのでアである。

(3)　木にしっかりつかまることができるように爪がある。

(4)　幼虫からさなぎになるときに165－20＝145匹死亡している。

重要　(5)　145(匹)÷165(匹)×100＝87.8…％≒88(％)である。

(6)　210匹中成虫になったのは12匹なので12(匹)÷210(匹)×100＝5.7…≒6(％)

3　(物質と変化－状態変化・熱の伝わり方)

基本　(1)　水が加熱により沸騰して表面から水蒸気に変わる現象は「蒸発」である。

(2)　上のなべ底についた水蒸気の温度を下げることにより液体の水にしてびんに集めるため。

重要　(3)　炎に近いところの水の温度が上がり，膨張して上昇し，炎から遠い外側の水は水温が低く下に移動する。

(4)　Ⅱの海水はⅠの海水より煮詰められることにより水の量が減少しているので濃い。

(5)　海水の塩分濃度が3％なので，$2000(g)\times\frac{3}{100}=60(g)$である。

4　(天体・気象・地形－気象)

基本　(1)　台風のときにできる雲は積乱雲である。

(2)　台風の中心は下降気流のため雲ができず，ぽっかり穴が開いて，「台風の目」という。

(3)　本文中に海水温が高い海域を進むと記述されていることに注目する。

重要　(4)　台風は南東方向から進むので，エ→イ→ア→ウの順となる。

(5)　森林を伐採すると土の保水性が減少してしまい対策にはならない。

★ワンポイントアドバイス★

20分程度の時間で解かなくてはならないが，全般に基本的な出題で比較的解きやすい問題なので時間は不足しない。問題の文中にヒントがある問題もある　ので読み落とさないようにして，問題文のヒントをつかみ，高得点を目指そう。

＜社会解答＞

1　問1　潮目[潮境]　問2　対馬海流　問3　ウ　問4　イ　問5　イ　問6　ア
問7　(例)　サステナブルとは持続可能であるという意味である。　問8　(船舶)　イ
(航空機)　エ　(鉄道)　ア　(自動車)　ウ

2　問1　A　源頼朝　B　北条泰時　問2　あ　守護　い　地頭　問3　(1)　エ
(2)　①　イ　②　(例)　もう一度攻めてくると予想して，九州北部の沿岸に石の壁を作って上陸してくることを阻止する。　問4　Ⅰ　御恩　Ⅱ　奉公　問5　ウ　問6　徒然草

3　①　ト　②　コ　③　エ　④　イ　⑤　シ　⑥　タ　⑦　テ　⑧　ケ
⑨　ソ　⑩　ク

4　問1　エ　問2　イ　問3　イ　問4　イ　問5　ウ

○配点○

□1 問1・問2　各4点×2　　問7　6点　　他　各2点×8

□2 問3(1)・(2)①・問5　各2点×3　　問3(2)②　6点　　他　各4点×7

□3 各2点×10　□4 各2点×5　　計100点

＜社会解説＞

□1 (地理ー「海の環境」を起点とした問題)

問1　潮目を境に温度や塩分が不連続性を示す。

基本　問2　対馬海流は対馬海峡から日本海に流入する海流である。

問3　アは新潟県，イは千葉県，エは島根県である。

基本　問4　イ　「唯一～」が不適。

問5　都道府県別生産量第一位は，アが千葉県，ウ・エが山梨県となる。

問6　折れ線グラフの上昇率が最も高いアが正解となる。

重要　問7　「持続可能」という文言を盛り込む必要がある。

問8　アは「定刻通り」から鉄道，ウは「目的地まで直接」から自動車，エは「軽い商品」から航空機，残ったイが船舶という流れで特定していきたい。

□2 (日本の歴史ー鎌倉時代)

基本　問1　A　源頼朝の父は源義朝で妻は北条政子である。　B　北条泰時は3代執権である。

基本　問2　あ　守護の職務は「大犯三カ条」と称されている。　い　地頭の権限は警察権や裁判権などがあるが，地域・時代によって相違がある。

重要　問3　(1)　ア・ウはチンギス・ハンの子，イはモンゴル帝国初代皇帝となる。　(2)　①　アは江戸時代，ウは安土桃山時代，エは室町時代の為政者である。　②　「蒙古の再来に備えた防衛」という観点からまとめていきたい。

問4　Ⅰ　御恩には本領安堵や新恩給与がある。　Ⅱ　奉公は軍事的負担が主だった。

問5　アは安土桃山時代，イは飛鳥時代，エは大正時代に制定された。

問6　徒然草の内容は人生論や仏教信仰論や趣味論など多岐にわたっている。

□3 (政治ー「国際連合」に関する問題)

基本　①　国際連合という言葉は，元々，第二次大戦中の枢軸国に対抗するために用いられた。

②　国際連盟の本部はスイスのジュネーブであった。

基本　③　総会は1国1票である。

重要　④・⑤・⑥　アメリカ・イギリス・フランス・ロシア・中国の常任理事国5カ国は第二次世界大戦での連合国(戦勝国)側の国々である。

⑦　拒否権は米ソ冷戦期には頻繁に発動された。

⑧　ユネスコは国連教育科学文化機関の略称である。

⑨　WHOは世界保健機関の略称である。

⑩　ユニセフは国連児童基金の略称である。

□4 (総合問題ー時事問題)

基本　問1　新型コロナウイルス感染症は2類感染症から5類感染症に移行された。

問2　イは水素の同位体の一つである。

重要　問3　アは2025年で，ウについては，もうしばらく到来しない見込みで，エはすでに到来している。

問4　イ　2024年12月に紙の保険証が廃止されることとなった。
問5　ウ　こども家庭庁は子育て支援や環境づくりに関する施策を一元的に推進し，社会全体への普及啓発にも取り組んでいる。

★ワンポイントアドバイス★
本校は記述問題も出題されるので，日頃から答案作成のトレーニングをしっかり積んでおこう。

＜国語解答＞

一　1　われさき　2　いせい　3　さっすう　4　はいしゃく　5　さず（かる）
二　1　海域　2　看板　3　激痛　4　散策　5　宣戦
三　（一）　1　A　移す　B　写す　2　A　備える　B　供える　3　A　着く　B　就く　4　A　伸びる　B　延びる　5　A　速い　B　早い
（二）　（例）　1　ひまわりのようだ　2　終わるのだろうか　3　幸せとは限らない　4　会いたい　5　優勝するかもしれない
四　問一　イ　問二　反発　問三　でも，一度　問四　（例）　ももたろうが桃から生まれた　問五　ウ・エ　問六　かわいいペット　問七　イ　問八　Ⅰ　突きつけ　Ⅱ　脅かし　問九　ア
五　問一　俺が高校も　問二　ウ　問三　高校の数学の教師　問四　①　活字だらけの書物　②　優れた書物　問五　（最初）康平のなか　（最後）なっていた（から）　問六　エ　問七　ウ　問八　ア・エ　問九　イ　問十　C

○配点○
一～三　各2点×20　四・五　各3点×20（四問五・五問四・問八各完答）　計100点

＜国語解説＞

一　（漢字の読み）
1は他人よりも自分が先になろうとすること。2は男性から女性を，女性から男性をさしていう語。3は書物やノートなどの数。4は借りることをへりくだって言う語。5の音読みは「ジュ」。熟語は「授与」など。

二　（漢字の書き取り）
1は区切られた区域の海。2の「看」の5～9画は「目」であることに注意。3ははげしい痛み。4は特に目的もなく，ぶらぶら歩くこと。5の「宣戦布告」は相手に戦う意志を宣言すること。

三　（空欄補充・漢字の書き取り・ことばの用法）
やや難　（一）　1のAは位置などを変えること，Bは文書などを元のとおりに書き取ること。2のAは用意や準備をすること，Bは神仏などの前に物をささげること。3のAは到着すること，Bはある地位に身を置くこと。4のAは全体が長くなること，Bは日時が遅れること。5のAは一定時間の間で多くの行動や動作を起こすこと，Bは基準よりも前の時点で行動を起こすこと。
重要　（二）　1～5はいずれも呼応の副詞が使われおり，1の「まるで」はたとえを表し，後に「ようだ」

などの語を伴う。2の「果たして」は後に疑問を表す語を伴う。3の「必ずしも」は「必ず～とは限らない」という意味を表し，後に打ち消しの語を伴う。4の「ぜひ」は願望を表し，後に「～したい」などの語を伴う。5の「もしかしたら」は推量を表し，後に「～かもしれない」などの語を伴う。

四 **(論説文－要旨・大意・細部の読み取り，空欄補充，漢字の書き取り，記述力)**

問一　学生たちに対する――線部①の理由について「なぜ私は……」で始まる段落で，「将来幼い子どもたちとかかわることになる人たちには，『カワイイ』がはらむ問題についてはとりわけしっかり考えてほしかった」と述べているのでイが適当。この段落内容をふまえていない他の選択肢は不適当。

基本　問二　空欄Xには，受け入れないで強く否定するという意味のウの「反発」が入る。アはどうしてよいかわからないことの「困惑」，イは同意することの「賛成」，エは疑うことの「疑問」。

問三　――線部②の状況について「守られたか，……」で始まる段落で，「でも，一度や二度話したところで，感嘆符のようになってしまっているこのことばは，いっこうに消えていく気配はなく，それどころか，『カワイイ』はいつか東南アジアの国々へ，さらにはヨーロッパにまで，日本語のままひろがっていきました。」という一文で，「カワイイ」が世界的に広がっている様子を述べている。

問四　本文の『ももたろう』A・Bの絵と設問の指示から，空欄Yには，「ももたろう」が(＝主語)「桃」から「生まれた」(＝述語)，という言葉が当てはまる。

重要　問五　――線部③のある段落で，Bの絵について学生は「あまりにリアルで，生理的に嫌悪感を覚える」こと，Aのような赤ちゃんについて「学生たちは……」で始まる段落で「かわいいももたろうはいつまでも大人の膝におとなしく抱っこされているだろう赤ちゃんであることに」「学生たちは……気付き始め」たことを述べているのでウとエが適当。これらの段落内容をふまえていない他の選択肢は不適当。

問六　「『でも，これから……』」で始まる筆者の話から，設問の空欄には「かわいいペット(7字)」が当てはまる。

問七　空欄①・②は「短大の学生と全く同じ」なので，①にはB，②にはAが入る。「研修生たちがこれから出会うのは……③の『ももたろう』ではな」く「……Bの『ももたろう』のように生きたいと願い，でも，Bの『ももたろう』が……生きたようにはうまく生きられないでいる人たちが大半である」ということなので，③にはAが入る。

やや難　問八　「大人にとって……」で始まる段落で，「大人にとって子どもがAの『ももたろう』のようであってくれたら……大人の地位はどこまでも安泰で……問いを突きつけられることもなく……力ある者はその力による支配を脅かされる心配のないものを『カワイイ』と呼ぶ」と述べている。設問の文は，この内容とは反対のことを述べているので，空欄Ⅰには「突きつけ」，Ⅱには「脅かし」といった言葉が入る。

重要　問九　最後の段落で，「こちらに不都合の生じない範囲で依存してくるものを，私たちは『カワイイ』と思う。人は頼られることにある種の心地よさを感じてしまうものですから」と述べているので，このことをふまえたアが適当。この内容をふまえていない他の選択肢は不適当。

五 **(小説－心情・情景・段落構成・細部の読み取り，空欄補充，ことばの意味)**

重要　問一　「えらそうに……」で始まる段落の「俺が高校も卒業しなかったから小馬鹿にしてやがる。」という一文で，カンちゃんの言葉を受け止めて腹を立てている康平の心情が描かれている。

基本　問二　――線部②とウは，努力を要することや困難なことという意味。他は，骨，あるいは体のこと。

問三　「カンちゃんが大阪に……」で始まる段落で，——線部③の「老人」がかつては「高校の数学の教師(8字)」であったことを知った，ということが描かれている。

問四　「『康平，とにかく……』」で始まるカンちゃんのセリフから，空欄①には「活字だらけの書物(8字)」，②には「優れた書物(5字)」がそれぞれ当てはまる。

問五　「そのときすでに……」で始まる段落で，康平自身では気づかなかったが「康平のなかには読書という下地ができていて，古典や名作の凄さが多少はわかるようになっていた(44字)」ということが描かれており，このことが——線部⑤の理由になっている。

問六　空欄aは読書に熱中するという意味の「読書熱」，bは「増えつづけて」いることなので「読書量」，cは読書をするためのという意味で「読書用」がそれぞれ入る。

重要　問七　康平の蔵書が「書架に整然と並んだ」様子を眺めながら，父は——線部⑥のように話しているので，「読書を通じて康平が身に付けた」とあるウが適当。康平の読書にふれていないア・エは不適当。イの「康平の気持ちを奮い立たせ，……仕事に励むよう仕向けたい」も不適当。

問八　「『冗談じゃない……』『息子がそこまで……」で始まるセリフからはア，「父は，康平の……」で始まる段落や「康平はそのころ……」で始まる段落の描写からエは読み取れるが，イ・ウ・オは読み取れない。

問九　読書した本が「『いつのまにか八百数十冊』」になったことで，——線部⑧とともに「俺の恩師は常連客だった清瀬さんだ」と康平が思っていることから，二人への感謝が読み取れる。また，厳しいことを言うカンちゃんへの腹立ちもあったが，清瀬に「ちゃんとした本を読みたい」と言う康平の様子も描かれていることからイが適当。カンちゃんと清瀬への感謝を説明していない他の選択肢は不適当。

やや難　問十　本文は，ゴルフ練習場の帰りにレストランでカンちゃんに厳しいことを言われる場面から始まる→常連客の清瀬に本の相談をする→清瀬のアドバイスによって読書の下地ができ，蔵書が増え続ける→そのころほとんど本代に消えていた給料を，父が上げてくれた→現在の状況として「『いつのまにか八百数十冊だ』」とつぶやき，カンちゃんと清瀬さんに感謝している，という展開になっているので，カンちゃんとの昔の出来事を思い出しているのはCまでである。

★ワンポイントアドバイス★

小説では，現在の場面と過去の回想場面など，時間的な背景も意識しながら読み進めていこう。

適性検査型

2024年度

解　答　と　解　説

《2024年度の配点は解答欄に掲載してあります。》

＜適性検査解答＞

1　(1)　A　自転車事故　　B　頭部の損傷　　(2)　①　エ　　②　ヘルメットは持ち運びに不便である　　③　過去5年間，自転車事故で亡くなった人の中で，頭部の損傷が致命傷となった例が，56％，そのうち96％の人がヘルメットをかぶっていなかった

2　(1)　15(回)　　(2)　1位　黄(チーム)　　2位　白(チーム)　　3位　赤(チーム)
(3)　ア　C　　イ　E　　ウ　F　　エ　A　　オ　B　　カ　G　　キ　D　　ク　H

3　(1)　680(円)　　(2)　イ

4　(1)　①　9(時)8(分)　　(2)　②　11(時)6(分)　　(3)　車いすの人や乳母車を押している人のために，スロープやエレベーターがある場所を地図にのせる。

○配点○

1　(2)　②　8点　　③　10点　　他　各4点×3

2　(1)　6点　　(2)　各4点×3　　(3)　各2点×8　　3　各6点×2

4　(1)　6点　　(2)　8点　　(3)　10点　　計100点

＜適性検査解説＞

1　(総合問題：資料読解)

(1)　【資料1】のグラフの数値《すうち》に注目し，【記事1】，【記事2】から，空らんにあてはまる言葉を抜(ぬ)き出す。A について，【記事2】の4段落《だんらく》目より，昨年の全交通事故に占《し》める自転車事故の割合《わりあい》が23.3％であることがわかるため，A にあてはまるのは「自転車事故」である。また，B について，【記事2】の1段落目に，自転車の事故で頭部に致命傷《ちめいしょう》を負って死亡《しぼう》した1116人のうち，1071人がヘルメットをかぶっていなかったことが書かれている。B にあてはまるように答える必要があるため，【記事1】の2段落目の「頭部の損傷」を抜き出す。

(2)　①　【記事1】の3段落目より，「全世代にヘルメット着用の努力義務を課す改正道路交通法」が成立したことがわかる。また，「罰則《ばっそく》は設けなかった」ともあるため，適切な選たくしはエである。

②　【記事1】の4段落目から，ヘルメットを着用しない理由として「持ち運びにくさや髪《かみ》形が乱れること」が挙げられている。また，【記事1】の1段落目と5段落目から，ヘルメットの費用がかかることも理由であることがわかる。いずれかを解答らんに合うように答える。

③　「ヘルメットの必要性」がわかる具体的なデータを記事から抜き出す。「ヘルメットの必要性」は頭を守ることの必要性でもある。よって，【記事1】，【記事2】から，ヘルメットを着用していなかった人の死亡率が高いことがわかるデータを使用し，解答らんに合わせて答える。

解答例では，【記事2】の1段落目と2段落目からデータを抜き出して解答しているが，【記事1】の2段落目からデータを抜き出して解答してもよい。

2　(算数：場合の数，トーナメント戦と総当たり戦)

(1)　【資料1】を参考に，チーム数を増やしてトーナメント表を書いてみると，トーナメント戦は，常に残っているチーム数の半分の数の試合が行われることがわかる。バスケットボールに出場するチームは16チームあるため，1回戦は8試合行われる。2回戦は，1回戦で勝った8チームで行われるため，4試合行われる。3回戦は2回戦で勝った4チームで行われるため，2試合行われる。最後に決勝戦があるため，試合は全部で，8＋4＋2＋1＝15(回)となる。

　また，トーナメント戦では優勝チーム以外が必ず1回ずつ負けることになり，その回数分試合が行われる。よって，16－1＝15(回)という考え方もできる。

(2)　【条件】より，総当たり戦の順位は勝ち点が多い順であることがわかるため，【資料2】より，それぞれのチームの勝ち点を求める。

　それぞれのチームの勝ち点・ゴール数・順位をまとめると，下の表のようになる。なお，赤チーム，青チーム，白チーム，緑チーム，黄チームをそれぞれ赤，青，白，緑，黄と表している。

	赤	青	白	緑	黄	勝ち点	ゴール数	順位
赤		1－1	1－2	2－0	0－1	4	4	3
青	1－1		0－2	1－0	0－1	4	2	5
白	2－1	2－0		1－1	1－2	7	6	2
緑	0－2	0－1	1－1		2－0	4	3	4
黄	1－0	1－0	2－1	0－2		9	4	1

　よって，1位になったチームは黄チーム，2位になったチームは白チーム，3位になったチームは赤チームである。

やや難　(3)　問題文とももこさんの1回目の発言から，ウがFチーム，エがAチームであることがわかる。次のあいこさんの発言で，ずっと第1コートで応援《おうえん》していたと話しているため，優勝《ゆうしょう》したチームは，アにあてはまることがわかる。また，ちよさんの1回目の発言より，優勝したチームの1回戦の相手はEチームだとわかるため，イがEチームである。

　また，Gチームも一度も勝てなかったと話しているため，敗者復活戦に出場したカかクにあてはまる。ももこさんの2回目の発言より，Bチームは，1回戦でGチームに勝利したあと，2回戦でDチームに負けているため，オかキにあてはまる。

　ちよさんの2回目，3回目の発言と【資料4】より，第4コートで行われた1回戦の試合はDチーム対Hチームの対戦で，Hチームが負けていることがわかる。したがって，キはDチーム，クはHチームがあてはまる。よって，オはBチーム，カがGチームである。

　あいこさんの2回目の発言とももこさんの3回目の発言より，決勝戦はCチーム対Dチームの試合で，Cチームが勝利しているため，アにあてはまるのは，Cチームである。

3　(総合問題・理科：資料読解，蒸散)

(1)　【会話文】と【実験1】より，何も設置しなかった場合のエアコンの電気代を求める。まいさんの2回目の発言より，室温の平均気温が28℃よりも高い日はエアコンを8時間使用すると仮定している。【実験1】の〔結果〕のグラフを見ると，「設置なし」の場合25日から31日までの間に，平均気温が28℃よりも高い日は5日ある。電気代は1時間17円なので，17(円)×8(時間)×5(日)＝680(円)とわかる。

(2)　【会話文】のまいさんの1回目の発言より，「緑のカーテン」は，植物が大気中の二酸化炭素を吸《す》って酸素や水蒸気《すいじょうき》を出していることがわかる。また，まいさんの4回目の発言より，8月3日と8月8日は，朝の水やりを忘《わす》れたことがわかる。よって，水やりを忘れた日に水蒸気を出すはたらきができなかったことが，室温が変わらなかった原因であると考えられるため，イが適切である。

4 **(総合問題・算数：資料読解，時間の計算)**

(1)　【会話文1】,【資料1】,【資料3】より，学校を出発し，「文京センター」に着くまでの時間を計算する。【資料1】より，学校からA駅までは，徒歩5分である。学校を8時50分に出発するので，A駅には8時55分に着く。【資料3】より，A駅からC駅へ向かう電車が8時1分から10分おきに出発しているため，9時1分発の電車に乗り，5分後の9時6分にC駅に着くことがわかる。C駅から「文京センター」までは，徒歩2分なので，「文京センター」に着く時刻《じこく》は9時8分である。

(2)　【会話文1】,【資料1】～【資料3】より，最も早く学校に着く予定時刻を求める。【資料2】より，「相模郵便《さがみゆうびん》局」の対応可能時間は9時から10時までのため，最初に訪問《ほうもん》する必要がある。また，【会話文1】のはるこさんの2回目の発言より，「エコビレッジ緑」を9時30分～10時30分の間に訪問する必要があるので，2番目に訪問することがわかる。したがって，「相模銀行」を最後に訪問する。これをふまえて時間を計算する。

まず，学校を出発し，A駅には8時55分に着く。(1)と同じように，電車でA駅からC駅へ向かい，9時6分にC駅に着く。C駅から「相模郵便局」は徒歩5分なので，着く時刻は9時11分である。【資料2】より，「相模郵便局」では，20分間インタビューを行うため，9時31分に「相模郵便局」を出発して「エコビレッジ緑」へ向かう。

「相模郵便局」を出発しC駅に着くのは，9時36分である。【資料3】より，C駅からA駅へ向かう電車が10分おきに出発しているため，9時43分発の電車に乗り，B駅に9時45分に着く。B駅から「エコビレッジ緑」までは徒歩9分なので，「エコビレッジ緑」に着く時刻は9時54分となる。「エコビレッジ緑」では15分間インタビューを行うため，10時9分に「エコビレッジ緑」を出発して「相模銀行」に向かう。

「エコビレッジ緑」から「相模銀行」は徒歩12分なので，着くのは10時21分である。「相模銀行」では30分間インタビューを行うため，10時51分に「相模銀行」を出発し，学校へ向かう。このときB駅にもどると，11時5分発の電車を待たなければならないが，「相模銀行」から学校までは徒歩15分なので，徒歩で学校まで帰るほうが早く学校に帰ることができる。よって，最も早く学校に着く予定時刻は11時6分である。

(3)　街の中で,「障《しょう》がい者」,「高齢者」,「小さな子どもを連れている人」にとって事前にわかると便利な情報を考え，(例)を参考に地図に書き加える内容を30字以上50字以内で説明する。例えば，車いすの人や乳母《うば》車(ベビーカー)をおしている人のために，スロープやエレベーターがある場所を地図にのせる案や，車いすの人や子どもを連れている人のために，多目的トイレやオムツをかえるスペースの有無などを地図にのせる案なども考えられる。

★ワンポイントアドバイス★

長い会話文や複数の図，資料を読んで答える問題が多いため，必要な情報を適切にぬきだして答えることを心がけよう。また，ヘルメットの着用や，「バリアフリーマップ」など，生活に関わるものごとについて，課題や自分の案を考えて記述する問題も多い。ふだんから新聞やニュースなどを見たり，自分の身の回りで起きている出来事に関心を持ったりすることが重要である。

2023年度

★★★★★★★★★★★★★★★★★★★★★★★★

入　試　問　題

2023年度

相模女子大学中学部入試問題（第１回）

【算　数】（45分）　＜満点：100点＞

【注意】 比は最も簡単な整数の比で答えなさい。円周率は3.14として計算しなさい。

1　次の □ にあてはまる数を求めなさい。

(1)　20－３×６＝ □　　　(2)　17＋(５－２)×３＝ □

(3)　32×５÷４－19＝ □　　　(4)　0.48÷2.4－0.13＝ □

(5)　$2\frac{3}{10}-1\frac{2}{5}+1\frac{1}{4}=$ □　　　(6)　49×11÷ □ －28＝49

2　次の □ にあてはまる数を求めなさい。

(1)　0.8÷2.53 の商を小数第２位まで計算したとき，あまりは □ になります。

(2)　次の式 396543－274981 に出てくる２つの数を，それぞれ四捨五入で一万の位までの概数にしてから計算すると □ になります。

(3)　５時間29分16秒×３＝ □ 時間 □ 分 □ 秒

(4)　縮尺50000分の１の地図があります。Ａ地点とＢ地点の実際の距離が5.6㎞のとき，地図では □ cmです。

(5)　$\frac{1}{5}:\frac{2}{7}=7:$ □

(6)　次の図は半径の違う円を組み合わせた図形です。このとき，色のついた部分の面積は □ cm²です。

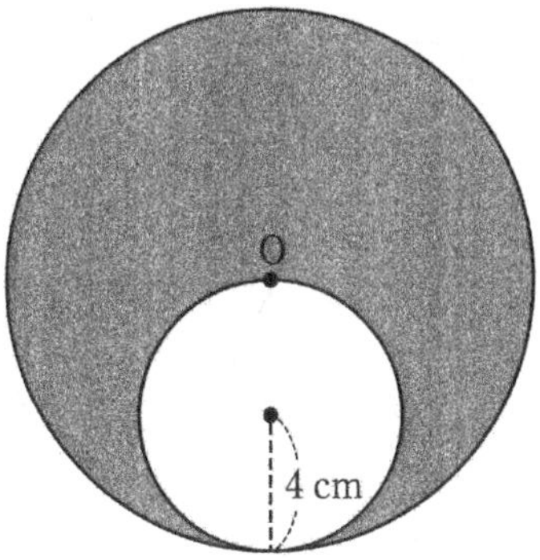

3　濃さ10％の食塩水が300ｇあります。この食塩水を何ｇかこぼしてしまったため，同じ量の水を加えたところ，濃さ６％の食塩水ができました。このとき，次の問いに答えなさい。

(1)最初の食塩水と新しくできた食塩水に含まれる食塩の量の差は何ｇですか。

(2)　こぼした食塩水の重さは何ｇですか。

4 右の図は円柱を切ってできた立体で，底面がおうぎ形です。このとき，下の問いに答えなさい。

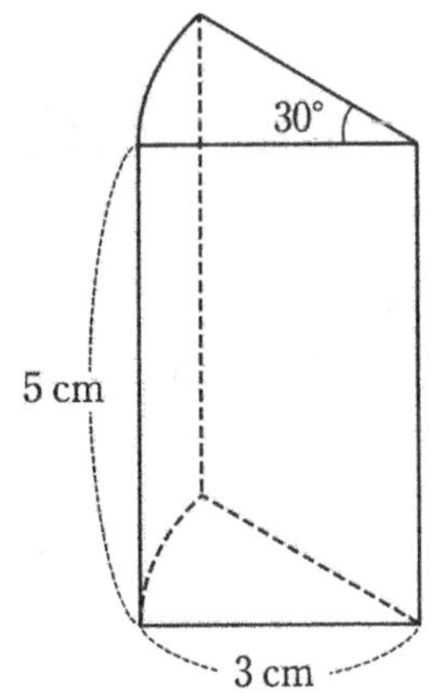

(1) この立体の表面積は何cm^{2}ですか。

(2) この立体の体積は何cm^{3}ですか。

5 ある規則に従って次のように分数が並んでいます。このとき，下の問いに答えなさい。ただし，答えを出すまでの式や図，考え方などを書くこと。

$$\frac{1}{1},\ \frac{1}{3},\ \frac{2}{3},\ \frac{3}{3},\ \frac{1}{5},\ \frac{2}{5},\ \frac{3}{5},\ \frac{4}{5},\ \frac{5}{5},\ \frac{1}{7},\ \frac{2}{7}\ \cdots$$

(1) $\frac{2}{11}$は左から何番目ですか。

(2) 左から88番目の分数は何ですか。

6 次のグラフはＡ駅とＢ駅を往復するバスの様子を表したものです。このバスは常に時速30kmで走っており，駅に到着してから10分間止まった後に再度反対の駅へ走り出します。９時にＡ駅を出発したバスは10時30分に再度Ａ駅に戻ってきました。このとき，下の問いに答えなさい。ただし，答えを出すまでの式や図，考え方などを書くこと。

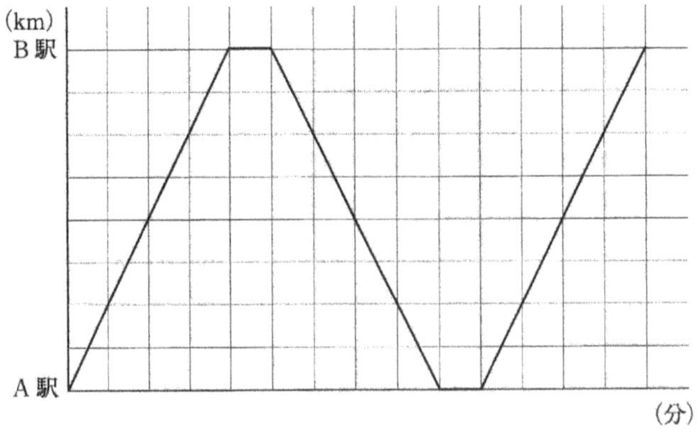

(1) Ａ駅とＢ駅の距離は何kmですか。

(2) 花子さんはバスと同じ経路を自転車でＢ駅からＡ駅に向かって時速15kmで走りました。花子さんが９時30分に出発してからＡ駅に到着するまでにバスと２回すれ違い，１回追い越されました。花子さんがバスに追い越されたのは何時何分ですか。

問八　――線部⑧「ピッチャーが投げたボールをファースト、セカンド、サードに投げる」とありますが、これはどのようなことを例えているのですか。最も適当なものを次から選び、記号で答えなさい。

ア　話し手のどのような言葉に対しても自分なりの解釈をし、知識や経験を生かしながら、自分の主張に転換させること。

イ　話し手の言葉を受け止め、それに対する共感や意見を他の人に上手に求めながら、会話を広げていくこと。

ウ　話し手の言葉に黙って耳を傾け、静かにうなずきながら周囲に目を向けることで、聴衆に安心感を与えること。

エ　話し手の言葉に対して適度なあいづちを打つなどして、相手が気持ちよく話しができるように耳を傾けること。

問九　この文章には、次の一文が抜けています。この一文が入るのに最も適当な場所を探し、直前の六字を抜き出して答えなさい。

逆に言えば、人の話をしっかりと聞き、静かに受け止めることができる人を徳の高い人と捉える文化がありました。

五

※問題に使用された作品の著作権者が二次使用の許可を出していないため、問題を掲載しておりません。

（出典：小川糸『つるかめ助産院』一部抜粋）

そしてこのほとんどの「道」の始まりは、まず「受け身」から始まる、という特性を持っています。

自分から発信するのではなく、まず相手の発信を受信することからすべてが始まります。

そういう面から考えても、日本人の「会話道」は聞き方から始まるのです。

（永松茂久『人は聞き方が９割』一部抜粋）

問一　空欄［A］・［B］に入る言葉として適当なものを、それぞれ次から選び記号で答えなさい。

ア　せめて　イ　かなり　ウ　まさに
エ　たとえ　オ　むしろ

問二　——線部①「流暢に話ができる人」とは、どのような人だと言えますか。これを言い換えた表現を探し、「～人」に続くように文章中から十字以内で抜き出して答えなさい。

問三　——線部②「この人は口がうまいな」とありますが、これはどのような意味ですか。次の中から最も適当なものを選び、記号で答えなさい。

ア　他人の話に割り込むのがうまいということ。
イ　相手の味の好みに合わせるのがうまいということ。
ウ　相手を口先でまるめ込むのがうまいということ。
エ　他人から秘密を引き出すのがうまいということ。

問四　——線部③「相手が求めているのは、難しいテクニックを使った話し方より、むしろ自分自身の居心地のよさなのです」とありますが、ここでの「居心地のよさ」とはどのようなことですか。次の中から最も適当なものを選び、記号で答えなさい。

ア　話す人の論理で聞き手を上手に巻き込んでくれること。
イ　肩の力を抜いてフランクに会話を展開してくれること。
ウ　テンポのよい会話で自然と本音を語ることができること。
エ　自分の話したいことを安心して話すことができること。

問五　——線部④「さんまさんはほとんど話していません」、⑤「わざとオーバーにリアクションしながら、さんま棒でテーブルを叩いて笑っているだけです」とありますが、「明石家さんまさん」がトーク番組の司会の時に、このような姿勢でいるのはなぜだと考えられますか。その理由として最も適当なものを次から選び、記号で答えなさい。

ア　芸人としての仕事は「話すこと」だが、司会者の仕事は「聞くこと」であると割り切っているから。
イ　自分から思いを発信できる人はすごい人だという価値観は欧米に限ったものだと考えているから。
ウ　会話の主導権を握っているのは話す側ではなく、話させる側であるということをよく知っているから。
エ　流暢に話をすることで、周囲から口がうまい人だと警戒されないようにしようと意識しているから。

問六　——線部⑥「シャイな日本人が持ってしまう象徴的な特徴」とありますが、日本人にはどのような特徴があるのですか。文章中から二十字以内で抜き出して答えなさい。

問七　——線部⑦「名キャッチャー」とは、どのような人を例えているのですか。文章中から十五字以上二十字以内で抜き出して答えなさい。

どんな場所でも、すれ違う人に「ハーイ」と声をかけたり、微笑んだりすることが日常的な習慣の欧米《おうべい》人に比べ、日本人は特に初対面を含むコミュニケーションが苦手分野に挙げられます。

「フランクにコミュニケーションを取るために、欧米のコミュニケーション術を学ぶべきだ」という理論もあります。

しかし私は、それが現実的な解決策とは思えません。国民性に合っているような気がしないのです。

さて、ではどうすればいいのでしょうか?

私が提案したい解決策、それは、聞く力、周りの人に質問をして会話を広げる力を伸ばすことに特化するということです。

例えば、数人で会食をしている場所で考えてみましょう。

コミュニケーションは、野球に例えるととてもわかりやすいので、野球を使って説明します。

人が集まると、その中に1人や2人は自分の話をするのが得意な人がいるものです。

こういうタイプの人は、ポジションでいうと、[B]ピッチャーです。その人がボールを投げることによって、まず会話が始まります。

この時、ピッチャーに一番必要な存在がいます。おわかりですよね。キャッチャーです。

⑦名キャッチャーと呼ばれる人は、ただボールを受けるだけでなく、「スパーン」とわざと音を鳴らしてボールを受ける技術に長《た》けています。

ピッチャーのテンションを高めるために、わざと音をオーバーに鳴らすのです。

そして「ナイスボール!」と声をかけながらボールを返すことによって、さらにピッチャーの気持ちを高揚《こうよう》させるのです。

そしてキャッチャーというのは⑧ピッチャーが投げたボールをファースト、セカンド、サードに投げる選択権、そしてホームベースで最終的な締めの部分を司《つかさど》る権利を持っています。

受けたボールを、その場を拠点として扇のように広げていくということを考えると、野球におけるキャッチャーのポジションは、まさに会話においては聞き役であると言えます。

自分からアウトプットしていくのが苦手なら、無理してピッチャーになる必要はありません。

それより、「飛んできたボール（話す人の言葉）に対して、いかにいい音を鳴らして受け取るか、そのボールをいかに他の塁《るい》に投げてゲーム（会話）を広げていくのか」その技術を磨くことに集中すればいいのです。

いい発信者には、必ずと言っていいほど、いい受信者がいます。

逆を言えば、いい受信者がいるからこそ、発信者は安心して自分の話したいことを話すことができるのです。

古くから日本人には、自分の思いを一方的に発信する人は、単なるおしゃべりで底の浅い人と捉《とら》えられる文化がありました。

その特性を一概《がい》に否定し、欧米風の「自分の思いを発信できる人がすごい人である」という思い込みにしばられるのをやめて、「話をしっかりと受け止めることができる人に価値がある」という日本人本来の得意な部分を見直していきましょう。

柔道や茶道、合気道……。

日本には「道」がつく学びごとが数多くあります。

たり、「②この人は口がうまいな」とマイナスイメージを持たれてしまうおそれもあります。

もちろん人前でテンポよく話をする方法はありますが、この本はあくまでコミュニケーションに絞《しぼ》ってお伝えしている本なので、言い切ります。

人といいコミュニケーションを取るために、そうした流暢な話し方は必要ありません。

コミュニケーションの中で③相手が求めているのは、難しいテクニックを使った話し方より、むしろ自分自身の居心地のよさなのです。

もう1つ、多くの人が間違っている思い込みがあります。それは「話す人が会話の主導権を握っている」というものです。

本当の意味でコミュニケーションが上手な人は、一方的に自分の論理で人を巻き込んでいくようなことは決してしません。

それは、「どんな人も本来は話したい生き物である」という人間心理をよく理解しているからです。

つまり、本当に会話の主導権を握っているのは、話す側ではなく、話させる側である、ということをよく知っているのです。

私はふだん、あまりテレビを見るほうではありませんが、時間があれば勉強のために、必ずその人の番組を見ると決めている人がいます。

それは明石家さんまさんです。

さんまさんの司会者としての力は卓越したものがある、と思っているからです。

さんまさんは芸人ですから、当然トークも抜群です。

しかし、『踊る!さんま御殿!!』などをじっと観察していただけるとわかると思いますが、実は④さんまさんはほとんど話していません。

たとえ話したとしても、次に話を振るゲストが話しやすいようにするために自分の話をするだけです。

基本的なスタンスとしては、

「はー」

「へー」

「はー」

と⑤わざとオーバーにリアクションしながら、さんま棒でテーブルを叩《たた》いて笑っているだけです。

しかし、その会話のコミュニケーションのすべてを握っているのは、さんまさん自身なのです。

もちろん、さんまさんは日本でもトップレベルの芸人であり、司会者ではありますが、そういった視点から見ると、一般の私たちでも、コミュニケーションにおいて学べることはたくさんあります。

今度番組を見ることがある時は、ぜひ意識してみてください。

（中略）

「初対面だと緊張しちゃって、何を話せばいいのかよくわからないんです」

会話の悩みにおいて、一番と言っていいくらい聞くのがこの言葉です。

初対面というのは、当然相手のことをよく知りません。

ですから相手がどんな性格で、どんな会話をすればいいのか気後れしてしまう、これは世界中で見ても、特に⑥シャイな日本人が持ってしまう象徴的な特徴と言っていいでしょう。

【国　語】（四五分）〈満点：一〇〇点〉

一　次の――線部の漢字の読み方をひらがなで答えなさい。

1　学者が新しい理論を提唱する。
2　その土地の慣例に従う。
3　液体を密閉された容器に入れる。
4　金の亡者にはなりたくない。
5　卒業式が厳かにとり行われる。

二　次の――線部のカタカナを漢字に直しなさい。

1　水泳でハイカツ量がきたえられる。
2　国と国がドウメイを結んだ歴史がある。
3　新しいパン屋さんが街でヒョウバンになる。
4　一万分の一のシュクシャクの地図。
5　野生動物が人間にキガイを加える。

三　次の問いに答えなさい。

（一）次の1～5の言葉は、数字を表す言葉が二つ含まれることわざです。二つの空欄に入る数字を合わせるとそれぞれいくつになりますか。漢数字で答えなさい。（　）内はことわざの意味です。

1　□寸の虫にも□分のたましい
（どんなに小さい者でもそれ相応の意地や根性があること）

2　□聞は□見にしかず
（何度くり返し聞くよりも実際見た方が確かであること）

3　□つ子のたましい□まで
（幼いころの性格は年をとっても変わらないということ）

4　□を聞いて□を知る
（少しを聞いただけで全体が分かるほど賢いこと）

5　□転び□起き　（何度失敗しても立ち直ること）

（二）次の1～5のような構成となる熟語を、後の【　】からそれぞれ選び、漢字に直して答えなさい。

1　反対の意味の漢字を重ねたもの。
2　同じような意味の漢字を重ねたもの。
3　長い熟語を省略したもの。
4　下の漢字が上の漢字の目的や対象を表すもの。
5　上の漢字が打ち消しの意味を表すもの。

【　とっきゅう　　げんてん　　しんきゅう　　みどく　　おんけい
そうぞう　】

四　次の文章を読んで、後の問いに答えなさい。

「私はもともと口下手で、もっと人と上手に話せるようになりたいのですが、どうしたらいいでしょうか？」

最近、こうした相談をよくいただくようになりました。

たしかに①流暢《りゅうちょう》に話ができる人は、多くの人にとって魅力的に映るのかもしれません。

しかし、ことコミュニケーションにおいては、そうした話し方はすべてプラスに働くとは限りません。

［A］、流暢に話しすぎてしまうと、周りの人を気後れさせてしまっ

MEMO

大切なことはメモしておこうネ！

2023年度

相模女子大学中学部入試問題（第２回）

【算　数】（45分）　＜満点：100点＞

【注意】 比は最も簡単な整数の比で答えなさい。円周率は3.14として計算しなさい。

1　次の □ にあてはまる数を求めなさい。

(1)　$7+12\div3=$ □

(2)　$59-78\div(3\times13)=$ □

(3)　$36\div9+3\times6=$ □

(4)　$5.1-1.12\div1.4=$ □

(5)　$\frac{5}{21}\div\left(\frac{3}{7}-\frac{1}{14}\right)=$ □

(6)　$48\div6-$ □ $\div3=5$

2　次の □ にあてはまる数を求めなさい。

(1)　3000円の12％引きは □ 円です。

(2)　濃さ５％の食塩水700ｇが入った容器に濃さ８％の食塩水を300ｇ入れると，濃さ □ ％の食塩水ができます。

(3)　整数 □ を６倍してから24で割ると23になります。

(4)　いくつかのあめがあり，何人かの子どもがいます。あめを子どもに配るのに，１人に３個ずつ配ると５個あまり，１人に４個ずつ配ると３個不足します。このとき子どもは □ 人います。

(5)　[1]，[2]，[3]，[4]の４枚のカードがあります。この中の３枚のカードを使うとき，３けたの奇数は □ 通りできます。

(6)　次のように円Ｏと直角三角形があります。このとき，円Ｏの面積は □ cm^2です。

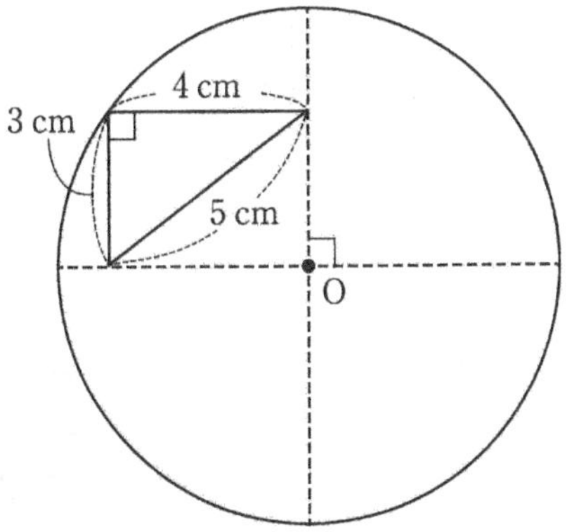

3 ある水そうに毎分一定の割合で水を入れていきます。この水そうには水を抜くための栓があり，途中から栓を抜きました。次のグラフは水を入れ始めてからの時間と水そうの中に入っている水の量を表したものです。このとき，下の問いに答えなさい。

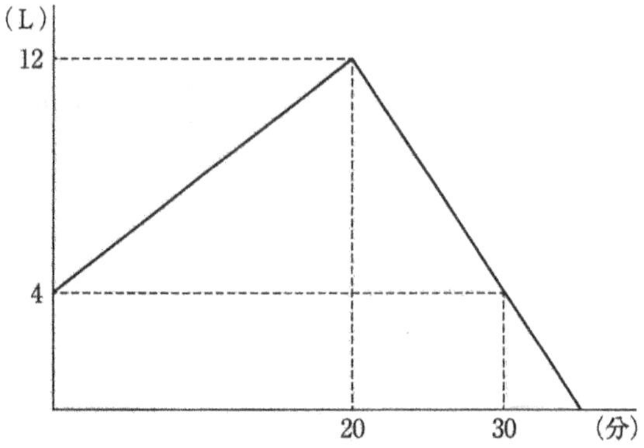

(1) 水を入れ始めてから５分後に水そうに入っている水の量は何Ｌですか。

(2) 水そうから完全に水が抜けきるのは水を入れ始めてから何分後ですか。

4 右の図のように，直線 ℓ と長方形ABCDがあります。長方形ABCDが直線 ℓ のまわりを１回転してできた立体について，下の問いに答えなさい。

(1) できた立体の表面積は何cm²ですか。

(2) できた立体の体積は何cm³ですか。

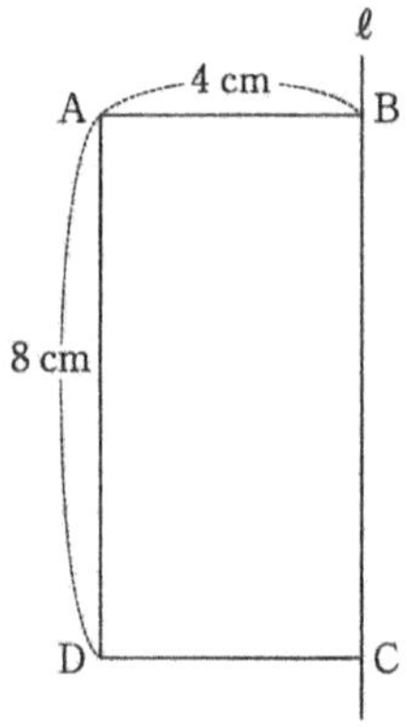

5 次の図のようにマッチ棒を並べ，３本で三角形を作ります。マッチ棒は，【図１】のように，①～⑦の順に並べていき，これを繰り返します。マッチ棒を15本並べたとき，【図２】のように３本でできる三角形は７個です。このとき，次のページの問いに答えなさい。ただし，答えを出すまでの式や図，考え方などを書くこと。

【図１】

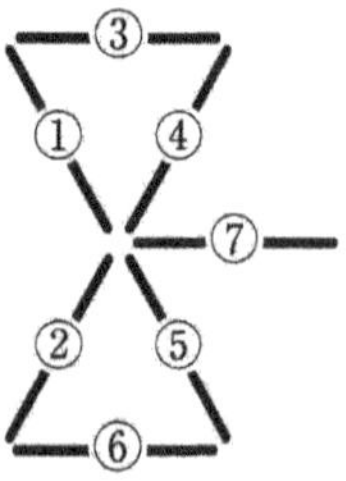

【図２】

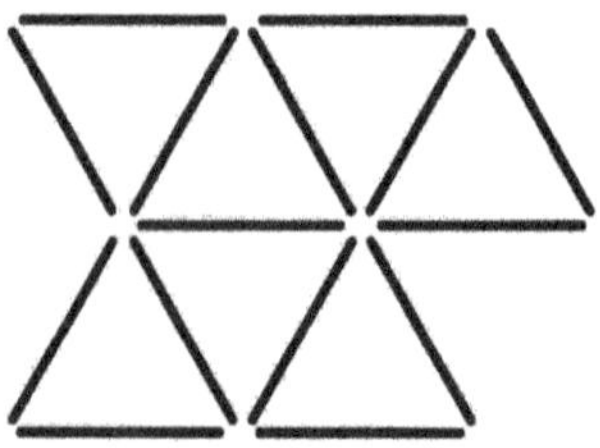

(1)　３本でできる三角形が11個のとき，必要なマッチ棒は何本ですか。

(2)　2023本のマッチ棒を並べたとき，３本でできる三角形は何個ですか。

6　花子さん，相子さん，文子さんはそれぞれいくつかのおはじきを持っており，３人分合わせると96個あります。花子さんが最初に持っている数の20％を相子さんに渡しました。その後，相子さんが文子さんに24個のおはじきを渡したところ，３人の持っているおはじきの数が等しくなりました。このとき，次の問いに答えなさい。ただし，答えを出すまでの式や図，考え方などを書くこと。

(1)　文子さんが最初に持っていたおはじきの数は何個ですか。

(2)　花子さんが最初に持っていたおはじきの数は何個ですか。

【理　科】（社会と合わせて45分）　＜満点：100点＞

1　おもさと太さが一様な棒に，等間かくに目盛りを付け，棒の中心をひもでつるして，実験を行いました。あとの問いに答えなさい。図の「あ」～「け」は目盛りの位置を表し，おもりをつるすひもの重さは考えないものとします。また，おもりの体積はすべて同じものとします。

(1)　右の図のように，「あ」の位置に30ｇのおもりを１つ付けました。40ｇのおもりを１つ付けてつり合わせるためには，どの位置におもりを付けるとよいですか。図の「あ」～「け」の中から選び，記号で答えなさい。

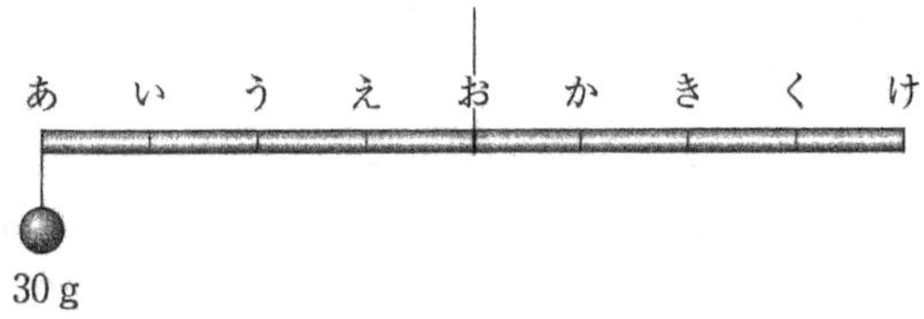

(2)　右の図のように，「え」の位置に10ｇのおもりを１つ付けました。30ｇと100ｇのおもりを１つずつ付けてつり合わせるためには，どの位置におもりを付けるとよいですか。図の「あ」～「け」の中からそれぞれ選び，記号で答えなさい。

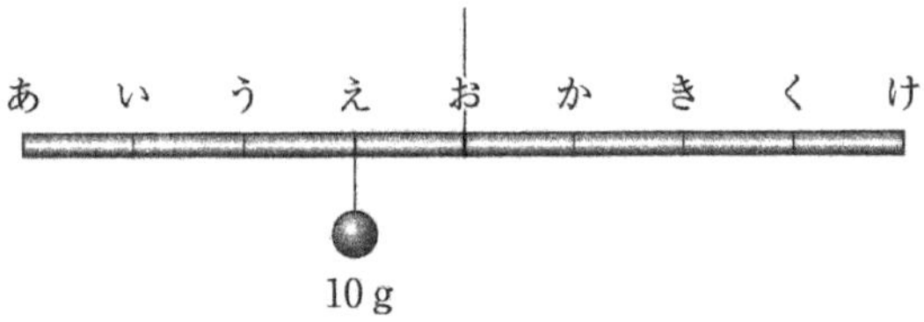

(3)　右の図のように，「あ」の位置に30ｇのおもりを１つ，［く］の位置に50ｇのおもりを水の入った容器に入れてつるしたところ，つり合いました。このとき，「く」の位置に付けた水中にある50ｇのおもりは，何ｇのおもりに相当しますか。

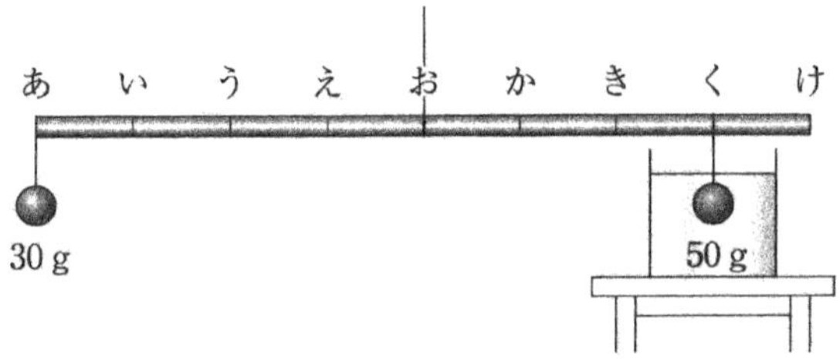

(4)　下の図のように，(3)で「く」の位置に付けたおもりを水の入った容器に入れて「あ」の位置に１つ付けました。このとき，20ｇのおもりをあわせて３つ付けてつり合わせるためには，どの位置におもりをいくつ付けるとよいですか。解答例を参考に，おもりを付けない場合は０として答えなさい。

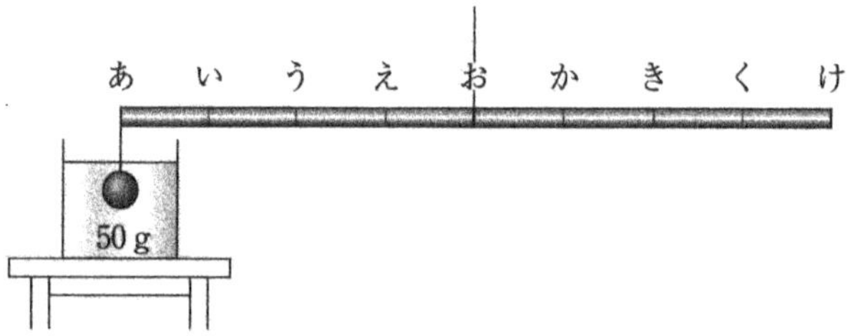

【解答例】　「え」に１個、「か」に２個の場合

あ	い	う	え	お	か	き	く	け
0	0	0	1	0	2	0	0	0

(5)　下の図のように，「き」の位置に40ｇのおもりを水の入った容器に入れてつるしました。このとき，20ｇのおもりを１つ付けてつり合わせるためには，どの位置に付けるとよいですか。図の「あ」～「け」の中から選び，記号で答えなさい。

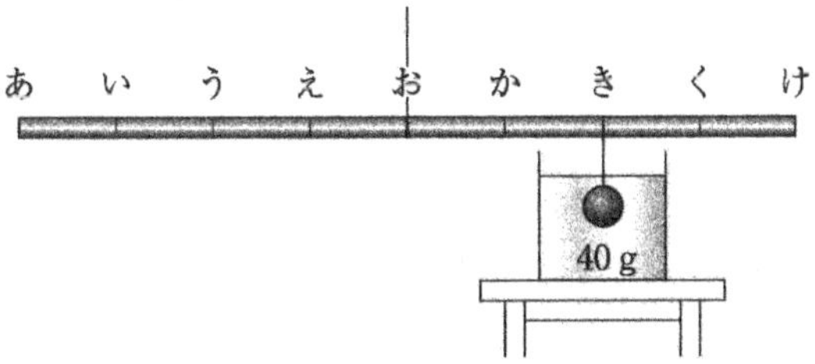

2　６種類の水よう液（塩酸，水酸化ナトリウム水よう液，石灰水，炭酸水，過酸化水素水，食塩水）がそれぞれ試験管に入っています。試験管Ａ～Ｆにどの水よう液が入っているか調べるため，**実験１～７**を行いました。あとの問いに答えなさい。

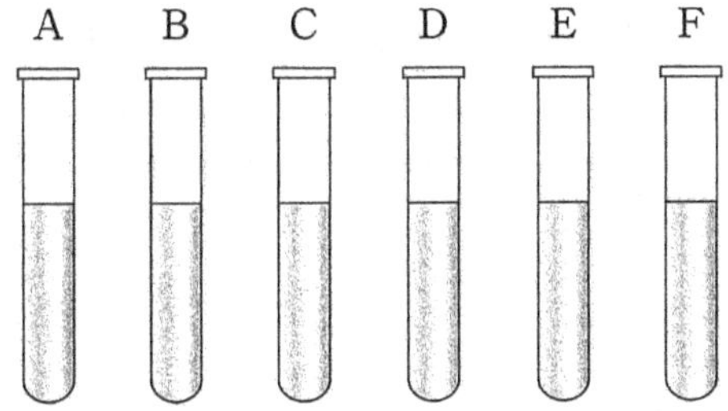

実験１　試験管Ａにアルミニウム片を加えると，気体が発生した。発生した気体にマッチの火を近付けると，音を立てて爆《ばく》発した。

実験２　試験管Ｄに二酸化マンガンを加えると，気体が発生した。発生した気体に線香の火を近付けると，炎を上げて燃えた。

実験３　試験管ＢにBTBよう液を加えたところ，緑色になった。

実験４　試験管Ａ～Ｆにフェノールフタレイン液を加えたところ，試験管Ｅ・Ｆの色が赤色に変化した。

実験５　試験管Ｃと試験管Ｅを混ぜると，白くにごった。

実験６　試験管Ａ～Ｆを加熱して蒸発させたところ，試験管Ｂ・Ｅ・Ｆには固体が残った。

実験７　試験管Ａ～Ｆに息を吹《ふ》き込《こ》んだところ，試験管Ｅのみが白くにごった。

(1)　**実験１，２**について，発生した気体は何であると考えられますか。次のア～エの中からそれぞれ選び，記号で答えなさい。

ア　酸素　　イ　ちっ素　　ウ　水素　　エ　二酸化炭素

(2)　**実験３**について，試験管Ｂは何性であると考えられますか。次のア～ウの中から選び，記号で答えなさい。

ア　酸性　　イ　中性　　ウ　アルカリ性

(3)　**実験４**について，試験管Ｅ・Ｆは何性であると考えられますか。次のア～ウの中から選び，記号で答えなさい。

ア　酸性　　イ　中性　　ウ　アルカリ性

(4)　**実験５**について，試験管Ｅが白くにごったのはなぜですか。その理由を簡単に説明しなさい。

(5)　試験管Ａ～Ｆの水よう液は，何であることがわかりますか。次のア～カの中からそれぞれ選び，記号で答えなさい。

ア　塩酸　　イ　石灰水　　ウ　水酸化ナトリウム水よう液

エ　炭酸水　　オ　食塩水　　カ　過酸化水素水

3　相模女子大学では，さまざまな生物を観察することができます。観察できるコイ（魚類），カエル（両生類），トカゲ（は虫類），ヤギ（ほ乳類），カルガモ（鳥類）の５種類の生物について，あとの問いに答えなさい。

(1)　コイは川や池にすむ淡水魚のなかまで，海で生活することはできません。海水魚と淡水魚では，からだの体液濃《のう》度を維持するしくみが異なります。下の説明文と図を参考にして，コイ（淡水魚）の尿の特徴《とくちょう》を示したものを，あとの【選択肢《し》】ア～エの中から選び，記号で答えなさい。

　マグロのような海水魚の場合，海水は魚の体液よりも塩分濃度が高く，ナメクジに塩をかけたように，そのままでは体の外に水がたくさん出ていきます。そのため，海水魚はたくさんの海水を飲み，水のみを体内に吸収して，余分な塩分はえらや尿から排出《はいしゅつ》します。また，体に必要な水を残すため，体液と同じ濃《こ》さの尿を少量排出します。

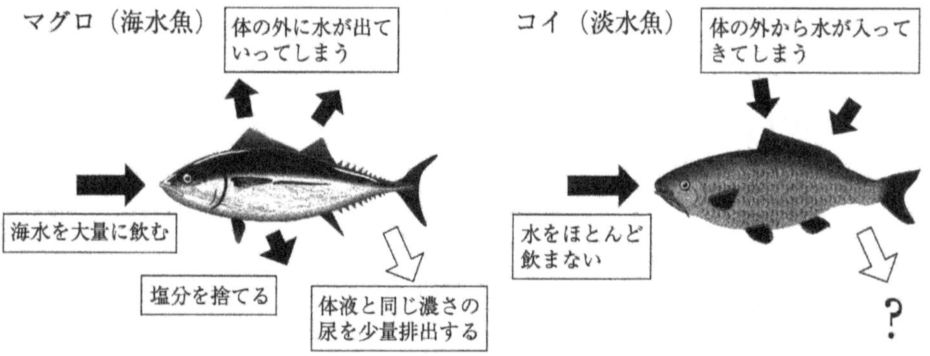

【選択肢】

ア　体液よりも薄《うす》い尿を少量排出する

イ　体液よりも薄い尿をたくさん排出する

ウ　体液と同じ濃さの尿を少量排出する

エ　体液と同じ濃さの尿をたくさん排出する

(2)　カエルは，子の時期と親の時期で生息する場所が異なり，呼吸のしかたも異なります。それぞれの時期に，からだのどの器官（部位）で呼吸を行うか，答えなさい。

(3)　コイ，カエル，トカゲ，ヤギ，カルガモはすべて，背骨をもつ「セキツイ動物」というなかまに分類されます。セキツイ動物は共通の祖先生物から進化し，長い年月を経て，魚類，両生類，は虫類，ほ乳類，鳥類の順に誕生しました。次のページの**図１**は，ほ乳類・鳥類の心臓のつくりを表したものです。進化の過程で水中から陸上に進出し，生息する場所によって呼吸のしかたが変わり，さらに酸素を効率よく全身に行き渡らせるために心臓のつくりが「１心房１心室」から

「２心房２心室」に変化したと言われています。

下の図のア～ウは魚類，両生類，は虫類のいずれかの心臓のつくりを表したものです。**図１**が最後にくるように次のア～ウの心臓のつくりを進化してきた順(魚類→両生類→は虫類→ほ乳類・鳥類）に並びかえなさい。

図１　ほ乳類・鳥類の心臓のつくり

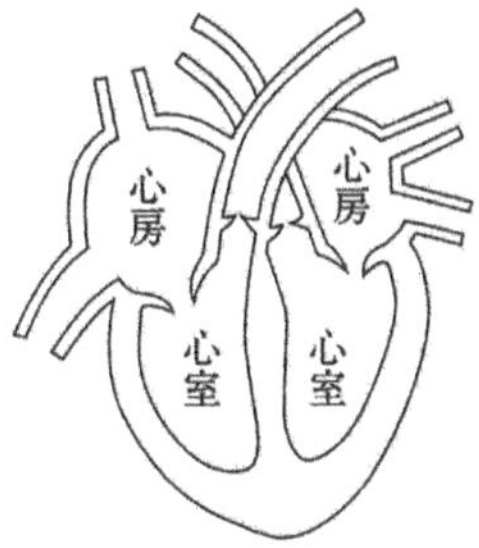

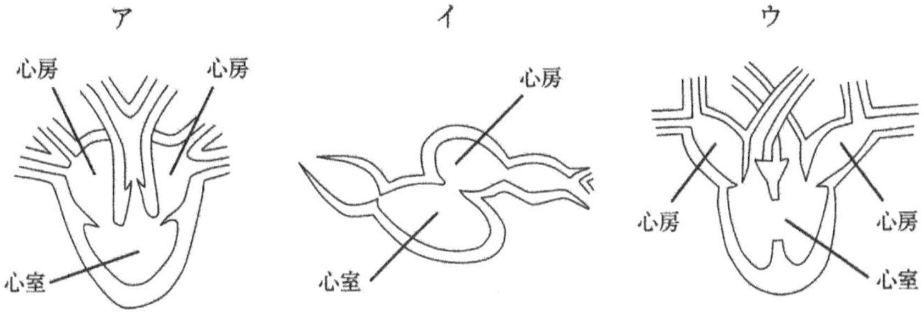

⑷　コイ，カエル，トカゲ，ヤギ，カルガモのうち，固い殻《から》がある卵を産むものをすべて答えなさい。

⑸　ヤギを表したものはどれですか。次のア～エの中から選び，記号で答えなさい。

4　私たちがすんでいる地球にはたくさんの水があり，氷，水，水蒸気とすがたを変えながら，地球の表面や大気を循環《じゅんかん》しています。地球にある水の循環について，あとの問いに答えなさい。

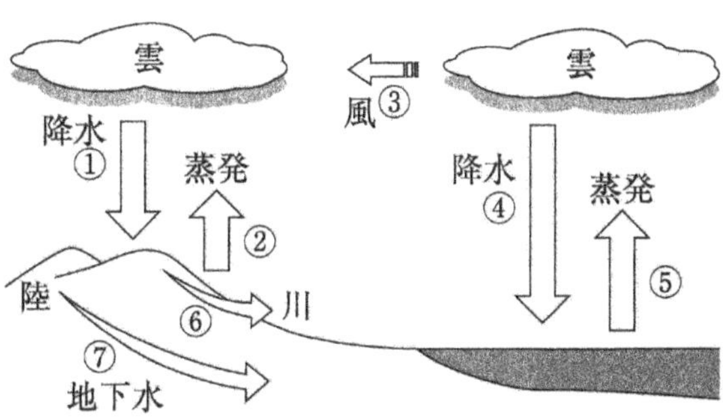

(1)　前のページの図の①～⑦は，陸地，海，大気の間を移動する水の量を表しています。陸地が保つ水の量の変化を式で表したものを，次のア～エの中から選び，記号で答えなさい。

ア　①－②＋③－⑥　　イ　①－②＋④－⑤　　ウ　①－②－⑥－⑦　　エ　①－②＋③

(2)　前のページの図の①陸地への降水（約100×10^{15}kg/年）よりも，②陸地からの蒸発（約70×10^{15}kg/年）の方が少ない理由について，簡単に説明しなさい。

(3)　前のページの図の②陸地からの蒸発は，主に植物が行うあるはたらきによって行われています。何というはたらきか，答えなさい。

(4)　前のページの図の①～⑦を用いて，海が保つ水の量の変化を式で表したものを，次のア～エの中から選び，記号で答えなさい。

ア　③＋④－⑤　　イ　④－⑤＋⑥＋⑦　　ウ　①－②＋④－⑤　　エ　④－⑤－⑥－⑦

(5)　前のページの図の②陸地からの蒸発（約70×10^{15}kg/年）より，⑤海からの蒸発（約400×10^{15}kg/年）の方がはるかに多い理由について，簡単に説明しなさい。

【社　会】（理科と合わせて45分）　　＜満点：100点＞

1　相模女子大学中学部に通う花さんは，相模先生と今年度の夏休みの話をしています。会話文を読み，あとの問いに答えなさい。

花 さ ん：夏休みは東京スカイツリーに行ってきました。とても良い天気だったので，展望台からは(A)富士山も東京ディズニーランドも見ることができました。

相模先生：それはよかったですね。天気によって満足度が左右されますものね。富士山を背景に山側には隅田川，海側にはお台場を見ることができるという東京の絶景スポットですね。

花 さ ん：夏休みの前には高尾山にも登ったけれど，そこからも富士山を見ることができましたよ。

相模先生：そうでしたか。高尾山も晴れていると，遠くまでを一望できるスポットですね。北には(B)関東平野，南には江ノ島を見ることができます。

花 さ ん：どちらもとても気持ちの良い眺めでした！　先生はどこから眺める景色が一番好きですか？

相模先生：私は(あ)京都府の天橋立が好きですね。幅が約20～170mで，全長約3.6kmの砂州《さす》に約6,700本もの松が生い茂《しげ》る珍しい地形です。何千年もの歳月をかけて作り出された自然の造形美なのですよ。

花 さ ん：へぇ～。私はまだ行ったことがないのですが，天橋立を見に行った友達から，自分の足の間から逆さまになって景色を覗《のぞ》き込む女の子のストラップをお土産にもらったことがあります。なぜ逆さまになって景色を見るのかしら。

相模先生：それはね。足の間から覗き込むようにして見ることにより，天地が逆転して，まるで松林が天にかかるような景色に見えるからなのだそうだよ。天橋立が大空を舞う龍《りゅう》のようだと言った人もいるのだそうだ。

花 さ ん：そうなのですか。景色ひとつでも色々な楽しみ方があるのですね。

相模先生：ちなみに天橋立は(い)広島県の宮島と(う)宮城県の松島とあわせて日本三景の１つになっています。江戸時代の儒学者・林春斎《はやししゅんさい》が『日本国事跡考《こくじせきこう》』という本の中でこの３つの場所を特に美しい景色だと記したのがきっかけだとされているのです。

花 さ ん：なるほど。人々は昔から，高いところからの景色や普段は見ることのできない特別な景色を楽しんできたのですね。

問１　下線部（A）の富士山の山頂が接している都道府県として下のア～エから正しいものを全て選び，記号で答えなさい。

ア．静岡県　　イ．山梨県　　ウ．長野県　　エ．愛知県

問２　下線部（あ）・（い）の都道府県が属している地方とその特徴の組み合わせとして正しいものを次のページのア～クのうちからそれぞれ選び，記号で答えなさい。

【地方】

１．中部地方　２．東北地方　３．近畿地方　４．中国・四国地方

【特徴】

A．日本列島の中央に位置し，標高3000m級の山々が連り，中京工業地帯を中心に世界有数の先進的な工業地域が形成されている。

B．日本列島の南西に位置し，数多く点在する火山を利用した地熱発電や，温泉などの自然を生かした観光産業を展開している。

C．この地域は，人口の集中する地域のためニュータウンが建設されてきた．江戸時代までに1000年以上にわたって都が置かれ，歴史的な建造物をどのように残すかを課題としている。

D．降水量の少ない地域では，生活用水や農業用水を得るための工夫がなされてきた．また３つの連絡橋によってヒトやモノの移動が便利になった。

ア．１A　イ．１C　ウ．２B　エ．２D

オ．３C　カ．３D　キ．４A　ク．４D

問３　下線部（い）・（う）の県庁所在地名とその特徴の組み合わせとして正しいものをア～クのうちからそれぞれ選び，記号で答えなさい。

【県庁所在地名】

１．広島市　２．金沢市　３．仙台市　４．呉市

【特徴】

A．その地方唯一の政令指定都市であり，大学や高等学校が多いために若くて優秀な学生が集まっている。

B．被爆都市という宿命を背負っており，原爆ドームを通して世界に平和を発信する都市である。

C．古くから加賀藩の城下町として栄え，美術工芸など今につながる都市文化を持つ場所である。

D．瀬戸内海の温暖な気候に面していて天然の良港であり，世界最大の戦艦《かん》「ヤマト」が建造された場所である．

ア．１B　イ．１D　ウ．２A　エ．２C

オ．３A　カ．３B　キ．４B　ク．４D

問４　下線部（B）について，この平野の地層の内部には，台地や丘陵《りょう》を広く覆《おお》う赤褐色の土の層があります。この名称を語句で答えなさい。

問５　次のページの資料は，実際の距離を５万分の１に縮めた東京西部の地形図です。この地図から読み取れる特徴として誤っているものを選び，記号で答えなさい。

（地形図は編集の都合により，80％に縮小してあります。）

ア．高尾山周辺には，針葉樹林が多く生えている。

イ．小峰峠の近くには発電所が立地している。

ウ．五日市トンネルが真下を通る，高尾山の頂上付近の三角点の標高は330.8mである。

エ．留原の周辺には老人ホームと小学校が立地している。

地理院地図より

問６　地図記号も時代に合わせて変化してきましたが，50年後に新たにありそうな地図記号を一つ考え，その記号の形と説明を書きなさい。その際，以下の資料を参考にしなさい。

以下の説明は現在使われている地図記号の由来について，いくつかの例を載《の》せたものである。

	この記号は、リンゴ、ミカン、なし、もも、くり、ぶどうなどを栽培している土地を表します。リンゴやなしなどの実を横から見た形を記号にしました。
	この記号は昔、郵便などを扱《あつか》う役所が逓信省《ていしんしょう》と呼ばれていたときのカタカナの「テ」を○で囲みました。
	この記号は昔、裁判所が裁判の内容などを立て札を立てて知らせていたことから、立て札の形を記号にしました。
	この記号は昔、火を消す道具として使っていた「さすまた」の形を記号にしました。

国土地理院HPより

問７　右の地図中のＣの地域には，夏になると冷たく湿った風が吹くことがあります．この風の名称を下のア～エから正しいものを１つ選び，記号で答えなさい。

ア．からっ風

イ．偏西風

ウ．やませ

エ．極東風

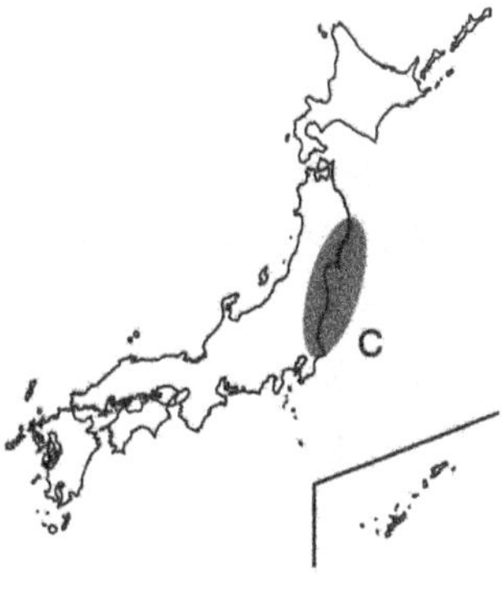

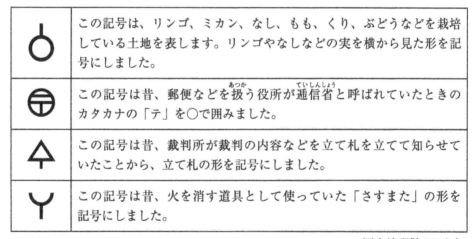

問８　問７の風が強まることによってどのようなことが引き起こされますか，簡潔に説明しなさい。その際，次の稲作に関する資料を参考にすること。

時期		３〜５月	４〜６月	５〜９月	８〜11月
種の生長		種もみ→芽が出る	葉２〜３枚	葉と茎の数が増える→穂《ほ》のもとができる→穂が出て花が咲く	実る
一年の作業	苗	種まき	苗づくり		
	水田	耕す 肥料をまく	田植え	病害虫や雑草を防ぐ 水の管理 肥料をまく	稲かり

2　次の文章を読んで，あとの問いに答えなさい。

外国艦隊《かんたい》の砲撃《ほうげき》を受け，敗北を経験した（　Ａ　）藩《はん》と（　Ｂ　）藩は攘夷《じょうい》が不可能なことをさとった。また欧米《おうべい》列強の植民地とされることをまぬかれ，独立を保っていくためには，幕府を倒《たお》す必要があるという結論にいたった。

そこで1866年土佐藩の（　Ｃ　）の仲立ちで（Ａ）藩の木戸孝允《たかよし》・（Ｂ）藩の西郷隆盛《たかもり》が同盟を結んだ。

1867年になると民衆が「ええじゃないか」と熱狂《ねっきょう》し歌い踊《おど》る騒《さわ》ぎが起こった。このような情勢のなか第15代将軍（　Ｄ　）は政権を天皇に返すことを申し入れた。これを大政奉還《ほうかん》という。これに対して朝廷《ちょうてい》は王政復古の大号令を発表して新政府の樹立を宣言し，幕府の領地を取り上げた。これを不満とした(x)旧幕府軍は1868年１月，新政府軍と戦争を起こした。新政府は，軍を東に進め，西郷隆盛と勝海舟《かいしゅう》の会談で江戸城の無血開城が決められた。次いで会津若松《あいづわかまつ》など東北地方で戦い，最後は箱館《はこだて》の五稜郭《ごりょうかく》で新政府軍の勝利に終わった。

新政府は(y)日本を近代国家にするためにさまざまな改革を行った。こうした改革とそれにともなう社会の動きを明治維新という。新政府は1868年，天皇が神に誓《ちか》う形で（　Ｅ　）を出した。また江戸を東京に改称《かいしょう》，元号を慶応《けいおう》から明治に改めた。

新政府の大きな課題は中央集権国家を造り上げることであった。そこで新政府は1869年に版《はん》籍《せき》奉還を行い，藩主に土地と人民を政府に返させたが，改革の効果はあまりなかった。そこで新政府は1871年に(z)藩を廃止《はいし》して県を置き，各県には県令を，東京・京都・大阪の３府には府知事を，東京から派遣《はけん》して治めさせた。

問１　本文中の空らんＡ・Ｂにあてはまる語句を答えなさい。

問２　本文中の空らんＣにあてはまる人物名を答えなさい。

問３　本文中の空らんＤにあてはまる人物名として下のア～エから正しいものを１つ選び，記号で答えなさい。

ア．徳川家康　　イ．徳川綱吉《つなよし》　　ウ．徳川家定《いえさだ》　　エ．徳川慶喜《よしのぶ》

問４　下線部（ｘ）の戦争を何といいますか。

問５　本文中の空らんＥにあてはまる語句として，下のア～エから正しいものを１つ選び，記号で答えなさい。

ア．公事方御定書《くじかたおさだめがき》　　イ．五榜《ごぼう》の掲示　　ウ．五箇条《ごかじょう》の御誓文《ごせいもん》　　エ．ポツダム宣言

問６　下線部（ｙ）について，明治新政府は欧米《おうべい》列強に対抗《たいこう》するため「富国強兵」を目指しました。その「富国」を実現するために殖産興業《しょくさんこうぎょう》政策をおし進め，官営模範《かんえいもはん》工場を造りました。官営模範工場のなかで群馬県に造られたものを何といいますか。下のア～エから正しいものを１つ選び，記号で答えなさい。

ア．富岡製糸場　　イ．寺子屋　　ウ．人足寄場《にんそくよせば》　　エ．小石川養生所《こいしかわようじょうしょ》

問７　下線部（ｚ）のことを何といいますか。漢字４字で答えなさい。

問８　明治維新《いしん》の三大改革と呼ばれているのは「学制」・「徴兵令《ちょうへい》」・「地租改正《ちそかいせい》」です。この三つの政策の中で，あなたがこの時期の政策として一番重要であったものはどれであると思いますか。政策名を１つ答え，その理由を答えなさい。

問９　明治時代になると欧米の文化をさかんに取り入れ，都市部などでは生活が洋風化しました。このような風潮《ふうちょう》を何といいますか。

問10　豊前中津《ぶぜんなかつ》藩（現在の大分県）出身で，慶應義塾《けいおうぎじゅく》を設立したり，『学問のすゝめ』を著した人物は誰ですか。

問11　お雇《やと》い外国人として来日し，札幌《さっぽろ》農学校の初代教頭に就任した人物は誰《だれ》ですか。

3　次の文章を読んで，本文中の空らん（①）～（⑩）にあてはまる語句を，あとの**【語群】**から選び，それぞれ記号で答えなさい。

現在，私たちは多くの地球環境《かんきょう》問題をかかえている。例えば地球温暖化である。地球温暖化は大気中の（　①　）などの温室効果ガスが増えることで起こる。この結果，農作物が育たなくなったり，北極圏《ほっきょくけん》や南極大陸の氷がとけて海面が上昇《じょうしょう》し，低地が水没《すいぼつ》することが考えられる。

また（　②　）によって森林が枯《か》れる被害《ひがい》も発生していたり，フロンガスによる（　③　）の破壊《はかい》も深刻になってきている。(③)は地球に降り注ぐ紫外線《しがいせん》を吸収する役割を果たしているが，これが破壊されると，生物にとって有害な紫外線が地上に降り注ぐことになる。

さらに伐採《ばっさい》した樹木を燃やして肥料にする（　④　）などによる（　⑤　）も，特にアフリカのサヘル地帯などでは深刻となってきている。

このような地球環境問題は１国で解決できる問題ではなく，国際社会の協力が不可欠である。1972年にスウェーデンのストックホルムで，「(　⑥　)」をスローガンにした，国連人間環境会議が開かれた。また1992年には（　⑦　）のリオデジャネイロで国連環境開発会議（地球サミット）が開かれた。1997年には地球温暖化防止（　⑧　）会議が開催《かいさい》され，先進国に温室効果ガスの排出《はいしゅつ》量の削減《さくげん》を義務づける（⑧）議定書が採択《さいたく》された。また2015年の国連総会では（　⑨　）という持続可能な開発のための17の目標を定めたり，同年に（　⑩　）協定が採

択され，産業革命の前からの気温上昇を，地球全体で２度以内におさえる目標に向けて，発展途上国《とじょうこく》を含《ふく》めて各国・地域がそれぞれ削減目標を立てて取り組むことになった。

【語群】

ア．サンフランシスコ	イ．大阪	ウ．酸素	エ．混合農業
オ．青々とした地球	カ．SDGs	キ．大気汚染	ク．酸性雨
ケ．二酸化炭素	コ．パリ	サ．焼畑農業	シ．電離層
ス．かけがえのない地球	セ．京都	ソ．ブラジル	タ．ゲリラ豪雨
チ．アルゼンチン	ツ．GSDs	テ．オゾン層	ト．砂漠化

4 あとの問いについて，下のア～エから正しいものを１つ選び，記号で答えなさい。

問１　昨年９月に亡くなったイギリスの女王の名前を答えなさい。

ア．エリザベス女王　　イ．ヴィクトリア女王　　ウ．アン女王　　エ．マーガレット女王

問２　日本の有人宇宙活動を牽《けん》引してきた人物が昨年６月にJAXAを退職すると表明しました。この宇宙飛行士の名前を答えなさい。

ア．星出彰彦《ほしであきひこ》氏　　イ．金井宣茂《かないのりしげ》氏　　ウ．野口総一《のぐちそういち》氏　　エ．油井亀美也《ゆいきみや》氏

問３　昨年９月に開通した，西九州新幹線の車両の名称を答えなさい。

ア．すずめ　　イ．ガラス　　ウ．はやぶさ　　エ．かもめ

問４　2025年に開催予定の日本国際博覧会（大阪・関西万博）の公式キャラクターの名前を答えなさい。

ア．ミャクミャク　　イ．モリゾー　　ウ．スホラン　　エ．ミライトワ

問５　近年，学校に通いながらも家族の障がい，病気，要介護の介助を手伝うことを強いられている中学生や高校生が増加しています。そういった子ども達のことを何といいますか。最も適切なもの答えなさい。

ア．ヘルパー　　イ．ヤングケアラー　　ウ．ヤングヘルパー　　エ．トレーナー

選び、記号で答えなさい。

ア　後悔　イ　興奮　ウ　尊敬　エ　感謝　オ　失望

問四　空欄 B に入る都道府県名を漢字で答えなさい。

問五　――線部③「生まれてきたことを共に祝ってくれている」とありますが、祝ってくれている人の名前を文章中から全員抜き出して答えなさい。

問六　――線部④「久しぶりに肯定されて」とありますが、肯定されたのは「自分」のどのような姿ですか。文章中の言葉を用いて、「～姿」に続くように十五字以内で答えなさい。

問七　――線部⑤「何度も何度もそうやって、トキオはいくつもの電車を見送ってきたんだろう」とありますが、この時「トキオ」が電車のレールと重ね合わせていたものは何でしょうか。文章中から一語で抜き出して答えなさい。

問八　――線部⑥「私は、大声で笑った」とありますが、その理由として最も適当なものを後から選び、記号で答えなさい。

ア　トキオも人生について悩んでいるのに、自身のことについては気づいていなかったから。

イ　完璧に見えたトキオにも弱い面があることを知り、急に身近に感じられたから。

ウ　今まで自分を見下してきたトキオが、実は自分と同じ部類の人間だと分かったから。

エ　自分のことには目を向けず、周囲の事ばかり心配するトキオの優しさに気づいたから。

問九　――線部⑦「トキオは語気を荒らげた」とありますが、この時の「トキオ」の気持ちとして最も適当なものを次から選び、記号で答えなさい。

ア　いら立ち　イ　恥じらい　ウ　戸惑い　エ　喜び

問十　「私」から見た「トキオ」の人物像の変化を説明した次の文の空欄に入る言葉を、それぞれ文章中から抜き出して答えなさい。

最初は気楽に仕事をこなし、 A に人生を楽しんでいる人物だと思っていたが、かつて自分の B にしっかり向き合った経験があることや彼の考えを知り、 C 姿に親しみを覚えている。

は、立ち上がってさらに笑った。

　全くわかっていない。誰も彼も自分のことは見えていないのだ。そう思うと、トキオが愛おしく思えて来た。この人の名前はフルネームでなんていうんだっけ？　ラザニアが好物だっけ？　バイクの色はグレイだっけ？　そして、なんで今日はこんなに三日月がキレイなんだっけ？　このとき、目に見える光景が異様なまでに鮮やかで、細部にわたってくっきりと見えるのを感じた。笑いすぎて、息が苦しくなった私は大きく深呼吸して、むくれて行こうとするトキオの背中に向かってこう言った。

「あのさ、それってさ……思いっきりもがいてんじゃん」

　トキオは、立ち止まった。私は笑いながら続ける。

「そうだよ。ほんとだ。もがいてる人間を見たら笑える。あんたが正しい。そうだよ。トキオくんの言う通りだ。それに、きっともがいてる人間にしか、幸せはないんだよ」

　私は、トキオに言われた言葉をそのまま返す。トキオは振り返り、照れくさそうに口が緩むのを抑えようとしていた。

「来てみればいいじゃん。東京に。一緒に行こ」

　私の軽い一言にトキオは驚いている。

「無理っすよ、仕事ないし」

「そうかな」

「そうっすよ」

「そうかな」

⑦トキオは語気を荒らげた。

「そうすよ」

そう言ってすたすたと歩いていくトキオをしばらく見送っていると、突然その姿が見えなくなった。追いかけると、トキオが地面に突っ伏して倒れていた。そばに切り株の根っこが出ていて足が引っかかったのだ。トキオは痛そうに唸《うな》っていたけれど、やがて観念したように仰向けになった。私はトキオの顔をのぞき込んだ。トキオは私の顔をしばらく見てそれから夜空に目線をやった。

「でも俺、今日は月がキレイに見える」

　私もこの夜まで一度も気づかなかった。月浦の三日月がこんなに光を放って輝いていることを。

（三島有紀子『しあわせのパン』一部抜粋）

問一　――線部①「コウイウコトナノダ。私が、ほしかったのは」とありますが、どのようなことを指していますか。最も適当なものを次から選び、記号で答えなさい。

ア　自分が好んでいるものを、相手も同じように好きになること。

イ　相手から好意を向けられることで、幸せを実感すること。

ウ　身の周りのものや出来事について、互いに気持ちを共有すること。

エ　自分の意見を押しつけることなく、相手の気持ちを尊重すること。

問二　空欄 A に入る言葉として最も適当なものを次から選び、記号で答えなさい。

ア　相手にされない　　イ　優しくなれない

ウ　尊敬されない　　エ　努力できない

問三　――線部②「涙がこぼれる前に言いたかった」とありますが、伝えたかったのはどのような思いでしょうか。最も適当なものを次から

てトキオに渡した。

　トキオは、大事なものを託《たく》されたように、両手をジーンズで拭いてから受け取った。そして、それを手でふたつに分けて、ひとつを私に差し出した。なんだかとても照れくさかったけど、私は、ありがと、と言って受け取った。初めて食べたクグロフは、ふわふわと柔らかくて、確かにほんのりと甘い特別なパンの味だった。

　夏の夜の青草はひんやりと冷たくて気持ちがいい。私は裸足で草の上を歩くのが好きになった。カフェの裏には、なだらかな丘がずっと続いていて、私はそこを上がりながら頂上を目指した。

　マーニの屋根が夜露に濡《ぬ》れているのが見える。頂上に立った一本の木の下で風に吹かれているとトキオが丘を上がって来た。私は、荒い息を吐きながら上がってくるトキオに叫んだ。

「かっこわるい奴って思ったでしょ、私のこと」

　トキオは聞こえないフリをして黙々と上がってきた。そして「……そうすね」と言った。

「でも」

　いつも緩《ゆる》んだトキオの顔の筋肉にぎゅっと力が入っているのが見える。その真剣な横顔が、私を追い越して立ち止まった。

「かっこわるい自分を知ってる人が、大人だと俺は思います」

　不意の言葉に、ハッとした。この人は自分の言葉を持っている。トキオは、人生のどこかの段階でとことん自分のダメさを考えた人間なのだと私は思った。トキオはその場に腰を下ろしてあぐらを組む。

「だから、香織さん見たときすっごい笑えたんです」

「笑えた？」

「一生懸命、幸せになろうとしてるんだなって」

　私は恥ずかしさでトキオを見ていられなかった。

「もがいたことのある人間じゃないと、幸せはないと思うんです。もがいてもがいて恥かいて。いいじゃないっすか、香織さん」

　④久しぶりに肯定されて言いようもなく嬉しいと感じている自分が、意外に思えた。岡田とつきあううちにいつの間にか、否定されることこそが向上だと思い込んでいた。

「俺、毎日毎日電車のポイント切り替えてんです。ポイント、わかります？　方向転換するためにレール切り替えるやつ。電車は簡単に切り替わるのに、俺の人生は簡単に切り替わんないんだなって。路線が、ずっと続いてるように見えても、自分は北海道から出られないんすよ」

　トキオが仕事をしている姿を想像してみる。

　陽炎《かげろう》の奥に、どこまでも続く路線が見えて、トキオはいつもくたくたになった汗臭い制服を着て、線路脇に立っている。手動のてこをひくと、レールのポイントが大きな音をたてて切り替わる。遮断機の音が響き渡り、やってきた電車はすんなり方向転換して、勢いよく走り去っていく。⑤何度も何度もそうやって、トキオはいくつもの電車を見送ってきたんだろう。気楽に仕事をこなし、休日に大自然の中でバイクを走らせ、カフェ・マーニで美味しいものを食べて、ただ彼女のことやバイクのことだけ考えて、鈍感に人生を楽しんでいるのではなかったのだ。

「なんか、俺、もがけないんす」

　その言葉を聞いて、⑥私は、大声で笑った。

　トキオはいきなり笑われて、きょとんとした目で私を見ている。私

問六　——線部⑤「自分が経験した過去の情報や知識」のことを、ここでは何と言っていますか。文章中から十字以内で抜き出して答えなさい。

問七　——線部⑥「ワーキングメモリーは未来のためにある」とありますが、このように言えるのはなぜですか。「〜だから」に続くように、文章中から二十五字で探し、最初と最後の五字を抜き出して答えなさい。

問八　——線部⑦「自分のワーキングメモリーの範囲を広げていくこと」とはどのようなことを意味していますか。次の中から最も適当なものを選び、記号で答えなさい。

ア　自分の行動における判断材料を増やしていくということ。
イ　自分の行動の正しさを証明できるようにするということ。
ウ　自分の行動の根拠を他者からの働きかけに求めるということ。
エ　自分の行動の責任を自分でとれる準備をするということ。

問九　——線部⑧「きちんとした理由があって叱られたことは、むしろ感謝すべきなのです」とありますが、その理由が述べられている、ひと続きの二文を探し、最初の五字を抜き出して答えなさい。

問十　あなたの「失敗した経験、よくなかった経験」が、自分のその後の成功や成長につながったという経験を簡単に書きなさい。

五　次の文章を読んで、後の問いに答えなさい。

ラザニアがなくなった頃（ほとんどトキオが食べたのだが）、水縞くんが大きなコーンのパンをとった。そして、それを二つに分けて、ひとつを、りえさんに渡した。りえさんは、静かに受け取って小さくありがとう、と言った。二人は、それぞれパンを食べ始め、言葉にならない「おいしいね」を目で交わしあっているように見えた。

①コウイウコトナノダ。

私が、ほしかったのは。

羽田空港で、いくら待っても全然来なかったあいつ。携帯に連絡しても留守電だったあいつ。でもほんとは最初からわかっていた。相手になんかされてない。何も分かち合ってなんかない。

これ、おいしいよ、食べてみる？　ってひとつのものをシェアしあったり、おいしいねって言いあったり、この店まずいね、って一緒に文句を言ったり、そんなことさえ、一度もなかった。職場でもそうだ。なんとなくみんなに合わせているけど、［A］自分が嫌いでしょうがなかった。

でもわかった。それは全部、自分が何をほしいか、何が好きか、わかっていなかったからなのだ。そんなことにいまさら気がついたなんてと思っていると、心が締め付けられた。

②涙がこぼれる前に言いたかった。この二人がいてくれて、マーニがあって、ほんとによかった。沖縄の真逆というだけで［B］に来て、たまたま月浦に来て、いままで全然知らなかったこの人たちが、いま、自分の誕生日を、自分が生きていることを、③生まれて来たことを共に祝ってくれている。

「ほんとに、ありがとうございます」

りえさんは私を優しく見つめて、

「クグロフ、食べましょうか」

と、クグロフをナイフで半分に切った。そしてその半分をお皿に載せ

しい手袋をさせられました。外科医は手を洗って手袋をしたら、ずっと手を上げていなければいけません。手を下げて、どこかに触れたりしたら、ばい菌がつくので、不潔なのです。

　私は失敗の回数があまりにも多いので、「先生、これ以上こんなことをしたら、手術室に入れませんよ」と言われました。そう叱られると、それがだんだん体に浸みついて、手術室に入っただけで、姿勢ができてしまいます。叱るということには意味があるわけで、叱らないとだめだと思ったから、積極的に叱っているのです。手術室の看護師長さんは、そういう役目をもっています。すばらしい教育者だと思います。

　叱られるのが恐くて、あるいは失敗するのが恐くて、いろいろな場面で積極的な行動がとれないという人も多いでしょう。でも、叱られたこと、失敗したことこそ、強いエピソード記憶になるのです。ですから、自分で「これをやってみよう」「こうするのが正しい」と考えたら、とにかくやってみることです。そして、叱られたり、失敗したりしたら、「こういう行動をとったから叱られたんだ」「こんな判断をしたから失敗したんだ」と、しっかり記憶すればいいのです。⑧きちんとした理由があって叱られたことは、むしろ感謝すべきなのです。

（岩田誠『上手な脳の使いかた』一部抜粋）

問一　――線部①「自分がすでにもっている記憶情報と外から入ってくる感覚情報」とありますが、次のア～オの項目のうち、「自分がすでにもっている記憶情報」に当たるものを全て選び、記号で答えなさい。

ア　医師や教員の卵が、実習を経験する前に教室で学んだこと。
イ　おいしそうに見えた果物が苦くて思わず吐き出したこと。
ウ　祖父母が経験したことをくり返し聞き、覚えていたこと。
エ　目の前の人が段差のある場所で転んだのを見て注意して歩くこと。
オ　実習中に先輩が訂正してくれた、自分の間違った判断のこと。

問二　――線部②「ワーキングメモリー」がどのような働きをする場所なのかについて次のようにまとめました。次の空欄に当てはまる言葉を、それぞれ四字で文章中から抜き出して答えなさい。

［①］の様々な情報が感覚情報として頭の中に入り、それらに対して自分がどのように対応することが最もよいのかという［②］をする場所である。

問三　――線部③「過去に似たようなものに関して失敗した事実、マイナスの記憶はとても大事です」とありますが、その理由として当てはまらないものを次から一つ選び、記号で答えなさい。

ア　次の行動を判断する場面で、同じ失敗をしないために必要だから。
イ　次の行動に移る時に、最善の方法を選択するために必要だから。
ウ　次の行動を決める場面で、選択肢をしぼるために必要だから。
エ　次の行動において、失敗に屈しない精神の養成に必要だから。

問四　空欄［X］・［Y］に当てはまる数字の組み合わせとして適当なものを次から選び、記号で答えなさい。

ア　［X］＝二、［Y］＝二　　イ　［X］＝一、［Y］＝三
ウ　［X］＝三、［Y］＝一　　エ　［X］＝四、［Y］＝六

問五　――線部④「［A］は［B］の母」とありますが、空欄［A］・［B］に当てはまる言葉を、それぞれ漢字二字で文章中から抜き出して答えなさい。

ワーキングメモリーを上手に使う方法を身につけることはとても大切だ、と私は考えています。目の前の情報だけにとらわれずに、自分のもっている知識、たとえば本などで調べてみたり、いろいろな人の経験、自分の経験、あるいはおじいちゃんおばあちゃんの経験を聞いてもいいです。そういう経験をもとにするとか、そうやってたくさんの情報を使って判断しなさいと教えるのが、教育の一つの大きな目的だと思います。

　インターネットの断片的な情報や、本を一冊読んだだけで全部を判断していたら、ものすごく偏《かたよ》った行動になってしまうでしょう。そういったことを、教育の場では教えなければいけません。だから、⑥ワーキングメモリーは未来のためにあるのです。

　ワーキングメモリーをどうやったら上手に使えるか、それを教わるのが、学校です。中学の時代はそこまでいかないかもしれませんが、高校ではそれを教えはじめなければいけません。大学教育は、まさにワーキングメモリーの使い方を教えるところだと思います。

　たとえば、医学部の教育は、六年間のうちの後半の三年はすべて実習です。目の前に患者さんがいるのですから、それは現実情報です。そして患者さんの症状にどう対処するか、判断するときに役立つのは、教室で聞いた知識です。まわりにいるお医者さんから「こういう症状のときは、この病気だった」という話を聞くことで、自分の脳に知識として蓄《ちく》積《せき》されていきます。それを少しずつ積み重ねていくと、ワーキングメモリーにもち出せる知識記憶も多くなり、判断材料が増えてくるわけです。そういうふうにして、⑦自分のワーキングメモリーの範囲を広げていくことが実習の役割であり、大学教育の目的です。医学部の教育は後半の三年間は全部それです。

（中略）

　先にもお話ししましたが、失敗の経験は、つぎの判断のときにそれをしないために必要なのです。だからエピソード記憶の中には、自分が失敗した記憶がたくさん詰まっているわけです。

　残りにくいエピソード記憶は、どうでもいい内容です。ほめられも叱《しか》られもしなかったことは残りにくい。それは、つぎの判断に何の意味もないからです。やったって別にほめられることもないし、とがめられることもないことは、やってもやらなくてもいいことです。だからそういうものはあまり記憶には残りません。

　人が興味をもって、「それはいいね」と言ってくれれば、もっとやろうということになります。逆もあります。「こんなのダメじゃないか」と言われると、こんどは別の方法をとってみようと考えます。つまり、プラスかマイナスの評価が強力につくものが学習になるので、どちらでもいいことは学習にならないのです。

　失敗しなくては先へ進めません。医学の学習はほとんど失敗の連続です。最初から成功するなんてほとんどありえません。私もいまは叱る立場ですが、昔はどなられてばかりいました。叱られていると、それがだんだん体の記憶になっていきます。そして、その場に置かれると、自分が何をしたらいいかすぐにわかるようになります。

　私が虎の門病院で外科のインターンをしたとき、手術室の看護師長さんに呼びつけられて、最初にひどく叱られました。手を洗って、手袋をして、その手を何かの拍子にパッと下ろしたのです。すると、見回りの看護師に「不潔！」と言われました。そしてもう一回手洗いをして、新

電話をかけたら、その場でAさんの電話番号は忘れてしまいますね。こんな電話番号が短期記憶であり、私がいうワーキングメモリーとはちがいます。しかも、この短期記憶は脳の学習に関してはほとんど意味がないので、本書では使いません。

このワーキングメモリーが、「考える」ときの中心的な役割をはたしています。そこで何がなされているかというと、感覚情報として入ってくる現実世界のいろいろな情報に対して、自分はどうはたらきかけるのが最良か、黙って見過ごすのか、それを捕まえるのか、あるいは逃げるのかという行動選択をしているのです。

そのときに必要な情報のうちで、とくに、③過去に似たようなものに関して失敗した事実、マイナスの記憶はとても大事です。たとえば、あるものを見たとき、それに触って痛い思いをしたり、それに刺されて痛い思いをしたなら、すぐに逃げる。逆に、食べたらおいしかったという経験があれば、捕まえて食べるという行動をします。

これについて、名古屋大学の心理学者・齋藤洋典先生がおこなった、おもしろい研究があります。

齋藤先生は、大学生たちに自分の思い出せるかぎりの、一〇歳ごろまでの記憶を全部書き出してもらい、よい記憶には○、不愉快な記憶には×、どちらでもない記憶には△、をそれぞれつけてもらいました。すると結果は、○△×の割合が六対 X 対 Y になったのです。つまり、いやな記憶が全体の三割ぐらいを占めていたのです。

そんなにいやな記憶をなぜもちつづけているのかというと、先の「感情の荷札」がついているからということもありますが、もう一つ、行動選択をするときに大きな役割をはたすからだと思います。ワーキングメモリーで行動選択をしようとするとき、まず×の記憶が出てきたものはすべて選択しない。すると選択すべき範囲が狭《せば》まり、早く選択できることになります。選択肢全部について一つ一つ、するか、しないかを判断していたら、時間が大変かかってしまいます。だから、ともかく×はやらないとすれば、選択肢が減ります。そのために、失敗の記憶はひじょうに大事なのです。

「④ A は B の母」といいます。それは、昔から人間の行動としてよくわかっていることです。前頭連合野がワーキングメモリーのはたらきをはじめたときに、まずマイナスのエピソード記憶につながる選択は全部キャンセルしてしまう。残ったものだけで、どうするかを判断しているのだろうと思います。つまり、マイナスのものは捨て去って、残ったものの中からいちばん有利だと考えられるものを選択する。それが「考える」ときの一つの重要なはたらきです。

そこまでは判断で、そこで行動を起こしてみると、成功か失敗か、結果が出てきます。たとえば、おいしいものだと思って口に入れてみたら、苦くて食べられない。ペッペッと吐き出したとします。すると、そのことが新しい除外項目として、エピソード記憶の中に入ってきて、二度とそういうものに手を出さないようになります。

このように、未来は、過去を基準にして、自分の判断で選び取るものです。社会で起こっている現在の情報をたくさん手に入れると同時に、⑤自分が経験した過去の情報や知識もあわせて、いま自分がどういう行動をとるかを判断しなければいけない。その全部のものを考えあわせて判断する場が、前頭連合野でおこなわれるワーキングメモリーです。それが前頭連合野のいちばん大きなはたらきです。

【国　語】（四五分）〈満点：一〇〇点〉

一　次の――線部の漢字の読み方をひらがなで答えなさい。

1　家族皆で銭湯に行く。
2　干潮の時期には対岸まで歩ける。
3　君の着眼点はとても良い。
4　畑を耕して野菜を作る。
5　これは極秘の情報だ。

二　次の――線部のカタカナを漢字に直しなさい。

1　タンドク行動はよくない。
2　ユニュウヒンを買う。
3　新商品のニンチ度を上げていきたい。
4　来年のウンセイをうらなう。
5　ファッションザッシを購入する。

三　次の問いに答えなさい。

（一）　次の各文の――線部の二つの言葉が対義語になるように、それぞれの（　）にあてはまる漢字一字を答えなさい。

1　定規で（ア）線を引き、コンパスで（イ）線をえがく。
2　飛行機が羽田空港を（ア）陸して、那覇空港に（イ）陸する。
3　ヒーローが（ア）場して、悪者をたおして（イ）場させた。
4　目的地に向かう（ア）路は歩いたが、帰りの（イ）路はバスを使った。
5　（ア）極的に参加するように声をかけたが、（イ）極的な彼は参加しなかった。

（二）　次の各文の――線部の言葉を別の言い方に変えて、同じ内容の文になるように空欄に言葉を入れなさい。

1　あたかも見てきたような話しぶりだった。
（　　）見てきたような話しぶりだった。
2　彼が遅刻するのはまれなことだ。
彼が遅刻するのは（　　）ことだ。
3　相手が強すぎて、逆転するすべがなかった。
相手が強すぎて、逆転する（　　）がなかった。
4　他人のあやまちをとがめる。
他人のあやまちを（　　）。
5　今年の文化祭はおびただしい人出であった。
今年の文化祭は（　　）人出であった。

四　次の文章を読んで、後の問いに答えなさい。

①自分がすでにもっている記憶情報と外から入ってくる感覚情報とを同じ場にもってくる、その必要に応じて集めてきた情報、あるいはその情報を処理する場を「②ワーキングメモリー」と呼んでいます。作業記憶ともいいますが、ワーキングメモリーとカタカナで書いている人のほうが多いです。

ワーキングメモリー＝短期記憶といわれることもあります。短期記憶は、たとえばＡさんに電話しなければならないとき、Ａさんの電話番号を知らないので、その場にいる人に電話番号を聞いて、電話をかけます。

2023年度

相模女子大学中学部入試問題（適性検査型）

【適性検査】（45分）　＜満点：100点＞

1　線状降水帯に関する，次の**【記事１】**，**【記事２】**を読み，あとの(1)，(2)の各問いに答えましょう。

【記事１】

線状降水帯予測始まる

(あ)気象庁は１日から，短時間で集中的な豪雨《ごうう》をもたらす「線状降水帯」の予測情報の発表を始める。発生する可能性がある場合，半日ほど前に，全国を11地方に分けた広域での予測を伝える。精度はまだ十分ではないが，住民に早めに避難《ひなん》準備をしてもらうことが期待される。

予測情報は，警報や注意報に先立って警戒を呼びかけるために同庁のホームページなどで発表する「気象情報」で示す。実際に線状降水帯が発生したことを伝える「顕著《けんちょ》な大雨に関する情報」の発表基準を満たすような雨量や雨域ができる可能性が高まった場合に発表される。予測通り発生しなくても大雨となる可能性は高いといい，同庁は発表された際はハザードマップや避難所の確認などを求めている。

（朝日新聞　2022年６月１日　一部抜粋）

【記事２】

「線状降水帯」局地に長時間

前線が日本列島付近に停滞する梅雨の終わり頃には，西日本を中心にたびたび集中豪雨が発生している。その要因だと指摘されているのが「線状降水帯」だ。雷雨をもたらす積乱雲は通常，発生してから１時間ほどで消滅《しょうめつ》する。しかし，前線の同じ場所に暖かく湿った空気が流れ込み続けると，次々と積乱雲が生まれてビルのように積み重なる。これが線状降水帯だ。真下では，狭い範囲に長時間にわたって激しい雨が降る。日本の集中豪雨の約７割は線状降水帯によるものだといわれ，2017年の九州北部豪雨や20年の九州豪雨もそうだった。九州豪雨では，梅雨前線上に一般的な低気圧より小さい「メソ低気圧」ができ，それに向かって海から大量の水蒸気が流入。さらに上空に寒気が流れ込んだため大気の状態が不安定になり，過去最大級の線状降水帯が発生した。

発生頻度《ひんど》3.8倍

豪雨にしばしば見舞われるようになった背景には，温暖化の影響もある。気温が上がると雲のエネルギーとなる空気中の水蒸気量が増える。気象研究所の分析では，集中豪雨の発生頻度は，この45年間で2.2倍に増え，なかでも７月は3.8倍となっている。さらに温暖化が進めば，列島周辺の海面水温はますます上昇し，海上から暖かく湿った空気が流れ込みやすくなって今以上に豪雨が増えると考えられる。

これまで集中豪雨と縁《えん》がなかった地域でもリスクは高まっている。災害時には，自分の命は自分で守ることが求められる。自治体などの避難所に行くことが，必ずしも正解とは限らない。家族構成や住んでいる場所などによって，安全を確保する方法はさまざまだ。(い)自分たちの命を守るためには何が最善の方法か，日頃から家族で話し合っておいてほしい。

（読売中高生新聞　2022年７月15日　一部抜粋）

(1) 【記事１】の下線部（あ）「気象庁は１日から，短時間で集中的な豪雨をもたらす『線状降水帯』の予測情報の発表を始める」とありますが，これについて次の①，②の各問いに答えなさい。

① 「線状降水帯」がどのようにしてできるのかがわかる部分を，【記事２】から50字以内で探し，最初と最後の５字を抜き出しなさい。句読点も１字と数えることとします。

② 「線状降水帯」に関連する内容について正しく述べているものを，次からすべて選び，記号で答えなさい。

ア．線状降水帯とは，九州特有の地形から西日本一帯に停滞する前線によって引き起こされる現象で，発生予測も気象庁西日本気象台から発表される。

イ．気温が上がると空気中の水蒸気量が増え，それが雨を降らせる雲のエネルギーとなるため，温暖化による海面温度の上昇によって豪雨の頻度が増すことが予想される。

ウ．気象観測衛星の技術の発達により，精密な予測が可能となったことから，線状降水帯の発生地域を高い確率で特定できるようになった。

エ．温暖化の影響で，線状降水帯による集中豪雨の発生頻度が，この45年間で２倍以上，７月については４倍近くにまで増えている。

オ．「線状降水帯」という言葉が一般的にまだ知られていないことから，気象庁による線状降水帯の発生予測は，「顕著な大雨に関する情報」という言葉で発表される。

(2) 【記事２】の下線部（い）「自分たちの命を守るためには何が最善の方法か」とありますが，「命を守るための方法」としてあなたが実行できそうなことを【記事１】，【記事２】の内容から考え，15字以上30字以内で書きなさい。句読点も１字と数えることとします。

2 いくこさんの学校では飼育しているヤギの小屋を建てかえることになり，飼育委員がいくつかの班にわかれて作業をすることになりました。あとの(1)，(2)の各問いに答えましょう。

(1) 飼育委員であるいくこさんは，ヤギ小屋の壁《かべ》の作成に必要な材料を用意する担当になりました。ヤギ小屋の建てかえでは，南側の壁はもとの小屋のものを残し，それ以外の壁を新しく作ることになりました。【資料１】は建てかえる小屋の設計図，【資料２】は使用できる様々な大きさの板の種類です。これらの板をすき間なく並べて壁を作ります。全種類の大きさの板を少なくとも１枚は使用し，使用する板の枚数が最も少なくなるように板を選びます。ただし，板を切って幅を変えることはできません。また，屋根を作るために切り落とすので，板が壁の高さより上にはみ出てもかまいません。東側，西側，北側それぞれで使用する板の必要枚数を答えなさい。０枚の場合も０と書きなさい。

（【資料１】，【資料２】は次のページにあります。）

【資料１】 小屋の設計図

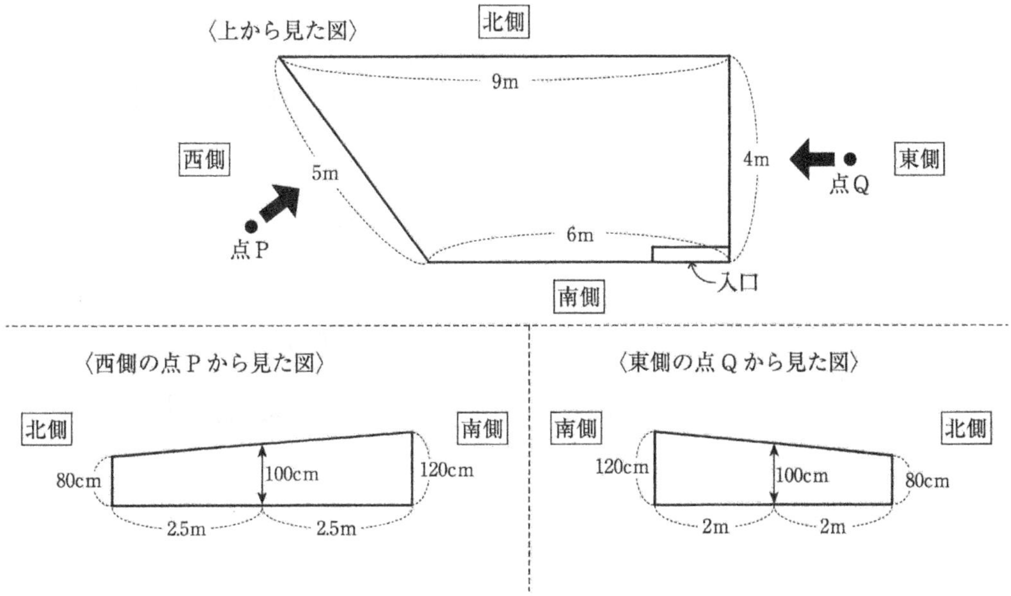

【資料２】 使う板の種類

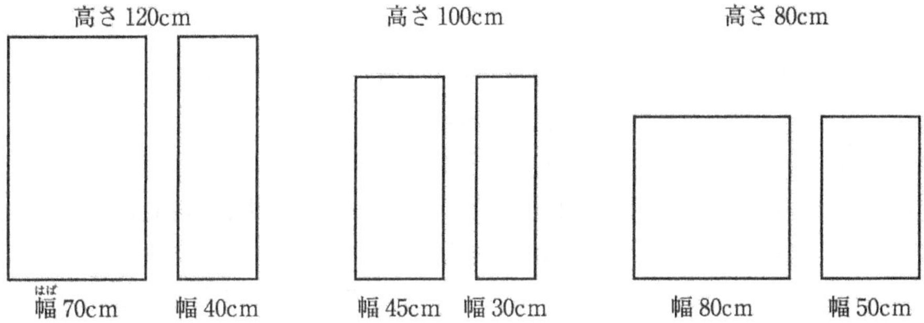

(2) ヤギ小屋は無事完成しました。今後，小屋のそうじをする時は，ヤギをリードと呼ばれるヒモでつないで小屋の外に出しておきます。【図１】は小屋を上から見たときの図です。長さ８ｍのリードで図の★部分にヤギをつないだとき，リードが届く範囲《はんい》を示した図として正しいものを，次のページのア～エから１つ選び，記号で答えなさい。なお，物置の位置は動かないものとします。

【図１】

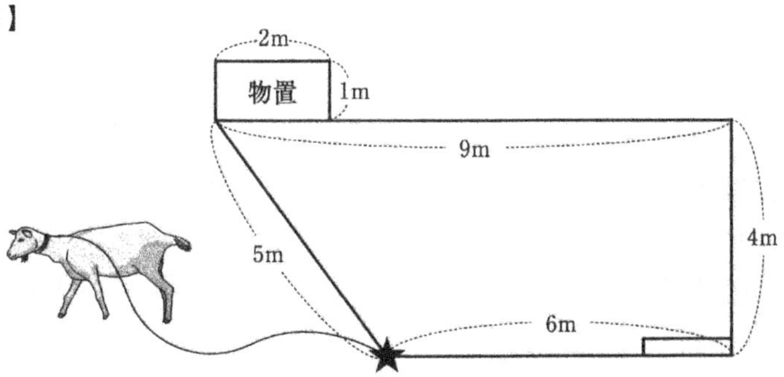

ア．

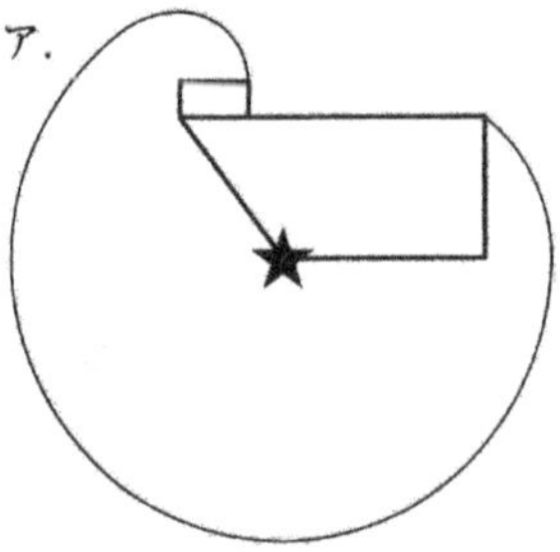

イ．

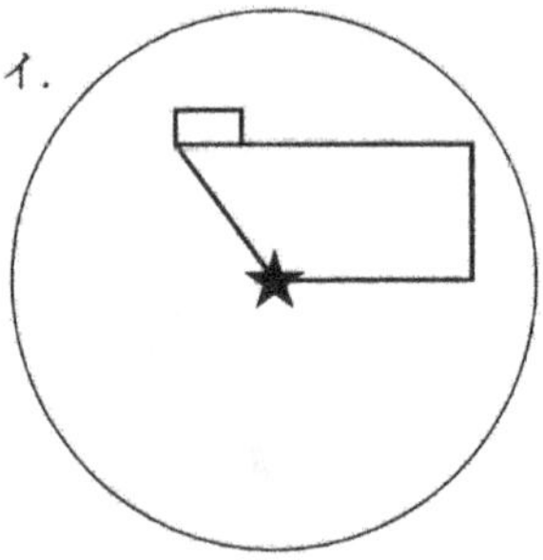

ウ．

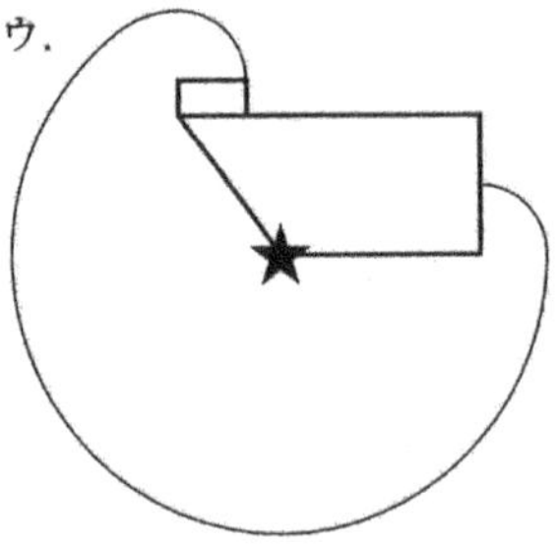

エ．

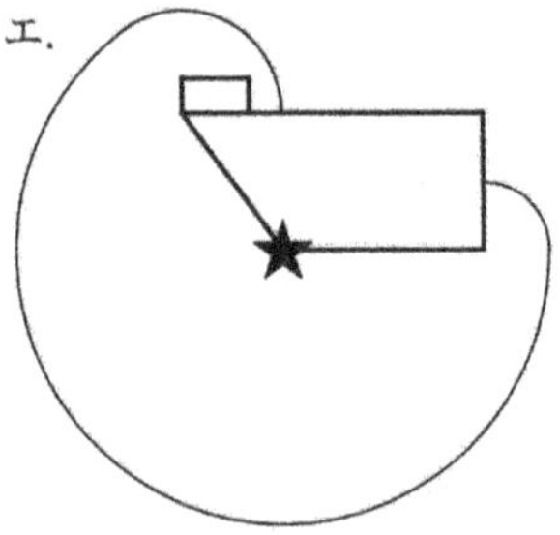

3　あいさんたちは夏休みの自由研究について話しています。下の**【会話文】**と**【資料１】**，**【資料２】**を読み，あとの(1)～(4)の各問いに答えましょう。

【会話文】

あいさん：先日，市の自然公園にあるビオトープに行き，興味がわきました。自由研究のテーマにできないかと思っています。

ゆりさん：ビオトープって何ですか。

あいさん：「生き物がありのままに生活する空間」という意味で，自宅でも水そうなどの容器を使って，人工的に生態系を作ることができるのです。

ももこさん：私も本で読みました。一度作ると，エサや酸素などを与えなくても，生き物が生きていくことができると書いてありました。

ゆりさん：おもしろそうですね。私たちで色々なビオトープを作って，比べてみましょうよ。

あいさん：そうですね。ビオトープに入れることができそうな生き物や水草について調べてみましょう。

ももこさん：ビオトープにおすすめの生き物が載《の》っている**【資料１】**（次のページ）を見つけました。

ゆりさん：「適水温」とは何ですか。

あいさん：それぞれの生き物が生きるのに適した水温で，その水温でなくなると生きていられないのです。

ももこさん：水草は種類がたくさんあるようですが，どうしてビオトープに入れるのですか。

あいさん：水草には水をきれいにする役割があります。また，メダカなどの生き物は，水草が出す酸素を吸って生きていくので，水草のない環境では死んでしまうそうです。

ももこさん：そうなのですね。では，【資料１】の情報をもとに，ビオトープの中に入れる生き物や水草を選びましょう。

【資料１】 ビオトープにおすすめの生き物・水草

〈水の中にすむ生き物〉

ヒメタニシ

大きさ	1～3 cm
適水温	5～30 ℃
食性	草食(コケなど)

ミナミヌマエビ

大きさ	2～3 cm
適水温	20～30 ℃
食性	雑食(コケ、水草など)

メダカ

大きさ	3.5～4 cm
適水温	17～35 ℃
食性	雑食(ミジンコ、赤虫など)

〈水に浮《う》く水草〉

オオサンショウモ

大きさ	葉の大きさ2～3 cm			
適水温	20～35℃			
生育場所	屋外	○	ひなた	○
	屋内	○	ひかげ	

サラビニア・ククラータ

大きさ	葉の大きさ5～10 mm			
適水温	21～28℃			
生育場所	屋外	○	ひなた	○
	屋内		ひかげ	

ホテイアオイ

大きさ	約15 cm			
適水温	20～30℃			
生育場所	屋外	○	ひなた	○
	屋内	○	ひかげ	○

マツモ

大きさ	20～30 cm			
適水温	18～28℃			
生育場所	屋外	○	ひなた	
	屋内	○	ひかげ	○

〈底土に根をはる水草〉

ウォーターマッシュルーム

大きさ	5～15 cm			
適水温	3～30℃			
生育場所	屋外	○	ひなた	
	屋内		ひかげ	○

カボンバ

大きさ	15～25 cm			
適水温	15～28℃			
生育場所	屋外	○	ひなた	○
	屋内	○	ひかげ	○

グリーン・タイガー・ロータス

大きさ	10～30 cm			
適水温	22～32℃			
生育場所	屋外	○	ひなた	○
	屋内	○	ひかげ	

ヒメガマ

大きさ	10～20 cm			
適水温	−15～30℃			
生育場所	屋外	○	ひなた	○
	屋内		ひかげ	

ヤナギモ

大きさ	5～12 cm			
適水温	20～28℃			
生育場所	屋外	○	ひなた	
	屋内	○	ひかげ	○

【資料２】 ももこさん・あいさん・ゆりさんが作ったビオトープの条件

〈ももこさんのビオトープ〉
① 設置場所：屋内・ひかげ
② 水温：15℃
③ 入れる生き物：
ヒメタニシ
ミナミヌマエビ
メダカ
④ 入れる水草：
サラビニア・ククラータ
ヤナギモ

〈あいさんのビオトープ〉
① 設置場所：屋内・ひなた
② 水温：32℃
③ 入れる生き物：
ヒメタニシ
ミナミヌマエビ
メダカ
④ 入れる水草：

〈ゆりさんのビオトープ〉
① 設置場所：屋外・ひかげ
② 水温：25℃
③ 入れる生き物：
ヒメタニシ
ミナミヌマエビ
メダカ
④ 入れる水草：
マツモ
ウォーターマッシュルーム
カボンバ

※外気温・水温は変化しないものとする。

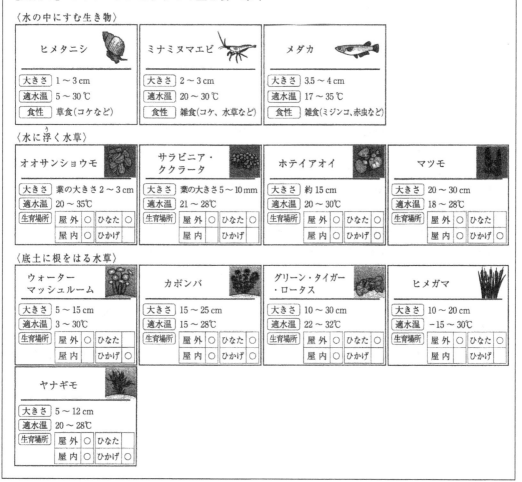

(1) ももこさんは，自分のビオトープに入れる生き物や水草の適水温が一目でわかるようにグラフにまとめることにしました。解答欄のグラフのメダカの適水温の記入を例として，他の生き物や水草の適水温のグラフを同じように書きなさい。グラフの線は，定規を使わずに書いてよいものとします。

(2) ももこさんの作ったビオトープの様子は，１か月後どのようになったでしょうか。水の中にすむ生き物と水草の状態として正しいものを次のア～エから１つ選び，記号で答えなさい。ただし，水温は変わらないものとします。

ア．水の中にすむ生き物も水草も元気な状態。

イ．水の中にすむ生き物は元気だが，水草は枯れてしまった状態。

ウ．水の中にすむ生き物は死んでしまったが，水草は元気な状態。

エ．水の中にすむ生き物は死んでしまい，水草も枯れてしまった状態。

(3) あいさんがビオトープに入れた水草は何ですか。〈あいさんのビオトープ〉の条件で入れることができる水草を，**【資料１】**（前のページ）の〈水に浮く水草〉と〈底土に根をはる水草〉からそれぞれ１つずつ選び，その水草の名前を答えなさい。

(4) 半年後の２月，水温が夏よりも下がりました。ゆりさんのビオトープの様子を観察すると，ヒメタニシ，メダカ，ウォーターマッシュルーム，カボンバだけが生きていました。この時のゆりさんのビオトープの水温として考えられる最も低い温度を答えなさい。

4 相模女子大学中学部では，毎年11月に生徒会の役員を選出する生徒会選挙が行われます。生徒会とは，小学校の児童会にあたる生徒による自治活動の組織です。今年の選挙が実施されたあと，選挙管理委員の４人が反省点や改善点について振《ふ》り返りを書きました。次の**【資料１】**～**【資料４】**を読み，あとの(1)～(3)の各問いに答えましょう。

【資料１】選挙管理委員の振り返り

田中さん

今回の選挙では，投票したい候補者の名前を記入する形式の投票用紙を使用しましたが，候補者の名前を書き間違えたことによって，無効となってしまった票が多数出てしまいました。少しでも無効票を少なくする工夫を考えたいです。

鈴木さん

私が気になったのは，候補者の名前が記入されていない白紙の票があったことです。国会議員や地方議員を選ぶ選挙では，白紙の票は「白票」と言って，「候補者の中に選びたい人物がいない」という意思を示す意味があると聞きました。今回の白紙の票は，「選びたい人がいない」という意思表示なのか，単なる記入もれなのかわかりません。その人の意思を知る方法を考えたいと思いました。

高橋さん

今回，副会長候補に「新田さん」という苗字《みょうじ》の候補者が２人いました。そして，投票用紙に「新田」という苗字しか書かれていないものがあり，どちらの「新田さん」を指しているのかわからず，無効票になりました。今回は２人の新田さんの得票数の差が大きかったのですが，もしも２人の得票数の差がわずかだった場合，無効票の数によって結果も変わってくる可能性があり，無効票をなくす工夫が必要です。

佐藤さん

投票があった先週の土曜日は，ちょうどバスケットボール部の３年生が公式戦に出場するために欠席でした。部活動の校外活動での欠席ですから，全ての生徒に与えられた権利である選挙に参加できないのは公平ではないように感じます。事前にわかっている学校が認めた欠席について，対応する方法がないかと思いました。

【資料２】 投票状況

	１年生	２年生	３年生	合計
生徒数	99	105	98	302
投票者数	96	96	81	273
欠席者数	3	9	17	29
投票率	（　　）%	（　　）%	82.65%	90.39%

【資料３】 開票結果

	会長選挙	副会長選挙	書記選挙	会計選挙
ア 投票数	273	273	273	273
イ 白紙の票数	10	7	4	20
ウ 誤記入の票数	3	5	3	4
エ 同じ苗字で判別不明の票数	0	14	0	0
オ 無効投票数（イ＋ウ＋エ）	13	26	7	24
カ 有効投票数（ア－オ）	260	（　　）	266	249

【資料４】 候補者別得票数

役員	有効投票数	候補者数	候補者氏名	学年	選挙結果	得票数	得票率
会長（1名）	260	会長候補１	高井 なな	2	当選	168	64.61%
		会長候補２	永田 小百合	2	落選	92	35.38%
副会長（2名）	（　　）	副会長候補１	工藤 咲	2	当選	128	51.82%
		副会長候補２	新田 ひとみ	1	当選	82	33.19%
		副会長候補３	新田 陽菜	1	落選	37	14.97%
書記（1名）	266	書記候補１	福永 榛香	2	当選	150	56.39%
		書記候補２	岩井 絵里	1	落選	116	43.60%
会計（1名）	249	会計候補１	中島 有希	1	当選	148	59.43%
		会計候補２	吉見 薫	1	落選	101	40.56%

⑴　副会長選挙における有効投票数を答えなさい。

⑵　36・37ページの**【資料１】**～**【資料４】**から読み取れる選挙結果について，あてはまるものを次のア～オから２つ選び，記号で答えなさい。

ア．書記候補の岩井さんの得票数は有効投票数の半数以上だった。

イ．会長選挙において，投票数に対する無効投票数の割合は５％以上だった。

ウ．バスケットボール部の３年生15人が投票していた場合，３年生の投票率は97％を超えることになる。

エ．当選した生徒会役員の３分の２が２年生だった。

オ．１年生も２年生も，投票した生徒の人数はともに96人だが，投票率が高いのは１年生である。

⑶　来年の生徒会役員選挙に向けて，**【資料１】**の中から１人の「振り返り」を選び，そこに書かれている課題に対する具体的な改善策を書きなさい。なお，選んだ選挙管理委員がわかるように解答欄の名前を○で囲みなさい。

第1回

2023年度

解　答　と　解　説

《2023年度の配点は解答欄に掲載してあります。》

＜算数解答＞

1　(1)　2　(2)　26　(3)　21　(4)　$0.07\left[\frac{7}{100}\right]$　(5)　$2.15\left[\frac{43}{20},\ 2\frac{3}{20}\right]$　(6)　7

2　(1)　0.0157　(2)　130000　(3)　16時間27分48秒　(4)　11.2cm
(5)　10　(6)　150.72cm^2

3　(1)　12g　(2)　120g　4　(1)　42.56cm^2　(2)　11.775cm^3

5　(1)　27番目　(2)　$\frac{7}{19}$　6　(1)　20km　(2)　10時10分

○推定配点○
各5点×20　　計100点

＜算数解説＞

1　(四則計算)

(1)　$20-18=2$　(2)　$17+9=26$

(3)　$40-19=21$　(4)　$4.8\div 24-0.13=0.07$

(5)　$2.3+1.25-1.4=2.15$　(6)　$\square=49\times 11\div 77=49\div 7=7$

基本 2　(四則計算，概数，単位の換算，縮図，割合と比，平面図形)

(1)　$0.8\div 2.53$…商は0.31，余りは$0.8-0.7843=0.0157$

(2)　40万－27万＝13万

重要 (3)　15時間87分48秒＝16時間27分48秒

重要 (4)　$5.6\times 1000\times 100\div 50000=11.2$(cm)

(5)　$\frac{2}{7}\times 7\div\frac{1}{5}=10$

(6)　右図1より，$(8\times 8-4\times 4)\times 3.14=48\times 3.14=150.72$(cm^2)

図1

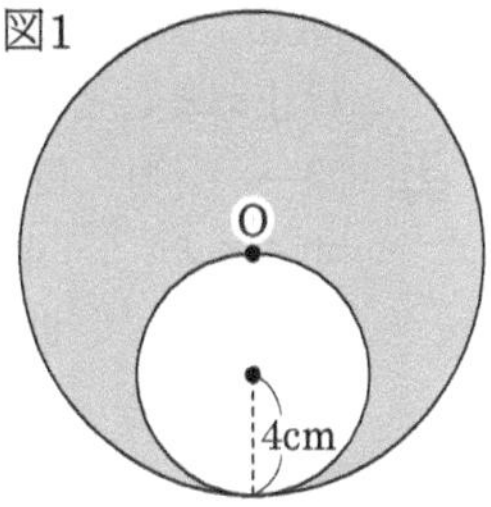

重要 3　(割合と比)

(1)　$300\times(0.1-0.06)=300\times 0.04=12$(g)

(2)　$12\div 0.1=120$(g)　【別解】$300\times\left(1-\frac{6}{10}\right)=120$(g)

重要 4　(平面図形，立体図形)

(1)　表面積…$3\times 3\times 3.14\div 6+(6\times 3.14\div 12+3\times 2)\times 5=(1.5+2.5)\times 3.14+30=42.56$(cm^2)

(2)　体積…$3\times 3\times 3.14\div 12\times 5=3.75\times 3.14=11.775$(cm^3)(右図2参照)

図2

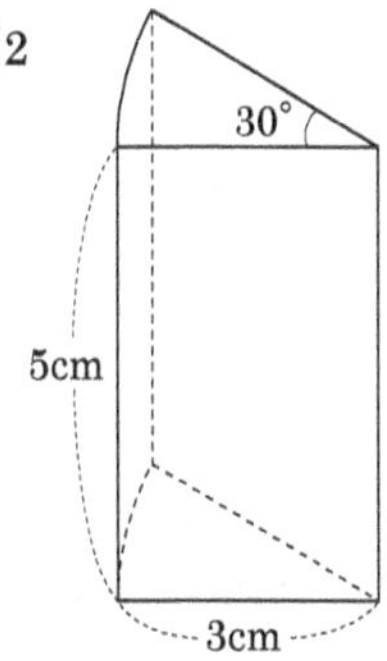

5　(数列，数の性質)

重要 (1)　分母が9までの分数の個数…$1+3+5+7+9=5\times 5=25$(個)　したがって，$\frac{2}{11}$は$25+2=27$(番目)

やや難 (2)　$81=9\times 9$…9番目の奇数は$2\times 9-1=17$　82番目の分数…$\frac{1}{19}$　したがって，88番目は$\frac{7}{19}$

重要 6 **(速さの三公式と比，グラフ，単位の換算)**

(1)　AB間…グラフより，30÷60×40＝20(km)

(2)　花子さんがA駅に着く時刻…30＋60×20÷15＝110(分)　花子さんがバスに追い越される時刻…グラフより，頂点Pを共有する2つの三角形は合同であり，Pの時刻は(50＋90)÷2＝70(分)すなわち10時10分　(右図3参照)

図3

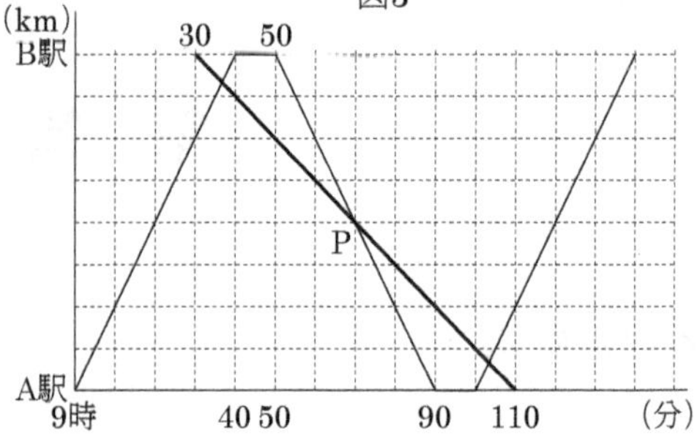

★ワンポイントアドバイス★

5(2)「88番目の分数」，これがなかでは重要な問題である。奇数が1から連続して並ぶ場合，1＋3＝2×2，1＋3＋5＝3×3，このような性質を利用すると正解に達しやすくなる。まず，1，2で全問正解を目指そう。

＜国語解答＞

一　1　ていしょう　2　かんれい　3　みっぺい　4　もうじゃ　5　おごそ(か)

二　1　肺活　2　同盟　3　評判　4　縮尺　5　危害

三　(一)　1　六　2　百一　3　百三　4　十一　5　十五　(二)　1　新旧　2　創造[恩恵]　3　特急　4　減点[想像，進級]　5　未読

四　問一　A　オ　B　ウ　問二　テンポよく話をする(人)　問三　ウ　問四　エ　問五　ウ　問六　初対面を含むコミュニケーションが苦手　問七　話をしっかりと受け止めることができる人　問八　イ　問九　ありました。

五　問一　(例)　長老は死んでしまっているから。　問二　(例)　島のお年寄りにマッサージをすること。　問三　ウ　問四　おごった考え　問五　イ　問六　女の人の節句　問七　エ　問八　イ　問九　(例)　(一つ)　卵焼きは子供にとって最初に触れるお袋の味だから　(二つ)　卵焼き一つで作った人の性格までわかるから

○配点○

一～三　各2点×20　四・五　各3点×20　計100点

＜国語解説＞

基本 一 **(漢字の読み)**

1は意見や主張など発表すること。2は以前からずっと行われてきた事がら。3はすきまのないようにぴったり閉じること。4は金銭などの欲に取りつかれている人のたとえ。5の他の訓読みは「きび(しい)」。

基本 二 **(漢字の書き取り)**

1の「肺活量」は息を深く吸い込んだ後に肺から吐き出せる空気量。2は互いに共通の目的を達成するために同一の行動をとること。3は有名になること。4は実物より縮めて描くこと。5は生命や身体などをそこなうような危険なこと。

三　(ことわざ・熟語の構成)

重要　(一)　1は一と五で六。2は百と一で百一。3は三と百で百三。4は一と十で十一。5は七と八で十五。

やや難　(二)　1は新しいものと古いものという意味の「新旧(しんきゅう)」。2は新しくつくりだすことの「創造(そうぞう)」またはめぐみという意味の「恩恵(おんけい)」。3は「特別急行」の略の「特急(とっきゅう)」。4は点数を減らすことの「減点(げんてん)」，または心の中に思い浮かべることの「想像(そうぞう)」，学年などが上へ進むことの「進級(しんきゅう)」。5は上の字が打消しの語の「未」を用いて，まだ読んでいないという意味の「未読(みどく)」。

四　(論説文－要旨・大意・細部の読み取り，空欄補充，ことばの意味)

問一　空欄Aは直前の内容より直後の内容であるという意味で「むしろ」，Bは間違いなくという意味で「まさに」がそれぞれ入る。

問二　――線部①の「流暢」はすらすらとよどみなく話すことで，「もちろん人前で……」で始まる段落の「テンポよく話をする(9字)」人のことである。

基本　問三　――線部②の「口がうまい」は，口先で人をまるめ込んだりするのがうまいという意味。

やや難　問四　――線部③は「コミュニケーション」における「居心地のよさ」のことで，コミュニケーションを野球に例えて説明したまとめとして「逆を言えば……」で始まる段落で，「いい受信者がいるからこそ，発信者は安心して自分の話したいことを話すことができる」と述べているのでエが適当。「コミュニケーション」における，この段落内容をふまえていない他の選択肢は不適当。

重要　問五　「明石家さんまさん」は「つまり，……」で始まる段落で述べているように，「本当に会話の主導権を握っているのは，話す側ではなく，話させる側である，ということをよく知っている」ことの具体例として挙げているのでウが適当。この段落内容をふまえていない他の選択肢は不適当。

問六　――線部⑥直後の段落で，欧米人と比べながら⑥の説明として「初対面を含むコミュニケーションが苦手(18字)」という特徴を述べている。

重要　問七　――線部⑦のことを「受けたボールを……」で始まる段落で「会話においては聞き役」，さらに後で「受信者」と述べており，この「受信者」について「その特性を……」で始まる段落で「話をしっかりと受け止めることができる人(19字)」に価値がある，ということを述べている。

問八　――線部⑧は「私が提案……」で始まる段落で述べている，「周りの人に質問をして会話を広げる力を伸ばすこと」を例えているのでイが適当。この段落内容をふまえていない他の選択肢は不適当。

問九　抜けている一文の「徳の高い人」は「古くから……」で始まる一文の「底の浅い人」と対比させて日本人の文化について述べているので，抜けている一文は「古くから……」の一文の後に入る。

五　(小説－心情・情景・細部の読み取り)

重要　問一　「私は返事を……」で始まる段落で「……海の恐ろしさは，長老の死によって，現実のものとなった」という「私」の心情が描かれていることをふまえて，①の理由を指定字数以内で説明する。

問二　――線部②を「積極的に始めてみたかった」ことで始めたこととして，冒頭で，島のお年寄りが集まるデイサービスの施設にマッサージをしにいっていることが描かれているので，このことを指定字数以内にまとめる。

問三　――線部③の説明として直後の段落で，「治してあげようとおごった考えを持って失敗し」

「大事なのは，心を空っぽに」して「相手の呼吸に合わせていく」ことであることが描かれているのでウが適当。③直後の段落内容をふまえていない他の選択肢は不適当。

基本 問四　――線部④はおごりたかぶって，人をあなどることという意味で，直前の「おごった考え」と同じ意味である。

問五　――線部⑤の理由として「やっていくうちに……」で始まる段落で，手当てをすることで「自分にも，誰か他の人に対してできることがあるという自信を得られるようになった」という「私」の心情が描かれているのでイが適当。この段落内容をふまえていない他の選択肢は不適当。

問六　「浜下り当日……」で始まる場面で，――線部⑥に誘ったサミーが「女の人の節句(6字)」だから断っていることが描かれている。

問七　――線部⑦の段落で「海を美しいと思うものの」「心の中には，子供の頃に作ったカサブタがまだしっかりと残っている」という「私」の心情が描かれているのでエが適当。「子供の頃に作ったカサブタ」という過去のことを説明していない他の選択肢は不適当。

やや難 問八　――線部⑧直前の段落で，「もしも危険な出産になって……自分の命と引き換えに赤ちゃんの命が助かるなら，私は喜んで自分の生命を差し出す覚悟はできている」という「私」の心情が描かれているのでイが適当。自分の命よりも赤ちゃんの命を優先する覚悟があることをふまえていない他の選択肢は不適当。

重要 問九　――線部⑨前後で「『卵焼きっていうのは，子供にとって最初に触れるお袋の味だよ』『卵焼き一つで，その人の性格までわかっちゃうんだから』」と先生が話していることをふまえ，「卵焼き」が重要である二つの理由をそれぞれ説明する。

★ワンポイントアドバイス★

論説文では，具体例を通して筆者が何を述べようとしているのかを読み取っていこう。

第2回

2023年度

解　答　と　解　説

《2023年度の配点は解答欄に掲載してあります。》

＜算数解答＞

1　（1）　11　（2）　57　（3）　22　（4）　4.3　（5）　$\frac{2}{3}$　（6）　9

2　（1）　2640円　（2）　5.9％　（3）　92　（4）　8人　（5）　12通り　（6）　78.5cm^2

3　（1）　6L　（2）　35分後　4　（1）　301.44cm^2　（2）　401.92cm^3

5　（1）　22本　（2）　1154個　6　（1）　8個　（2）　40個

○推定配点○

各5点×20　計100点

＜算数解説＞

1　（四則計算）

（1）　7＋4＝11

（2）　59－26÷13＝57

（3）　4＋18＝22

（4）　5.1－0.8＝4.3

（5）　$\frac{5}{21}\times\frac{14}{5}=\frac{2}{3}$

（6）　□＝（8－5）×3＝9

基本　2　（割合と比，過不足算，数の性質，場合の数，平面図形）

（1）　3000×（1－0.12）＝2640（円）

重要　（2）　700g：300g＝7：3より，（7×5＋3×8）÷（7＋3）＝5.9（％）

（3）　□×6÷24＝23　□＝23×24÷6＝23×4＝92

（4）　（5＋3）÷（4－3）＝8（人）

重要　（5）　3ケタの奇数…2×3×2＝12（通り）

重要　（6）　半径…右図1より，5cm　したがって，円の面積は5×5×3.14＝78.5（cm^2）

図1

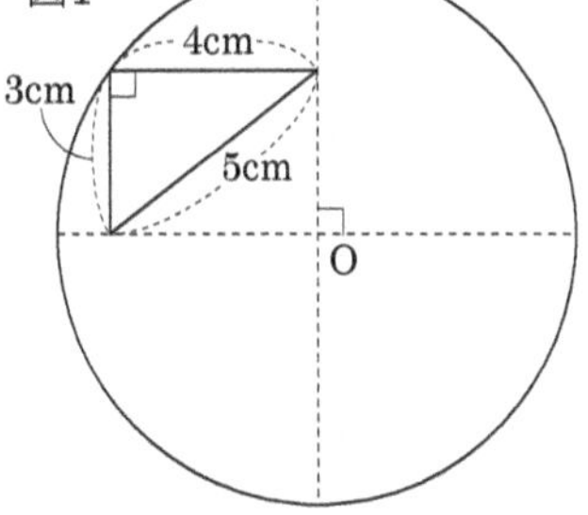

重要　3　（割合と比，グラフ）

（1）　図2のグラフより，4＋（12－4）÷20×5＝6（L）

（2）　グラフより，20＋12÷｛（12－4）÷（30－20）｝＝20＋15＝35（分後）

図2

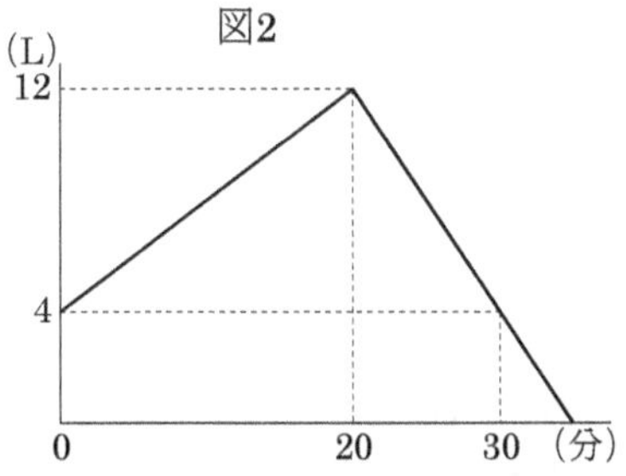

図3

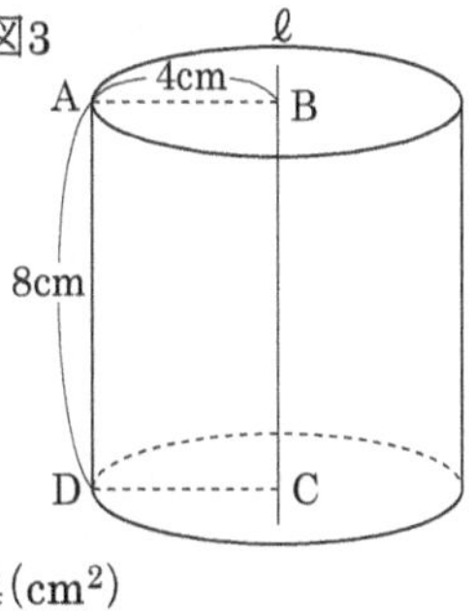

重要　4　（平面図形，図形や点の移動，立体図形）

（1）　4×4×3.14×2＋8×3.14×8＝（32＋64）×3.14＝96×3.14＝301.44（cm^2）

（2）　4×4×3.14×8＝128×3.14＝401.92（cm^3）（図3参照）

5　（平面図形，規則性）

重要　（1）　次ページの図aより，3＋2×5＋3＋2×3＝3×2＋2×8＝22（本）

図a

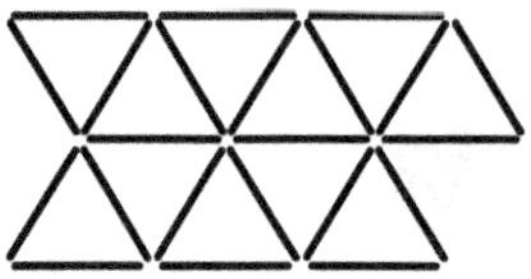

図b

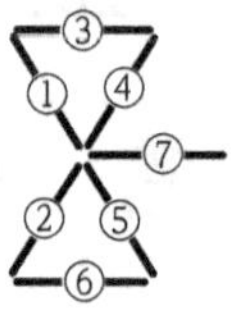

図c

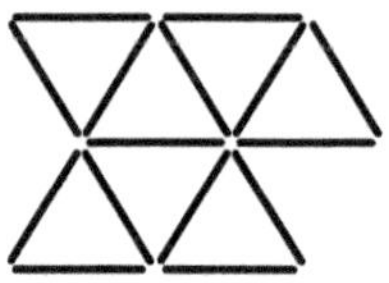

やや難 (2) 4個目までの三角形のマッチの本数…2＋2×3＋1＝9(本)　以下，三角形が4個ずつ増えるとマッチの本数が2×3＋1＝7(本)ずつ増える。(2023－2)÷7＝288余り5より，4×288＝1152(個)　したがって，5＝2×2＋1より，求める個数は1152＋2＝1154(個)

重要 6 (割合と比)

(1) 96÷3－24＝32－24＝8(個)

(2) 32÷(1－0.2)＝40(個)

★ワンポイントアドバイス★

5(2)「2023本のマッチ棒と三角形の個数」は，簡単ではないが難問ではない。6「おはじきの個数」は，見た目ほど内容は難しくはなく，容易に正解を得られる。1，2の12題で，全問正解を目指して取り組もう。

<理科解答>

1 (1) く　(2) (30g) い　(100g) か　(3) 40g

(4) 解答例　下表　(5) い

あ	い	う	え	お	か	き	く	け
0	0	0	0	0	0	1	2	0
0	0	0	0	0	0	2	0	1
0	0	0	0	0	1	0	1	1

2 (1) (実験1) ウ　(実験2) ア　(2) イ　(3) ウ　(4) 試験管Cの水よう液にとけている二酸化炭素と反応したから。　(5) A ア　B オ　C エ　D カ　E イ　F ウ

3 (1) イ　(2) (子の時期) えら　(親の時期) 肺　(3) (魚類) イ→(両生類) ア→(は虫類) ウ　(4) トカゲ，カルガモ　(5) イ

4 (1) ウ　(2) ①の一部が，川や地下水として海に流れるから　(3) 蒸散　(4) イ　(5) 地球の表面は，陸地よりも海の方が広いから

○配点○

1 各5点×5((2)完答)　2 (4) 4点　他 各2点×10

3 (3) 各2点×3　他 各4点×5　4 各5点×5　計100点

＜理科解説＞

1 (力のはたらきーてこ)

基本 (1) 「力のモーメント＝おもりの重さ×支点からの距離」の値が，棒の左右で等しくなればつり合う。30g×4＝40g×xよりx＝3なので，「く」となる。

(2) 力のモーメントが等しくなることから，10g×1＋30g×x＝100g×yと考えるとx＝3，y＝1となるので，30gが「い」，100gが「か」となる。

(3) (1)と同様なのでおもりの重さは40gに相当する。このことから，「浮力＝空気中の重さ－水中の重さ」だから50g－40g＝10gの浮力がはたらいていることがわかる。

(4) 力のモーメントを考える。1か所に3つつるす40g×4＝60g×xのときはない。2か所の場合，40g×4＝20g×x＋40g×yと考えるとx＝2，y＝3のとき「き」に1「く」に2とx＝4，y＝2のとき「き」に2「け」に1となる。3か所の場合は40g×4＝20g×x＋20g×y＋20g×zと考えるとx＋y＋z＝8より(x，y，z)は(1，3，4)が考えられるので「か」に1，「く」に1，「け」に1が考えられる。

(5) おもりの体積が同じなので，はたらく浮力はおもりの重さが変わっても(3)のときと等しいので50g－40g＝10(g)である。力のモーメントを考えると20g×x＝(40g－10g)×2となるのでx＝3より「い」となる。

2 (物質と変化ー水溶液の性質・物質の反応)

基本 (1) 実験1でアルミニウムはとけて発生する気体は水素である。アルミニウム片がとけたことから，試験管Aの水溶液は塩酸か水酸化ナトリウム水溶液である。実験2では二酸化マンガンを触媒として発生する気体は酸素である。よって試験管Dの水溶液は過酸化水素水であることがわかる。

基本 (2) BTBよう液は酸性で黄色，アルカリ性で青色を示し，緑色になるのは中性である。このことより試験管Bの水溶液は食塩水である。

基本 (3) フェノールフタレイン液は酸性では無色透明で，赤色を示すのはアルカリ性である。このことから試験管E・Fの水溶液が水酸化ナトリウム水溶液か石灰水であることがわかる。

(4) 試験管Eが白くにごったのは，「試験管Cの水よう液にとけている二酸化炭素と反応したから。」と考えられる。このことから試験管Cと試験管Eは炭酸水と石灰水であることがわかる。

(5) 各実験からわかることは以下の表のようになる。実験1では試験管Aの水溶液は塩酸か水酸化ナトリウム水溶液のどちらかとわかる。実験4より試験管Aはアルカリ性ではないので塩酸とわかり，試験管Fが水酸化ナトリウム水溶液とわかる。

	A	B	C	D	E	F
実験1	塩酸か水酸化ナトリウム水溶液					
実験2				過酸化水素水		
実験3		中性→食塩水				
実験4					アルカリ性	アルカリ性
実験5			炭酸水		石灰水	
実験6		溶質は固体			溶質は固体	溶質は固体
	塩酸	食塩水	炭酸水	過酸化水素水	石灰水	水酸化ナトリウム水溶液

3 (生物－動物)

(1) 淡水魚の場合，体の外から水が入ってきてしまい，体液の濃度が薄くなってしまうので，体液濃度をうすくしないように，体液より薄い尿をたくさん排出し，体内に入ってくる水を排出し，体液の濃度が薄くならないように調節すると考えられる。

(2) カエルは子の時期はオタマジャクシで，水中で「えら」呼吸するが親になると陸上でも生活するので，「肺」呼吸を行うようになる。

(3) 魚類の心臓は1心房1心室でイ，両生類は2心房1心室で心室に仕切りのないア，は虫類は2心房1心室だが心室に不完全な仕切りがあるウ，そしてほ乳類・鳥類では2心房2心室となる。

基本 (4) 固い殻のある卵を産むのは，陸上生活するは虫類と鳥類なので，トカゲとカルガモである。

(5) ヤギはあごにひげがあるイである。

4 (天体・気象・地形－気象)

基本 (1) 陸地の保つ水の量＝降水①－蒸発②－川⑥－地下水⑦である。

(2) 降水は地面にしみ込み地下水になったり，川の水となり海に流れ込むため，陸地からの蒸発は降水より少なくなる。

(3) 植物が行う水を蒸発させる作用は，「蒸散」作用である。

(4) 海が保つ水の量＝降水④－蒸発⑤＋川⑥＋地下水⑦である。

(5) 蒸発は表面から起こる。地球の表面は，7割が海で「陸地よりも海のほうが広いから」海からの蒸発量のほうが多い。

★ワンポイントアドバイス★

1に力のモーメントの簡単な計算がある以外は比較的解きやすい問題である。記述に関しても難しいものではないので，問題文のヒントをつかみ，高得点を目指そう。

＜社会解答＞

1 問1 ア・イ　問2 あ オ　い ク　問3 い ア　う オ
問4 関東ローム層　問5 エ　問6 (記号) 右図　(説明) 宇宙への出発地点，駅の役割としてロケットマークを設定しました。　問7 ウ
問8 稲穂が成長する頃にやませによって稲が実らなくなってしまう。

2 問1 A 長州　B 薩摩　問2 坂本龍馬　問3 エ　問4 戊辰戦争　問5 ウ
問6 ア　問7 廃藩置県　問8 (政策) (例) 徴兵令　(理由) 外国と肩を並べるような国になるためには，今までよりも強く近代的な軍隊をつくる必要があるから。
問9 文明開化　問10 福沢諭吉　問11 クラーク

3 ① ケ　② ク　③ テ　④ サ　⑤ ト　⑥ ス　⑦ ソ　⑧ セ
⑨ カ　⑩ コ

4 問1 ア　問2 ウ　問3 エ　問4 ア　問5 イ

○配点○

1 問4・問6(説明) 各4点×2　問8 6点　他 各2点×8
2 問1・問3・問5・問6 各2点×5　問8 6点　他 各4点×6
3 各2点×10　4 各2点×5　計100点

＜社会解説＞

1 (日本の地理－国土・地形)

基本 問1　富士山は山梨県と静岡県の両県にまたがる成層火山で，標高は3776mである。

問2　Aは中部地方，Bは九州地方の説明となる。

問3　Cは金沢市，Dは呉市の説明となる。

問4　関東ローム層の南部は富士・箱根に，北部では浅間・男体の諸火山に由来する。

問5　エ「小学校が立地している」が誤りである。

問6　ロケット等「宇宙」関連の開発・イノベーションが今後ますます加速化し，宇宙がより身近なものとなる時代が到来することが予想される。解答例では，「ロケットマーク」が記載されているが，その他，いわゆる「SDGs」の各項目のマーク等をヒントに考えるのもよい。

問7　ア　冬に日本海側から山脈を越えて太平洋側に吹き下ろす風である。　イ　中緯度地域を年間を通して吹く西寄りの風である。　エ　高緯度地域で年間を通して吹く東寄りの風である。

重要 問8　やませが夏に吹くことを踏まえた上で，稲作の年間の流れが記載された資料を参照して答案を作成する必要がある。

2 (日本の歴史－幕末・明治時代)

基本 問1　A　薩摩藩は薩英戦争，長州藩は下関事件を通して攘夷が不可能であることを悟った。

問2　坂本龍馬は1867年に同志の中岡慎太郎とともに京都で暗殺された。

基本 問3　アは江戸幕府初代将軍，イは同5代将軍，ウは同13代将軍である。

問4　戊辰戦争は鳥羽伏見の戦い(1868年1月)から五稜郭の戦い(1869年5月)までの新政府軍と旧幕府軍との一連の戦いであるが，この戦争の結果，旧幕府体制の崩壊が決定的となり，明治新政府の中央集権化が加速していった。

重要 問5　民衆の心得について記した五榜の掲示は五箇条の御誓文と同じ1868年に発布された。

問6　イ・ウ・エは江戸時代につくられた。

問7　長州出身の木戸孝允が廃藩置県の政策を積極的に進めていった。

重要 問8　学制は1872年，徴兵令と地租改正は1873年に公布された。どの政策を選んでも，明治時代初期の日本が置かれていた状況をしっかり踏まえて答案を作成する必要がある。

問9　明治時代初期に日本は西洋諸国の制度・文物・産業・技術の導入を積極的に推進していった。

問10　福沢諭吉は，「西洋事情」や「文明論之概略」の著者でもある。

問11　札幌農学校は現在の北海道大学の母体である。

3 (政治－環境問題)

基本 ①　メタンも代表的な温室効果ガスである。

②　酸性雨は，汚染物質の自然界での循環と生態系との関係に関して問題を投げかけている。

③　オゾン層は上層大気の放射収支に重要な役割を果たしている。

④　焼畑農業は樹林を伐採し火入れをして，短期間作物の栽培を行い，休閑を経て再度その土地を利用する。

重要 ⑤　砂漠化は，農業生産力の低下や飢餓・貧困問題の増加などにつながる。

⑥　国連は1972年に国連環境計画(UNEP)を創設している。

⑦　リオデジャネイロはブラジル南東部の大西洋沿岸に位置している。

⑧　アメリカのブッシュ大統領はアメリカ経済への悪影響などを理由に京都議定書不支持を表明した。

⑨　SDGsについては，昨今，幅広い分野・業界で取り組みがなされている。

⑩　パリ協定は京都議定書を引き継ぐ形で採択された。

4 (総合－時事問題)

問1 エリザベス女王の在位期間は1952年から2022年までである。

問2 野口総一氏は，国際宇宙ステーション(ISS)にて日本人で初めて船外活動を行った。「新人飛行士に道を譲りたい」と会見し，JAXA退職を表明した。

問3 西九州新幹線は長崎と武雄温泉(佐賀県)の間で開通した。

問4 大阪で最初に万博が開催されたのは1970年である。

重要 問5 ヤングケアラーは昨今の「介護の多様化」を象徴しているといえる。

★ワンポイントアドバイス★

本格的な記述問題も出題されるので，普段から添削等してもらいながら，トレーニングをしておこう。

＜国語解答＞

一 1 せんとう 2 かんちょう 3 ちゃくがん 4 たがや(し) 5 ごくひ

二 1 単独 2 輸入品 3 認知 4 運勢 5 雑誌

三 (一) 1 ア 直(線) イ 曲(線) 2 ア 離(陸) イ 着(陸) 3 ア 登(場) イ 退(場) 4 ア 往(路) イ 復(路) 5 ア 積(極的) イ 消(極的)

(二) 1 まるで 2 めずらしい 3 手立て[方法] 4 責める 5 非常に多くの

四 問一 ア・ウ 問二 ① 現実世界 ② 行動選択 問三 エ 問四 イ 問五 A 失敗 B 成功 問六 エピソード記憶 問七 未来は，過～び取るもの(だから) 問八 ア 問九 叱られてい 問十 (例) 電車で座っていた時，目の前に立ったお年寄りに声をかけるのが恥ずかしくて席を譲れず，座っていてもいたたまれない気持ちになったので，今は迷わず席を譲るようにしている。

五 問一 ウ 問二 ア 問三 エ 問四 北海道 問五 水縞くん，りえさん，トキオ 問六 (例) 幸せになろうとしてもがいている(姿) 問七 人生 問八 ア 問九 ア 問十 A 鈍感 B ダメさ C もがいてる

○配点○

一～三 各2点×20(三(一)各完答)

四・五 各3点×20(四問二・問五，五問十各完答) 計100点

＜国語解説＞

基本 一 (漢字の読み)

1は入浴料を取って一般の人を入浴させる浴場。2は海面の高さが最も低くなること。3は大事な所として目をつけること。4の音読みは「コウ」。熟語は「農耕」など。5は絶対に秘密であること。

基本 二 (漢字の書き取り)

1はただひとりだけであること。2の「輸」を「輪」などと間違えないこと。3の「認知度」は一般的にどの程度知られているかという度合い。4は人が持っている将来の運。5の「誌」を「紙」な

どと間違えないこと。

三 (反対語・ことばの意味)

重要 (一) 1のアはまっすぐな線，イは曲がった線。2のアは陸地を離れて飛び立つこと，イは地上に降りること。3のアは現れ出ること，イは出て行くこと。4のアは行きの道，イは帰り道。5のアは進んで行うさま，イは進んで物事をしないさま。

やや難 (二) 1は「よう」などの語をあとに伴って，よく似ている物事にたとえる場合に用いる語。2はたまにしか起こらない，めずらしいこと。3は手立てや方法，手段。4は問いただして責めること。5は非常に多いこと。

四 (論説文－要旨・大意・細部の読み取り，空欄補充，ことわざ)

重要 問一 ――線部①の「自分がすでにもっている記憶情報」は「ワーキングメモリー」で処理するときに使う蓄積された過去の情報や知識のことで，アは「ワーキングメモリーを上手に……」で始まる段落，ウは「たとえば，医学部の……」で始まる段落でそれぞれ述べている。過去の情報や知識ではない他の選択肢は不適当。

問二 「このワーキングメモリーが……」で始まる段落内容から，空欄①には「現実世界」，②には「行動選択」がそれぞれ当てはまる。

問三 エの「失敗に屈しない精神の養成に必要」とは述べていない。他はいずれも「そんなにいやな……」から続く2段落で述べている。

問四 空欄Xは「どちらでもない記憶」である△，Yは「不愉快な記憶」である×で，Yである「いやな記憶が全体の三割ぐらい」と述べているのでイが適当。

基本 問五 「そこまでは……」で始まる段落などの内容から，空欄Aには「失敗」，Bには「成功」が当てはまる。「失敗は成功の母」は失敗を生かすことで成功につながることをたとえたことわざ。

問六 ――線部⑤直前の2段落の内容から，⑤は「エピソード記憶」のことであることが読み取れる。

問七 「このように……」で始まる段落で「未来は，過去を基準にして，自分の判断で選び取るもの(25字)」であることを述べており，これをふまえて⑥のように述べている。

問八 ――線部⑦の段落で，蓄積された知識の積み重ねによって「ワーキングメモリーにもち出せる知識記憶も多くなり，判断材料が増えてくる」ことを⑦のように述べているのでアが適当。⑦の段落内容をふまえていない他の選択肢は不適当。

重要 問九 「失敗しなくては……」で始まる段落で「叱られていると，それがだんだん体の記憶になっていきます。そして，その場に置かれると，自分が何をしたらいいかすぐにわかるようになります。」と述べており，この二文が――線部⑧の理由になっている。

やや難 問十 解答例では，恥ずかしくてお年寄りに席を譲れず，いたたまれない気持ちになったことが，その後の行動につながったことを述べている。失敗や後悔した経験を思い返しながら，その経験がその後の自分にどのようにつながったかを具体的に述べていこう。

五 (小説－心情・情景・細部の読み取り，空欄補充，記述力)

重要 問一 ――線部①の「コウイウコト」は①前の，水縞くんとりえさんがパンを「言葉にならない『おいしいね』を目で交わしあっているよう」な様子なのでウが適当。気持ちを共有することを説明していない他の選択肢は不適当。

問二 空欄Aは「羽田空港で……」で始まる段落の「相手になんかされてない」という気持ちをふまえたものなのでアが入る。

基本 問三 ――線部②の「言いたかった」こととして，②後で「『ほんとに，ありがとうございます』」と話していることからエが適当。

問四　空欄Bは「沖縄の真逆」で「『俺，毎日……』」で始まるトキオのせりふからも「北海道」が入る。

問五　冒頭の段落から，「水縞くん」「りえさん」，また——線部③後の場面から「トキオ」がこの場にいることが読み取れる。

やや難　問六　——線部④前で，トキオが「『……幸せになろうとしてるんだなって』『……もがいてもがいて恥かいて。いいじゃないっすか，香織さん』」と話していることをふまえて，④で肯定された姿を指定字数以内で説明する。

問七　「『俺，毎日……』」で始まるせりふで，電車のレールを切り替える自分の仕事に重ねて，自分の「人生」は簡単に切り替わらないことをトキオは話している。

問八　——線部⑥前後の会話から，「『もがけない』」ということに「『思いっきりもがいて』」るのに「自分のことは見えていない」ため，⑥のようになっているのでアが適当。⑥前後の描写をふまえていない他の選択肢は不適当。

問九　——線部⑦は，同じ言葉をくり返す「私」にいら立って強い口調になっているのでアが適当。

重要　問十　空欄Aは「陽炎の……」で始まる段落内容から「鈍感」，Bは「不意の言葉に……」で始まる段落内容から「ダメさ」，Cは「『そうだよ。……』」で始まる「私」のせりふから「もがいてる」がそれぞれ入る。

★ワンポイントアドバイス★

小説や物語文では，登場人物同士がどのような関係であるかも読み取っていこう。

適性検査型

2023年度

解答と解説

《2023年度の配点は解答欄に掲載してあります。》

＜適性検査解答＞

1 (1) ① (最初) 前線の同じ (最後) 積み重なる ② イ・エ
(2) 気象庁のホームページで大雨の情報をよく確認するようにする。

2 (1)

	高さ120cmの板		高さ100cmの板		高さ80cmの板	
	幅70cm	幅40cm	幅45cm	幅30cm	幅80cm	幅50cm
東側	4(枚)	0(枚)	2(枚)	1(枚)	0(枚)	0(枚)
西側	6(枚)	2(枚)	0(枚)	0(枚)	0(枚)	0(枚)
北側	0(枚)	0(枚)	0(枚)	0(枚)	10(枚)	2(枚)

(2) ウ

3 (1) 右図

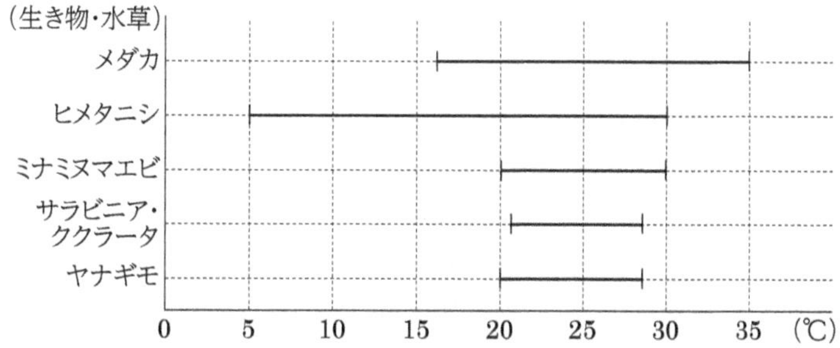

(2) エ (3) (水に浮く水草) オオサンショウモ (底土に根をはる水草) グリーン・タイガー・ロータス (4) 17(℃)

4 (1) 247 (2) ウ・オ (3) 田中さん・高橋さん…候補者の名前が印刷された投票用紙を用意し，投票したい候補者に丸をつける方法をとる。

○配点○

1 (1)① 6点(完答) (1)②・(2) 各8点×2 2 (1) 18点 (2) 6点
3 (1)・(3) 各8点×2((3)完答) (2)・(4) 各6点×2
4 (1) 6点 (2)・(3) 各10点×2 計100点

＜適性検査解説＞

1 (国語，理科：文章読解，気象)

(1) ① 「線状降水《こうすい》帯」がどのようにしてできるのかがわかる部分を【記事2】から抜《ぬ》き出す。【記事2】の第1段落に「これが線状降水帯だ」と書かれている部分があるため，その前の部分に注目する。 ② ア 線状降水帯は九州特有の地形が原因の現象ではないため誤《あやま》り。 イ 【記事2】から，「豪雨《ごうう》にしばしば見舞《ま》われるようになった背景には，温暖化の影響《えいきょう》もある。気温が上がると雲のエネルギーとなる空気中の水蒸気量が増える」ことと，「さらに温暖化が進めば，列島周辺の海面水温はますます上昇《じょうしょう》し，海上から暖かく湿《しめ》った空気が流れ込《こ》みやすくなって今以上に豪雨が増えると考えられる」ことがわかり，イの内容と合う。よって正しい。　ウ　【記事1】の中で「精度はまだ十分ではない」や，予測は全国を11地方に大まかに分けて伝えるなどとあり，発生地域を高い確率で特定できるとは言えないため誤り。　エ　【記事2】の「この45年間で2.2倍に増え，なかでも7月は3.8倍となっている」という部分から正しい。　オ　「『線状降水帯』という言葉が一般的《いっぱんてき》にまだ知られていない」ということはどちらの記事にも書かれていないので誤り。よって，イ・エの2つが正しい記述である。

(2)　「命を守るための方法」として，記事から読み取れる内容であることや具体的な行動を示すことが必要になる。線状降水帯の予測情報は気象庁のホームページから確認できることが【記事1】の中で示されているので，それを利用して情報収集を行うことは「命を守るための方法」の一つだといえる。

2　(算数：図形，計算)

(1)　【資料1】の<西側の点Pから見た図>と<東側の点Qから見た図>より，西側と東側の壁(かべ)は屋根と接する辺がななめになっていて，高さがどちらも最低80cmであることから，西側と東側の壁は高さが120cmと100cmの4種類の板のみが使用されることになる。一方，北側の壁は高さが80cmであり，板が壁の高さより上にはみ出てもかまわないとされているため，すべての板を使うことができる。しかし，全種類の板を1回以上使う必要があるため，高さ80cmの2種類の板はここで使わなければならない。板の枚数を最も少なくするには幅の広い板を可能な限り多く使用すればよいので，80×10＋50×2＝900(cm)という計算式より，幅80cmの板が10枚と，幅《はば》50cmの板が2枚必要である。東側の壁と西側の壁も，4種類の板のうち幅の広いものを可能な限り多く使うと，必要な板の枚数が最も少なくなる。よって幅400cmの東側の壁は，70×4＋45×2＋30×1＝280＋90＋30＝400(cm)　　幅500cmの西側の壁は，70×6＋40×2＝420＋80＝500(cm)となる。西側と東側の壁には，100cmよりも高いところがそれぞれ2.5m，2mあるが，上の板の組み合わせでは，高さ100cmの板の幅は西側も東側もそれらに満たないため，問題ない。また，上の組み合わせでは，板を全種類使用しているため，必要な条件をすべて満たしており，これが答えとなる。

(2)　ヤギが西側の壁に沿って動くとき，西側の壁の長さが5m，物置の西側の長さが1m，北側の長さが2mあるので，物置の北東の角までリードが届く。よって，リードの届く範囲《はんい》が物置の北東の角を超《こ》えているイとエは誤《あやま》りである。ヤギが南側の壁に沿って移動すると，南東の角まで来たときのリードの残りの長さは2m。東側の壁は4mあるため，壁の中央まで届くことになる。よって，東側の壁のすべてがリードが届く範囲《はんい》に含《ふく》まれているアは誤りであり，正しい図はウである。

3　(総合問題：資料読解)

(1)　【資料1】からももこさんのビオトープに入れる生き物と水草を探す。その中の「適水温」の数字を見て，その数字をもとにグラフに記入する。

(2)　ももこさんのビオトープは水温が15℃である。しかし【資料1】より，サラビニア・ククラータとヤナギモの適水温はどちらも20℃以上であるため，水草は枯《か》れてしまうと推測できる。また会話文のあいさんの発言から水草のない環境《かんきょう》では生き物は死んでしまうということがわかるので，ヒメタニシ，ミナミヌマエビ，メダカも死んでしまうと考えられる。よって1か月後の状態として正しいものはエである。

(3)　あいさんのビオトープの水温は32℃である。【資料1】中の<水に浮く水草>4種類の中で32℃のビオトープに入れることができるのは，適水温が20～35℃のオオサンショウモ。<底土に根

をはる水草＞の中では適水温が22～32℃のグリーン・タイガー・ロータスである。

(4) 対象の生き物と水草の適水温を比べる。ヒメタニシが5～30℃，メダカが17～35℃，ウォーターマッシュルームが3～30℃，カボンバが15～28℃。これらの中で最低適水温が一番高いのはメダカの17℃である。したがってすべての生き物と水草が生きられる最も低い水温は17℃である。

4 (総合問題：資料読解)

(1) 【資料3】より副会長選挙の投票数は273票である。これから無効投票数26を引いた数が有効投票数となる。273－26＝247(票)。したがって答えは247(票)である。

(2) ア 書記候補《こうほ》の岩井さんの得票数は【資料4】より116票，書記選挙における有効投票数は【資料3】より266票である。有効投票数の半数は133票であり，116票はこれを超えないので誤(あやま)り。 イ 【資料3】より会長選挙における投票数は273票，無効投票数は13票であるから，無効投票数の割合は，13÷273＝0.0476…、つまり約4.8％となり，5％を超えないので誤り。
ウ バスケットボール部の3年生15人が投票していた場合，3年生の投票者数は，81＋15＝96(人)。3年生全体の生徒数は98人であるから投票率は，96÷98＝0.9795…，つまり約98％となり，97％を超える。したがってウは正しい。 エ 当選した生徒会役員の2年生は3人。これは当選した生徒会役員5人中の3分の2ではないので誤り。 オ 投票者数が同じ場合，生徒数が少ない方が投票率は高いと言えるので【資料2】より，投票率が高いのは1年生である。したがって正しい。

(3) 4人の選挙管理委員の振(ふ)り返りの中から，今回の生徒会役員選挙の課題を読み取り，その課題が解消されるような改善策《かいぜんさく》を具体的《ぐたいてき》に考える。田中さんと高橋さんは投票用紙の候補者の名前の書き間違《まちが》いや不備を指摘《してき》している。そこで，投票者が名前を書く必要がないようにあらかじめ投票用紙に候補者の名前を印刷しておき，投票者は投票したい人の名前に丸をつける案や，投票用紙を記入するスペースに候補者の名前を大きく掲示《けいじ》しておく案などが考えられる。

鈴木さんは国会議員や地方議員の選挙を例に出して，今回の選挙の白紙の投票用紙について「選びたい人がいない」という意思表示なのか記入もれなのかが区別できない点を指摘《してき》した。そこで，「投票したい候補者がいない」という項《こう》目を投票用紙に設ける案などが考えられる。佐藤さんはバスケットボール部の3年生が公式戦出場のため選挙に参加できなかったことをふまえて，正当な理由で選挙に参加できない人がいることの不公平性を課題だと考えていることがわかる。そこで，投票日当日に参加できないことが前もってわかっている人のために「期日前投票」を実施《じっし》する案などが考えられる。

★ワンポイントアドバイス★

複雑な計算問題を素早く解く力というよりも，一つの問題を解くのに複数の表や図，会話文から必要な情報を素早く抜き出し，適切に使用する力が求められている。また文章中から災害や選挙など生活に関わるものごとについての課題を見つけ，それらに対する解決策や改善策を記述する問題もあるため，日ごろからニュースや新聞などに興味関心を向けておくことも大切である。

MEMO

大切なことはメモしておこうネ！

2022年度

★★★★★★★★★★★★★★★★★★★★★★★★★

入　試　問　題

2022年度

相模女子大学中学部入試問題（第１回）

【算　数】（45分）　＜満点：100点＞

【注意】 比は最も簡単な整数の比で答えなさい。円周率は3.14として計算しなさい。

1 次の□にあてはまる数を求めなさい。

(1) $24-12+8=$ □

(2) $7+14\div 7=$ □

(3) $10-(21\times 3-9)\div 6=$ □

(4) $\frac{1}{4}+\frac{1}{12}+\frac{1}{20}+\frac{1}{30}=$ □

(5) $(5-0.08)\div 0.6-(0.3+1.7)\times 0.6=$ □

(6) $\left(\square+1\frac{4}{11}\right)\div 1\frac{13}{33}=1$

2 次の□にあてはまる数を求めなさい。

(1) 275914を四捨五入して，上から２けたのがい数で表すと，□です。

(2) 23分×□＝６時間54分です。

(3) 1600円を姉妹で分けます。姉と妹のもらえる金額の比が５：３のとき，妹のもらえる金額は□円です。

(4) 50の約数を全て足すと，□になります。

(5) ある規則に従って，次のように数が並んでいます。

1，2，2，3，3，3，4，4，4，4，5，5，5，5，5・・・

このとき，３回目の７は，全体の□番目です。

(6) 図のように２つの直角三角形が重なっています。このとき，アの角度は□度です。

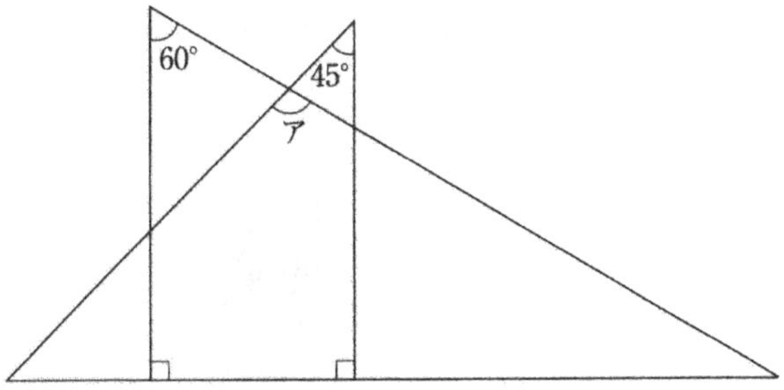

3 0，1，2，3，4の５枚のカードがあります。この中の３枚を使って３けたの整数をつくります。このとき，次の問いに答えなさい。

⑴ 整数は全部で何通りできますか。

⑵ ５の倍数は何通りできますか。

4 相子さんの家と祖父母の家の間には公園があります。次の図は相子さんが家を出発し，公園と祖父母の家に行って，相子さんの家に帰ってくるまでの距離と時間の関係を表しています。このとき，下の問いに答えなさい。

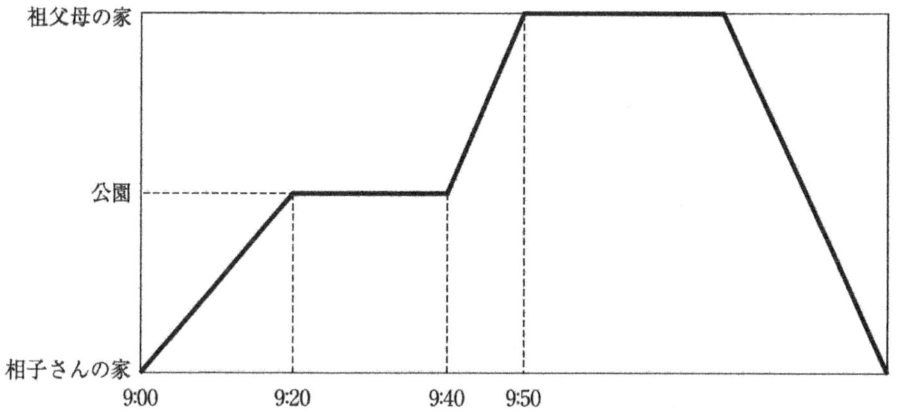

⑴ 相子さんは家から公園まで時速３㎞で歩き，公園から祖父母の家まで時速5.4㎞で走りました。相子さんの家から祖父母の家までの距離は何㎞ですか。

⑵ 相子さんは祖父母の家で，ある時間遊んでから時速４㎞で歩いて家に帰りました。12時までには家に着かないといけないとき，相子さんは最大で何分間祖父母の家にいることができますか。ただし，答えは秒以下を切り捨てるものとします。

5 次の問いに答えなさい。ただし，答えを出すまでの式や図，考え方などを書くこと。

⑴ 濃さ８％の食塩水と濃さ12％の食塩水を４：１の割合で混ぜ，食塩水500ｇを作ります。この食塩水に含まれる食塩は何ｇですか。

⑵ ⑴の食塩水に濃さ16％の食塩水100ｇを加えよくかき混ぜます。その後，この食塩水50ｇと濃さ７％の食塩水200ｇを混ぜます。このとき，食塩水の濃さは何％になりますか。

6 次の問いに答えなさい。ただし，答えを出すまでの式や図，考え方などを書くこと。

⑴ 次のおうぎ形の色のついた部分の面積は何㎠ですか。

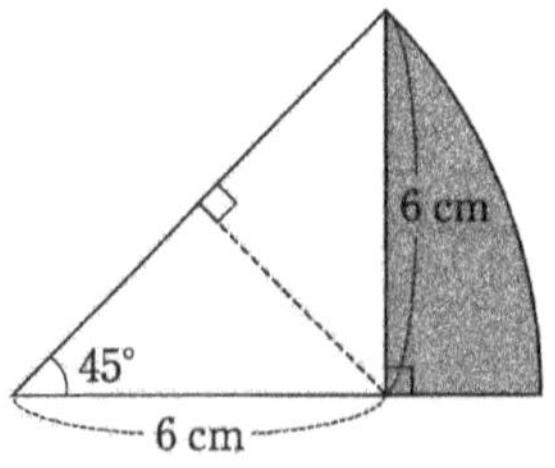

⑵　半径４㎝の円が，それぞれの中心O，O′，O″で重なっています。
このとき，色のついた部分の面積は何㎠ですか。

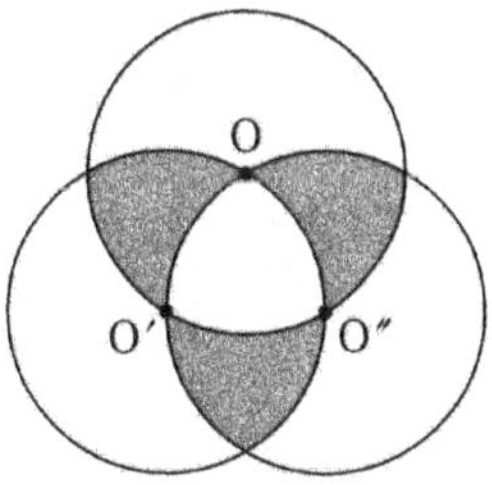

持ち。

ウ　突然教師から名指しされ、緊張している自分を隠そうとする気持ち。

エ　周囲から、張り切って読んでいると冷やかされることを恥じる気持ち。

オ　教科書の音読くらいで本気を出すことに、もったいなさを感じる気持ち。

問三　――線②「勝てない。そう、私は思った」とありますが、「私」が「有紗」に勝てないと感じた点、要素を次から全て選び、記号で答えなさい。

ア　声の大きさ　　イ　気持ちの強さ

ウ　音読へのプライド　　エ　先生からの信頼

オ　クラスメイトからの人望

問四　――線③「森唯奈」の性格を表している言葉を二点、文章中からそれぞれ五字以内で抜き出して答えなさい。

問五　空欄 X には、「わたし」の心の声を表した文が入ります。最も適当なものを次から選び、記号で答えなさい。

ア　可愛い後輩に認められて、うれしいよ。

イ　じゃあ、優しくない私のことは嫌いなの？

ウ　先輩は怖いものだと決めつけていたんでしょ。

エ　優しいと言われるようなことはしていないのに。

問六　――線④「私はただ曖昧《あいまい》な笑みを返すしかなかった」とありますが、この時の気持ちをまとめた次の文の空欄に入る言葉を、文章中からそれぞれ五字で抜き出して答えなさい。

朗読に対する捨てきれない【　A　】があるものの、一方では【　B　】ことが恐ろしいという気持ち

問七　――線⑤「先ほどの唯奈の瞳」とありますが、この「瞳」の様子を比ゆ（たとえ）を用いて表現している部分を、文章中から十五字で抜き出して答えなさい。

問八　――線⑥「本心とは程遠い感情」とありますが、具体的にどのような気持ちでしょうか。最も適当なものを次から選び、記号で答えなさい。

ア　有紗のせいで失敗したと後悔する気持ち

イ　正当な評価ではないと結果を疑う気持ち

ウ　有紗の結果をねたましく思う気持ち

エ　有紗の快挙を自分のことのように喜ぶ気持ち

問九　空欄 Y に入る文を、文章中の言葉を使って十字以内で答えなさい。

澄《す》んだ双眸《そうぼう》が、私の顔を正面から映している。密集した睫毛は端まで黒く、そこに嵌《は》まった瞳はビー玉みたいにキラキラしていた。

「え、いや……」

咄嗟《とっさ》に私は言葉を濁した。バッグには本屋で買った薄っぺらい文庫本が入ったままだった。そこにはいくつもの付箋《ふせん》が貼ってあるし、ペンで書き込んだ跡もある。捨てきれない未練と執着が、ページの間に折り重なるようにして挟まっていた。

「私、先輩と一緒ならNコンも頑張れる気がします」

そうｂ屈託なく告げる唯奈に、④私はただ曖昧《あいまい》な笑みを返すしかなかった。

トイレに駆け込み、思いっきり息を吐き出す。置かれた芳香剤が周囲に甘ったるい香りを撒《ま》き散らしていた。鏡は水垢《みずあか》のせいで曇っていて、それがまたどうにも息苦しい。目を閉じると⑤先ほどの唯奈の瞳が瞼《まぶた》の裏に浮かぶ。一年生の頃、きっと私は彼女と同じ目を持っていた。まだ何の挑戦もしておらず、無邪気に自分の才能を信じている目を。

高校一年生のNコンの本番で、私は緊張のあまり意識が飛んだ。ファイルに挟んだ原稿用紙は何度も見返していたはずなのに、その時には視界が真っ白になって一文字も見えやしなかった。手が震えて、吐き気がした。今すぐこの場から逃げ出したかった。震える指先に力を込める。真っ白な紙が手の中でくしゃりと音を立てた。声を出さなければ、そう思った。なのに、私は何もできなかった。気が付いたときには本番は終わっていて、顧問は労《いたわ》るように私の肩を優しく叩いた。そこに示された同情に、私は他者の目に己がひどく惨《みじ》めに映っていることを悟《さと》った。

その後、有紗は完璧な発表を行った。決勝に進出し、そのまま全国大会行きを決めた。彼女は一位だった。県大会で一位。その輝かしい結果に、私は「おめでとう」と彼女に告げた。それは間違いなく本心だった。だけど同時に、⑥本心とは程遠い感情でもあった。

私はそれまで、有紗より自分が劣っていると感じたことはなかった。もちろん、有紗が上手いことは分かっていた。だけど私だって彼女と肩を並べるくらいには上手い。そう心から信じていた。私は彼女をライバルだと認識していたし、彼女には負けたくないと思っていた。でも、現実はそうではなかった。なんのことはない、私と有紗は初めから対等ではなかったのだ。

あの本番以降、私が朗読の舞台に立つことはなかった。人前に出るのが恐ろしかった。有紗と比べられて、［　Ｙ　］という現実を突きつけられるのが怖かったのだ。

（武田綾乃『青い春を数えて』）

問一　〰〰線ａ「途方に暮れる」・ｂ「屈託なく」の意味として最も適当なものをそれぞれ次から選び、記号で答えなさい。

①　ａ「途方に暮れる」

ア　悲しくて泣きそうになる　　イ　あっさりあきらめてしまう

ウ　どうしたらよいかと困る　　エ　体が動かないほど緊張する

②　ｂ「屈託なく」

ア　無邪気に　　イ　大胆に　　ウ　真剣に　　エ　豪快に

問二　――線①「相反する二つの感情」とありますが、この二つの感情に当てはまるものを次から二つ選び、記号で答えなさい。

ア　放送部員として本番用の声で本気で取り組みたいという気持ち。

イ　他の放送部員からのプレッシャーを感じ、押しつぶされそうな気

防音用の扉を開けると、靴箱にはピカピカの上履きが一足だけ入っていた。どうやら先客が一人いるらしい。誰だか考えることもせず、隣の列に自身のくたびれた上履きを突っ込む。深緑色のスリッパに履き替えると、私は奥にある放送室のドアノブを捻《ひね》った。

「『でも、伝えようとしなきゃ、なんにも始まらないんだよ』」

耳に飛び込んできた声音は確かな熱を孕《はら》んでいた。薄桃色の唇から零《こぼ》れた台詞《せりふ》が、年季の入った灰色のマットへ吸い込まれていく。目が合った。私は息を呑《の》んだ。透明なレンズ越しに、見開かれた瞳が見える。③森唯奈だ、とそこで私は目の前にいる人物を認識した。

その小さな体軀《たいく》はまるで周囲から隠れるように、部屋の隅にぴったりと収まっている。文庫本を開いていた彼女は驚いたように硬直していたが、やがて睫毛《まつげ》をぱちりと上下させた。

「あー……その場面、いいよね。私も朗読するならそのシーンだなって思ってたんだ」

本を指さし、とりあえずは当たり障《さわ》りのない言葉を投げかけてみる。気恥ずかしそうに目を伏せた唯奈のカッターシャツは第一ボタンまで律儀にとめられており、彼女の真面目な性格が窺《うかが》えた。極限まで皮膚を隠したいのか、紺色のプリーツスカートは異様なほど長い。ブランドロゴの刻まれた黒のソックスとスカートとの隙間《すきま》からは、ほんの少しだけ瑞々《みずみず》しい肌が覗いていた。

「私、宮本知咲。仲良くしてくれると嬉しいんだけど」

膝を折り、唯奈の目線に合わせる。どうやら相当の人見知りらしく、彼女は「あ」とか「え」とかそんな短い声を漏らした。動揺しているのか、その視線はうろうろと宙を彷徨《さまよ》っている。柔らかそうな喉が、ひくりと震えた。

「せ、先輩ですよね。あ、私、あの、森です。あの、」

「森唯奈ちゃんだよね？　知ってる知ってる」

こちらが頷《うなず》いてやれば、唯奈は顔を赤らめたまま俯《うつむ》いた。その指先は落ち着きなく文庫本の端を摑《つか》んだり離したりを繰り返している。

「指定図書持ってるってことは、唯奈ちゃんは朗読部門に出るの？」

「あ、いえ、どっちにするか悩んでるところです」

「確かに悩むよね。まあ私は唯奈ちゃんの声はアナウンス部門向きだと思うけど」

「え、」

唯奈の唇がぴたりと止まった。

「先輩、私の声を聞いててくれたんですか」

「そりゃそうでしょ。可愛い後輩なんだから」

それは、反射的に出た台詞だった。唯奈がはにかむように口元を緩める。

「わ、わたし、嬉しいです。先輩、優しいですね」

優しい。その言葉に、私は思わず苦笑した。

――　X　

浮かんでくる疑念をぶつけたら、目の前の後輩はきっと私のことを面倒に思うだろう。だから私は何も言わない。優しい人間を装うのは、ぶつかり合うよりずっと楽だ。相手に合わせて自分の意見を胸中で握り潰してしまえば、皆が私のことをいい人だと評価する。

「先輩は朗読とアナウンスのどっちに出るんですか？」

然と大人との視線のやりとりを身に付け、しっかりと成長していくものだということ。

問七　――線部⑥「視線にはたくさんの意味が込められています」とありますが、「目つきや視線から、その人の意図や気持ちが伝わる」という意味で、「目」という言葉を使う十字のことわざを答えなさい。

問八　空欄 A ・ B に入る言葉の組み合わせとして最も適当なものを次から選び、記号で答えなさい。

ア　A＝遠く離れている　B＝震えている
イ　A＝震えている　B＝微笑んでいる
ウ　A＝目を離している　B＝話しかけている
エ　A＝微笑んでいる　B＝怖い顔をしている

問九　――線部⑦「互いにひとつのものを見つめ合うようになる」とありますが、この内容を別の言葉で表している部分を文章中から二十五字以内で探し、最初と最後の五字を抜き出して答えなさい。

五　次の文章を読んで、後の問いに答えなさい。

「それじゃあ、宮本さん。三十二ページの五行目から」

翌日の現代国語の授業。唐突に教師から名指しされ、「はい」と返した声は少し上擦《うわず》ってしまった。赤くなった耳を誤魔化すように、私は勢いよく立ち上がる。膝裏《ひざうら》に押され、木製の椅子《いす》がずりりと鈍《にぶ》い音を立てた。

放送部員にとって、授業中の音読は鬼門である。これはいわば心理ゲーム、己と周囲との戦いだ。言葉を読む訓練をした人間とそうでない人間の違いが最もわかりやすいのが発声方法で、私の場合だと本番用の声と地声は完全に別物となる。ウグイス嬢を想像するとわかりやすいだろう。学校の授業中に誰かがあんな風にイイ声で教科書を読み出したらどうなるか。当然、周囲からの注目を集めることになる。

私にだって放送部員としての矜持《きょうじ》がある。文章を音読する以上、本気で取り組まないと気がすまない。だが、なに張り切って読んじゃってるの、と嗤《わら》われるのは恥ずかしい。①相反する二つの感情に挟まれる度に、私はいつもa途方に暮れる。

「宮本さん？」

悶々《もんもん》と葛藤に苛《さいな》まれる私の思考を遮るように、教師の声が響いた。

「すみません、今読みます」

私は慌《あわ》てて口を開くと、悩んだ挙句《あげく》に結局地声で音読を行った。平板な自分の声が、教科書の文を追いかける。指定された箇所を読み終わると、教師は「ありがとう」と事務的な言葉をこちらに寄越《よこ》した。

「じゃあ次、三浦さん。続きからよろしくね」

その指示に、有紗が立ち上がった。私は横目で彼女の様子を窺《うかが》う。ピンと伸びた背筋。彼女が息を吸うのに合わせて、その腹部がゆるりと膨《ふく》らんだ。

「『己の場合、この尊大な羞恥心《しゅうちしん》が猛獣だった。虎だったのだ』」

彼女の唇から発せられた声は、明らかに放送部用のものだった。教室の空気がざわつくのが分かる。しかしそんな周囲の反応なんぞ気にならないのか、有紗の背筋は真っ直ぐに伸びたままだった。

②勝てない。そう、私は思った。

目から先の世界には、少しずつ進んでいきます。まずは「共通理解」の場へと進みます。生後九か月頃になると、親と子とで⑦互いにひとつのものを見つめ合うようになるのです。お母さんの視線の先に注目し、そこに新しい玩具《がんぐ》があったりお菓子があったりするのに気づき、その対象を確認しあうことができるのです。ひとつの世界を互いの視線によって共有することは、人間だけが持つ共通の認識世界を生み出すこととなります。これもさらなる進化の予感を感じさせる行動です。

（山口真美『自分の顔が好きですか？「顔」の心理学』）

問一　この文章には、次の一文が抜けています。この一文が入るのに最も適当な箇所を【A】～【D】より選び、記号で答えなさい。

みなさんの親も、今でもみなさんと一緒に、成長を続けていることでしょう。

問二　――線部①「いったい赤ちゃんはなにをそんなに見つめて、どんな顔を好むのでしょう」とありますが、「赤ちゃん」の好む顔を二種類、文章中から十字以内で抜き出して答えなさい。

問三　――線部②「視線や顔を合わせることは、赤ちゃんにとっては大切なこと」とありますが、「赤ちゃん」にとって、視線や顔を合わせた相手は、どのような存在になると述べられていますか。文章中より十二字で抜き出して答えなさい。

問四　――線部③「赤ちゃん時代から、視線のやりとりは積極的に学習されて発達していくのです」とありますが、「赤ちゃん」の視線や人とのやりとりに関する発達について、文章の内容をもとに次の表にまとめました。空欄①・②に当てはまる内容を、文章中の言葉を使って、それぞれ十五字以内で答えなさい。

赤ちゃんの月齢	発達段階
生後四か月	相手の（　①　十五字以内　）
生後五か月	視線が合っていない顔には、脳が反応しない
生後六か月	相手が見ている対象を気にしだす
生後九か月	相手の視線の先に注目するようになる
生後一〇か月	相手の（　②　十五字以内　） 相手の顔色をうかがう
一歳半から二歳頃	言葉を話すようになる

問五　――線部④「このご褒美」とはどのようなことを指していますか。「～こと」に続くように文章中から二十五字で探し、最初と最後の五字を抜き出して答えなさい。

問六　――線部⑤「誰でもお母さんの代わりに成長できる」とありますが、これはどのような意味ですか。最も適当なものを次から選び、記号で答えなさい。

ア　母親の役割は非常に重いものであるから、全ての大人が責任を持ち、社会全体で赤ちゃんを見守らなければ、世の中の母親は育たないということ。

イ　自分の子育てに自信が持てず、不安を抱いている全ての母親に対し、人間は誰でも成長するものだから大丈夫だというメッセージを送ることが必要だということ。

ウ　赤ちゃんにとってどのような立場の人でも、コミュニケーションを重ね、愛情を注いでいくことで、その赤ちゃんとの関係を築くことができるということ。

エ　赤ちゃんは、本能的に生きる力を持っているものであるから、自

自分のほうをぼんやりと見ていた赤ちゃんが、自分の目をしっかり見てくれるようになる、そんな変化が子育てのご褒美《ほうび》となって、お母さんのやる気を湧き立たせるのです。そしてだんだんと、赤ちゃんとお母さんの息は合っていくのです。

ところで、④このご褒美を、うまく受け取れないお母さんもいます。子育てに疲れたり、子育て以外のことに忙殺されたりと、理由はさまざまありますが、本人の資質というよりはその時の状況の方が大きいようです。【 A 】

特に子育ての疲れは、誰もが直面する問題ともいえます。産後のホルモンバランスの変化から、うつ状態になるのはよくあることだからです。忙しいお父さんや、知り合いのいない場所での孤立《こりつ》した子育ての環境は、お母さんを追い込んでいくことにもなりましょう。虐待や育児放《ほう》棄《き》といった悲しい事件もありますが、そこまでいかなくとも、この時期に赤ちゃんの視線をうまく受け取ることができないと、息が合うきっかけを失うことにもつながるのです。こうした小さなつまずきは、いたるところで起きている可能性があります。もちろん、子育ての役割はお母さんに限りませんし、⑤誰でもお母さんの代わりに成長できるのです。子育てには、周囲の環境が大切なのです。

赤ちゃんを産んだらそのまま親になれる――そんなわけではないことがわかりました。赤ちゃんとのやり取りの中で、親も成長するのです。もちろん、親の成長は赤ちゃん時代に限られるものではありません。

【 B 】

赤ちゃんの話に戻ると、親子の視線は、コミュニケーションの大切な土台となることがわかっています。これまでみてきた赤ちゃんの視線の読み取りは、単に開いている目やこっちを見ている目に注目するだけで、私たちの視線の読み取りと比べると、幼稚《ようち》に思えます。

私たち大人にとって、⑥視線にはたくさんの意味が込められています。見つめられてドキッとしたり、なんらかの意図を感じたり、さまざまな感情を伴います。視線に意図を読み取ることは、いつ頃からできるのでしょうか。親子で行き交う視線の巧《たく》みなトレーニングが、そこにあるようです。【 C 】

新生児には意図を読み取る術《すべ》はありませんが、一歳になるよりも早く、生後一〇か月頃からすでに、相手の意図らしきものを読み取るようです。言葉を話すようになるのが一歳半から二歳頃であるのと比べると、会話をするよりも以前に、相手の意図がわかるのです。それはとても早い発達ともいえましょう。

生後一〇か月の赤ちゃんは抱っこされているお母さんの顔を覗《のぞ》き込み、その顔色をうかがって、自分の行動を決めることが実験からわかっています。ガラス板の下に崖《がけ》が見える怖い場所に座らせても、お母さんが［ A ］とそのまま崖の上に渡されたガラス板の上を進んでいきます。ところがお母さんが［ B ］と、進まずにその場に留まったのです。お母さんの表情から、自分の状況を判断することができたのです。

では、赤ちゃんの注意が、お母さんの目から離れて外界へと移るのは、いつ頃でしょうか。

生後六か月になると、注意は視線の先へと進むようです。相手が見ている対象を気にしだすのです。赤ちゃんの興味の対象は、鳥のように目そのものではなくて、目から離れていくのです。それは動物から人への進化を示すような、劇的な変化ともいえましょう。【 D 】

顔と同じように視線には、生まれた時から敏感です。そして顔の読み取りの発達と同じように、目への気づきから視線の方向の把握《はあく》へと、目から受け取る内容は洗練されていきます。

②視線や顔を合わせることは、赤ちゃんにとっては大切なことのようです。視線が合っていない顔は、視線が合った顔と比べて、学習しにくいことがわかっています。脳を調べた実験からは、生後五か月の幼い乳児では、横顔を見ても顔を見る脳が反応しないことがわかっています。そこでこれまで行われてきた、赤ちゃんを対象にした実験で使われた顔を調べてみました。すると、ほぼすべてが正面向きの顔であることがわかりました。つまり、目と目を合わせる顔と視線が、赤ちゃんをひきつける最大の魅力といえるのです。

こっちを向いて視線の合った顔は、自分とのかかわりのある顔であり、意味のある顔であり、意識して把握するべき対象となるのでしょう。一方で視線の合わない顔は、こちらに無関心だということで、無視してもいいものとなるのかもしれません。

赤ちゃんに会う機会があったら、ぜひ試してほしいことがあります。赤ちゃんを見つめることによって、あるいは目をそらすことによって、赤ちゃんはどのような変化を見せるでしょうか。私たちが無意識のうちにする視線への反応、それは赤ちゃんにも備わっているのでしょうか。

③赤ちゃん時代から、視線のやりとりは積極的に学習されて発達していくのです。お母さんも赤ちゃんに応対することによって、親子は一緒に発達していくのです。ある意味で赤ちゃんは、周りの大人たちを導き、親へと成長させる力を持っているのです。

ぜひ機会を見つけて、赤ちゃんと対面してほしいと思います。赤ちゃん初心者に向けて、「赤ちゃんパチパチ目合わせ遊び」を考案したことがあります。これは、表情をつくるのが恥ずかしかったり、育児に疲《つか》れて表情をつくるのが面倒になっているお母さんでも、目をパチパチ開けたり閉じたりするとか、目をキョロキョロさせて横を見たり前を見たりするなど、簡単なしぐさをつくりながら赤ちゃんをしっかり観察していくというもので、赤ちゃんとのコミュニケーションを学ぶことができると思います。コミュニケーションの原点を考える上でも、子育てを考える上でも、学びの場となる遊びのひとつとなりましょう。

お母さんと赤ちゃんは、みな仲が良さそうにみえます。生まれてずっと一緒にいると、自然と仲良くなるのでしょうか。

生まれてからの赤ちゃんとお母さんの行動を丁寧《ていねい》に観察した研究から、意外なことがわかってきました。赤ちゃんとお母さんは、生まれつきウマが合うわけではないのです。

赤ちゃんがお母さんの目を見る時間と、お母さんが赤ちゃんの目を見る時間を、生まれた直後から観察すると、発達的な変化がみられたのです。赤ちゃんの注視時間だけでなく、お母さんの注視時間も、だんだんと長くなっていったのです。赤ちゃんの発達は先に説明した通りで、視線の発達とともに、新生児の開いた目への好みから、視線の合った目へと、視線を見る感度も高まり、自然と目を見る時間は長くなっていくのです。

それに合わせてお母さんも発達することが、データの中からわかったのです。赤ちゃんの目を追うスキルがアップしていくのです。お母さんは、最初からお母さんになれるわけではなく、子育てしていくうちにお母さんになっていくのです。

【国語】（四五分）〈満点：一〇〇点〉

一　次の――線部の漢字の読み方をひらがなで答えなさい。

1　雨で運動会は順延になった。
2　今年は野菜が豊作だ。
3　綿雲が空に浮かんでいる。
4　六人編成のグループを作る。
5　記述をよく読んで答えよう。

二　次の――線部のカタカナを漢字に直しなさい。

1　時代のゲキリュウにもまれる。
2　市のキジュンを満たしている認可保育園だ。
3　この街に大きなビルがケンセツされる。
4　キンゾク製のネックレスを買った。
5　スピードをゲンソクして走った。

三　次の問いに答えなさい。

（一）　次の――線部の慣用句は一部が間違った表現になっています。正しく直して答えなさい。

1　彼は、勉強も運動もできるため、クラスの皆から一目示されている。
2　ここで見つかったら大変なことになるので、空気を殺して隠れていた。
3　今回のテストは簡単なので、勉強する必要はないとかたをくくる。
4　何度練習しても逆上がりができないため、ついにはしを投げてしまった。
5　今日はたくさんのお客さんが来て、犬の手も借りたいくらい忙しい。

（二）　次の文の中で、かなづかいや送り仮名が間違っている部分に傍線を引き、隣に正しく書き直しなさい。

1　最も難しい試験が近ずいてきたので、勉強を始めよう。
2　君との約束は必らず守ると心に誓って、旅に出た。
3　友達に誘われたが、予定があるので断わった。
4　元気よく「こんにちわ。」と言うと、笑顔で応じてくれた。
5　もう一度持ち物を確めると、忘れ物があることに気づいた。

四　次の文章を読んで、後の問いに答えなさい。

電車の中などで小さい赤ちゃんに、じっと見つめられたことはないですか。一度目が合うと、なかなか目をそらしてくれなくて、嬉しかったり恥《は》ずかしかったりするものです。①いったい赤ちゃんはなにをそんなに見つめて、どんな顔を好むのでしょう。

新生児が顔に注目することは先に示しましたが、どちらかの顔を選択する場合、目が重要なポイントになります。目を閉じた顔よりも、目が開いた顔を好んで注目するのです。それが生後四か月になると、視線の方向に敏感になります。同じ開いた目でも、視線が合っていない顔よりも、視線が合っている顔を好みます。つまり、赤ちゃんと一度目が合ってしまうと、しげしげと注目され続けてしまうというわけです。

MEMO

大切なことはメモしておこうネ！

2022年度

相模女子大学中学部入試問題（第２回）

【算　数】（45分）　＜満点：100点＞

【注意】 比は最も簡単な整数の比で答えなさい。円周率は3.14として計算しなさい。

1　次の □ にあてはまる数を求めなさい。

(1)　$35-21+9=$ □

(2)　$112+18\times 3=$ □

(3)　$4.5\times 3+3.6\div 0.6=$ □

(4)　$\frac{1}{5}+\frac{2}{3}-\frac{3}{4}=$ □

(5)　$\frac{5}{12}\times 3-1\frac{3}{4}\div 2\frac{5}{8}=$ □

(6)　$3.8\times\left(\frac{1}{2}+\right.$ □ $\left.\right)\div 4=\frac{19}{20}$

2　次の □ にあてはまる数を求めなさい。

(1)　2300円の品物の４％は □ 円です。

(2)　３つの数，12，15，18の最小公倍数は □ です。

(3)　連続する２つの整数をかけたら756になった。小さい方の整数は，□ です。

(4)　１時間13分15秒＋58分50秒＝ □ 秒です。

(5)　濃さ３％の食塩水400ｇと濃さ５％の食塩水100ｇを合わせると濃さ □ ％の食塩水が500ｇ出来ます。

(6)　次の図は正方形とおうぎ形を組み合わせた図形です。このとき，色のついた部分の面積は □ cm^{2}です。

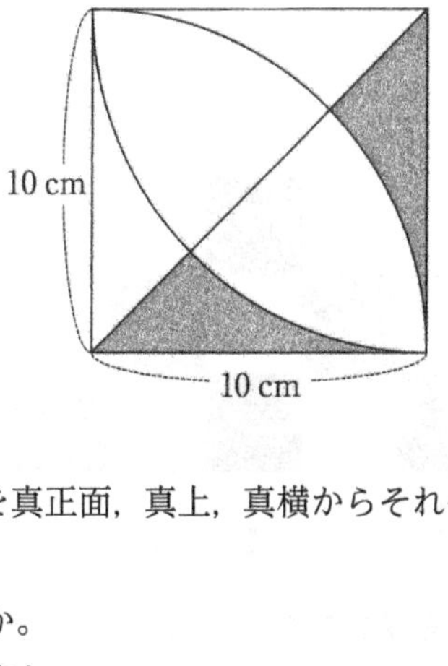

3　次のページの図は，ある立体を真正面，真上，真横からそれぞれ見た図です。このとき，次の問いに答えなさい。

(1)　この立体の体積は何cm^{3}ですか。

(2)　この立体の表面積は何cm^{2}ですか。

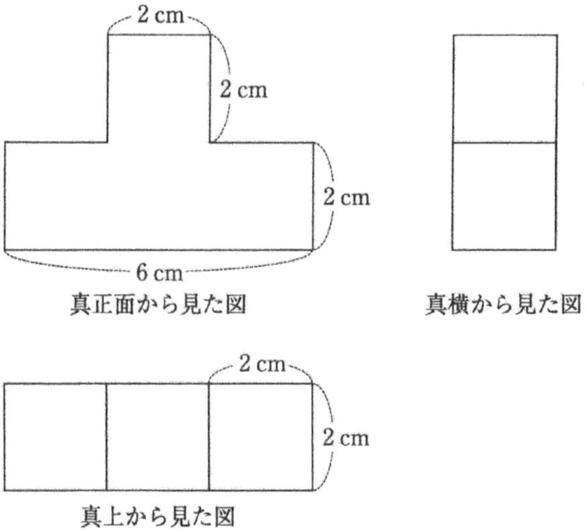

4 次の問いに答えなさい。

⑴ 50円切手と80円切手を合わせて15枚買ったところ，代金が990円でした。80円切手は何枚買いましたか。ただし，消費税は考えないものとする。

⑵ いくつかのあめがあり，何人かの子どもがいます。あめを子どもに配るのに，１人に４個ずつ配ると７個あまり，１人に５個ずつ配ると５個不足します。このとき，子どもは何人いますか。

5 [0]，[1]，[2]，[3]の４枚のカードがあります。これらのカードをすべて使って４けたの整数をつくります。このとき，次の問いに答えなさい。ただし，答えを出すまでの式や図，考え方などを書くこと。

⑴ 整数は全部で何通りできますか。

⑵ 偶数は全部で何通りできますか。

6 次の図のように白と黒のタイルを並べていきます。このとき，下の問いに答えなさい。ただし，答えを出すまでの式や図，考え方などを書くこと。

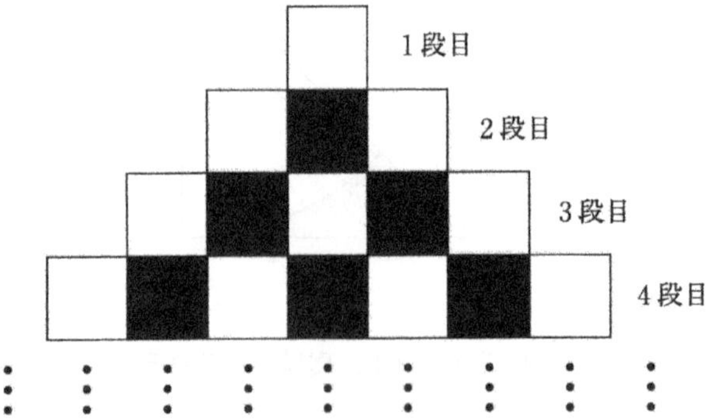

⑴ 10段目まですべて並べるのに必要なタイルは全部で何枚ですか。

⑵ 2022段目まですべて並べたとき，白と黒のタイルの枚数はどちらが何枚多いですか。

【理　科】（45分）　＜満点：100点＞

1　図１，２のように，網《あみ》目が正方形で丈《じょう》夫な金網の中心を天井から糸でつるしました。おもりをつける位置は，Ａ～Ｅのアルファベットと１～５の数字を組み合わせて表します。たとえば，金網の中心はＣと３の交わる位置なので，Ｃ３と表します。次の問いに答えなさい。ただし，金網や糸の重さは考えないものとします。

⑴　図１のように，Ａと３の交わる位置（Ａ３）に20ｇのおもりを１個つるしました。20ｇのおもりを１個つるしてつり合わせるには，どの位置につるせばよいですか。

図１

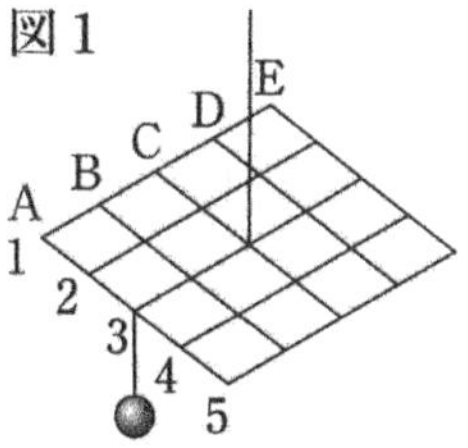

⑵　図２のように，Ｄと４の交わる位置（Ｄ４）に60ｇのおもりを１個つるしました。30ｇのおもりを１個つるして，金網をつり合わせるには，どの点につるせばよいですか。

図２

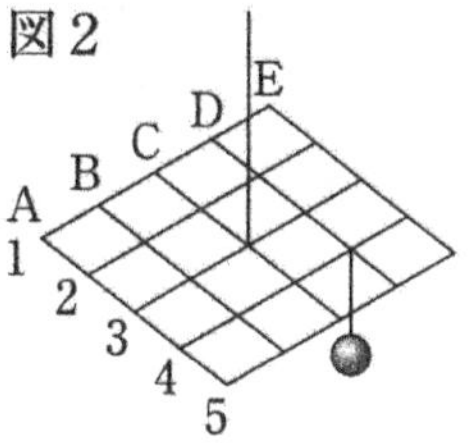

⑶　図３，４は，金網を真上から見たものです。

①　図３のように，Ｃと５の交わる位置（Ｃ５）とＥと３の交わる位置（Ｅ３）にそれぞれ10ｇのおもりをつり下げました。次の文の（ア）～（ウ）にあてはまる点の位置を答えなさい。

Ｃ５とＥ３の２個のおもりと同じ力を，１個のおもりで支点にかけるには，Ｃ５とＥ３の中間点である（　ア　）に20ｇのおもりをつり下げて表します。このとき，（　イ　）に20ｇのおもりをつり下げるとつり合います。また，（　ウ　）に10ｇのおもりをつり下げると，つり合います。

②　図４のように，Ａ１とＥ３にそれぞれ10ｇのおもりをつり下げました。さらにもう１個，おもりをつり下げてつり合わせるには，どの位置に何ｇのおもりをつるせばよいですか。その組み合わせを１つ答えなさい。

図３

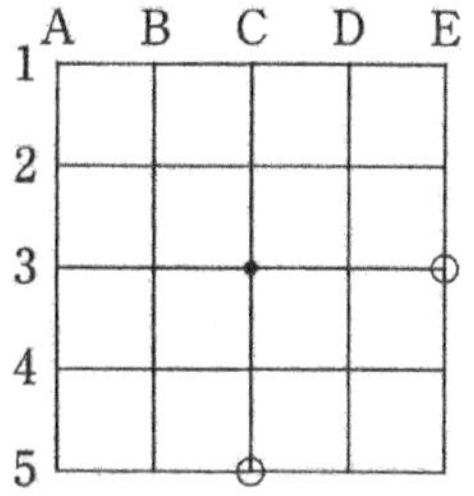

図４

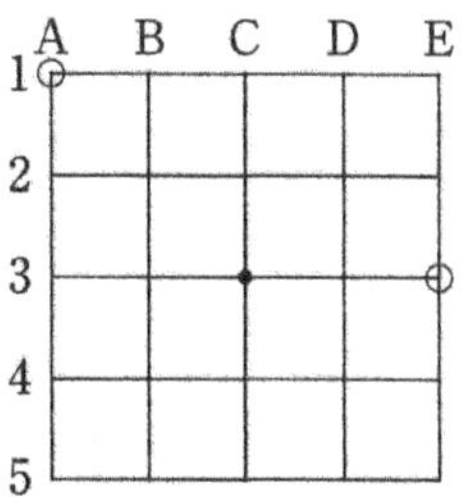

2　木炭とスチールウールの燃え方について，あとの問いに答えなさい。

実験１：酸素を入れた集気びんの中で，木炭とスチールウールをそれぞれ燃やし，燃えたあとのびんに石灰水を入れてよく振りました。

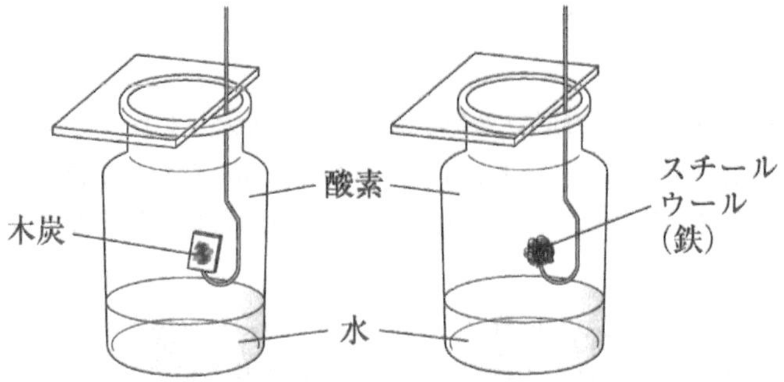

⑴　**実験１**の結果について，次の文のようにまとめました。正しい文となるように，空らんの（ア）～（オ）にあてはまる語句を下の**＜語群＞**から選び，答えなさい。

木炭には（　ア　）が含まれていて，燃えるとびんの中の（　イ　）と結びついて（　ウ　）ができる。スチールウールは（　エ　）でできているため，びんの中の（イ）と結びついても（ウ）はできない。このことから，石灰水が白くにごったのは，木炭とスチールウールのうち，（　オ　）の入った集気びんと考えられる。

＜語群＞

酸素・炭素・ちっ素・水素・二酸化炭素

鉄・銅・アルミニウム・木炭・スチールウール

木炭とスチールウールが燃えたときの重さの変化について調べるため，次の**実験２**，**３**を行いました。

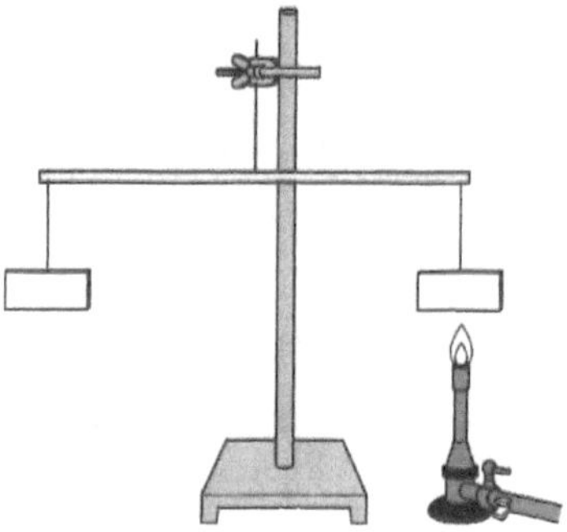

実験２：同じ重さの木炭をてんびんにつるし，つり合わせ，右側の木炭に火をつけ燃やし，てんびんのかたむきを調べました。

⑵　**実験２**の結果について，次の文の（カ），（キ）にあてはまる語句を下の**語群**から選び，答えなさい。

右側の木炭に火をつけて燃やしたところ，木炭がある気体に変化するため，木炭の重さが（　カ　）なり，てんびんの右側が（　キ　）。

＜語群＞

重く・軽く・上がった・下がった

実験３：同じ重さのスチールウールをてんびんにつるし，つり合わせ，右側のスチールウールに火をつけ燃やし，てんびんのかたむきを調べました。

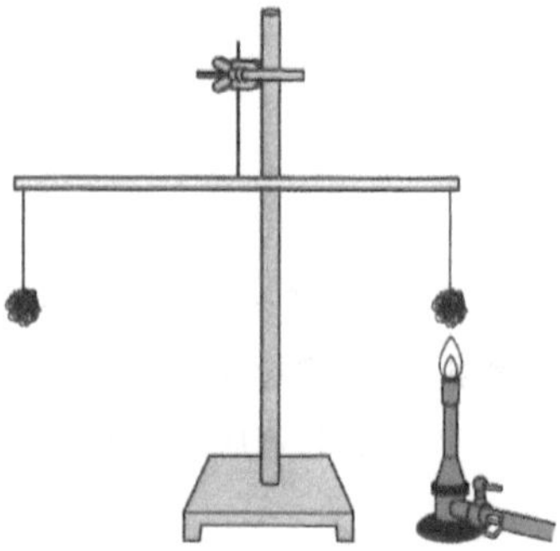

⑶　**実験３**の結果について，文中の（ク），（ケ）にあてはまる語句を下の**語群**から選び，答えなさい。

左側のスチールウールに火をつけて燃やしたところ，空気中の気体と結びついてスチールウールの重さが（　ク　）なり，てんびんの右側が（　ケ　）。

＜語群＞

重く・軽く・上がった・下がった

3　さがみ子さんは，学校の畑でトマトとカボチャを育てました。花のつくりをよく観察してみると，トマトの花には１つの花にめしべとおしべの両方があり，カボチャの花はめしべだけをもつめばなと，おしべだけをもつおばながあることに気付きました。

花のつくりによる違いに興味がわいたさがみ子さんは，トマトとカボチャの花のつぼみを使って，次のような花粉のはたらきを調べる実験を行いました。あとの問いに答えなさい。

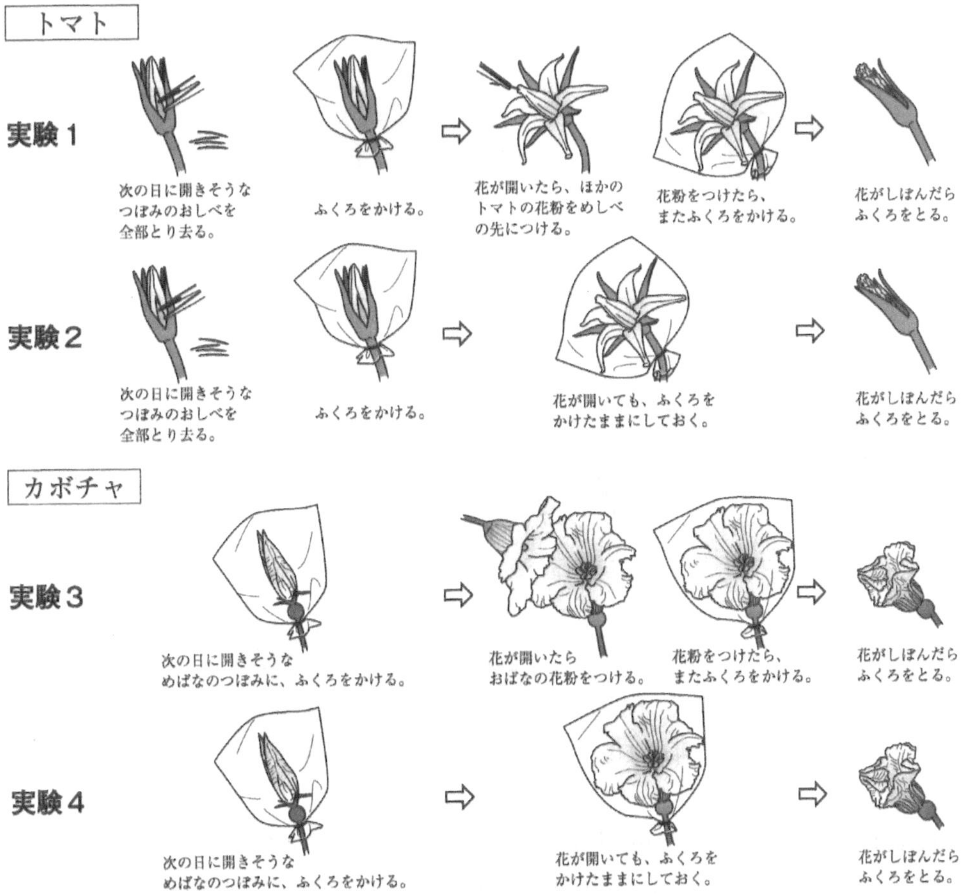

⑴　めしべの先に花粉がつくことを何といいますか。

⑵　**実験１～４**の中で，めしべの先に花粉がつくのを防ぐために行っていることは何ですか。２つ答えなさい。

⑶　**実験１～４**の中で，実ができないのは，どれですか。すべて選び，番号で答えなさい。

⑷　⑶で，実ができなかったのはなぜですか。次のページのア～ウの中から選び，記号で答えなさい。

ア　めしべの先に花粉がついたから

イ　めしべの先に花粉がつかなかったから

ウ　めしべの先に花粉をつけたあと，ふくろをかけたから

⑸　花粉をつけたあと，もう一度ふくろをかけるのはなぜですか。次のア～エの中から１つ選び，記号で答えなさい。

ア　つけた花粉が飛ばされないようにするため

イ　花を風や雨から守るため

ウ　花の温度を保つため

エ　花粉をつけなかった花と，他の条件を同じにするため

⑹　さがみ子さんは，花粉のはたらきを調べる実験を終えたあと，たくさんの実ができたので，収穫したトマトとカボチャを食べることにしました。それぞれの野菜を図①～④の方向に切ったとき，断面はどのようになりますか。次のア～コから選び，記号で答えなさい。

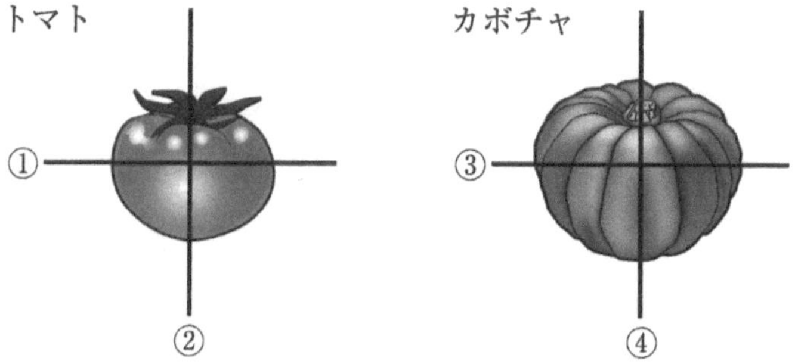

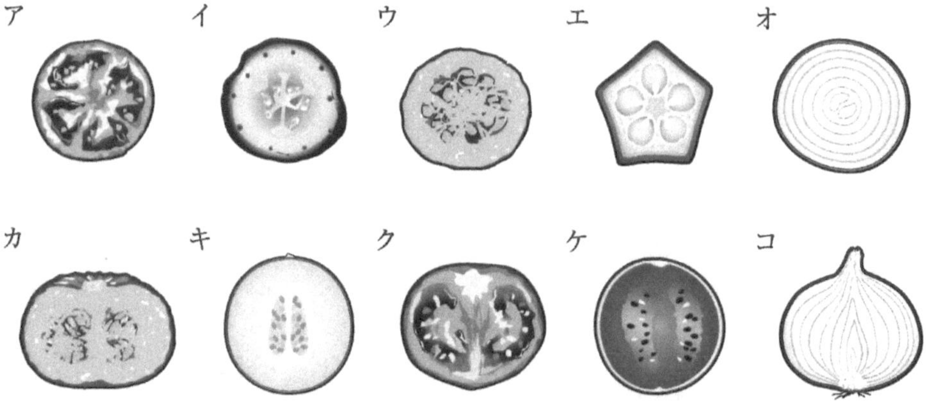

4　川を流れる水のはたらきや豪《ごう》雨の被《ひ》害について，次の問いに答えなさい。

⑴　図１（次のページ）のように，川の流れの仕組みを知るために土で山を作り，水を流して調べてみました。

①　図１の㋐，㋓で流れる水の速さが速いのはどちらですか。記号で答えなさい。

②　図１の㋑，㋒で流れる水の速さが速いのはどちらですか。記号で答えなさい。

③　図１の㋑，㋒で土がたまりやすいのはどちらですか。記号で答えなさい。

図１

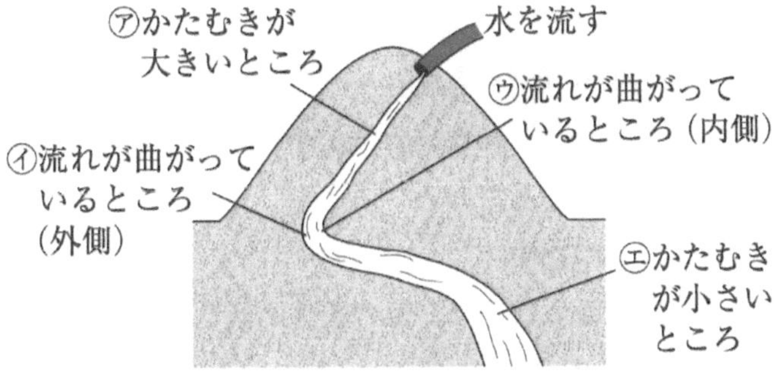

⑵　図２のように，川の曲がる部分に家があります。図２のア，イのうち，大雨で水の量が増えたときに危険なのはどちらですか。記号で答えなさい。

図２

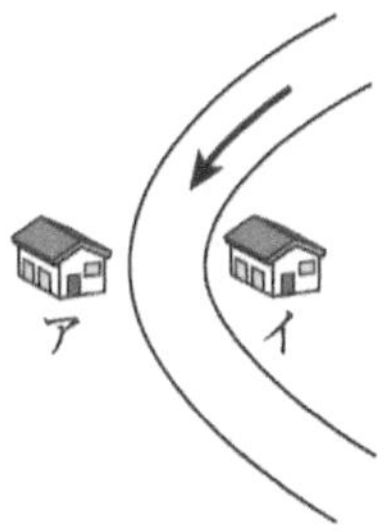

⑶　さがみ子さんは，自分の住んでいる周辺の洪《こう》水ハザードマップを調べることにしました。

ハザードマップとは，自然災害による被害の軽減や防災対策に使用する目的で，危険区域や避《ひ》難場所・避難経路などの防災関係施設の位置などを表示した下のような地図です。

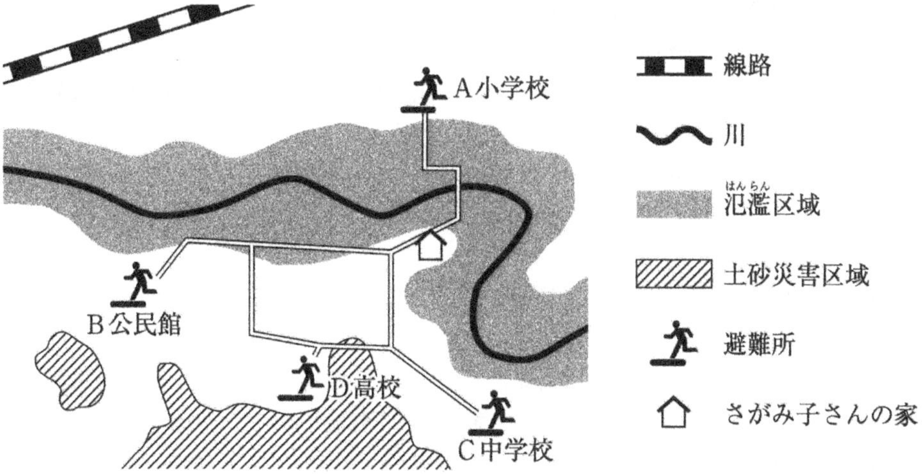

さがみ子さんが，家にいるとき，大雨で川が氾濫し避難することになりました。このとき，最も安全な避難ができると考えられる避難所はどこですか。A小学校，B公民館，C中学校，D高校の中から１つ選び，記号で答えなさい。

【社　会】（45分）　＜満点：100点＞

1　下の地図を見て，あとの問いに答えなさい。

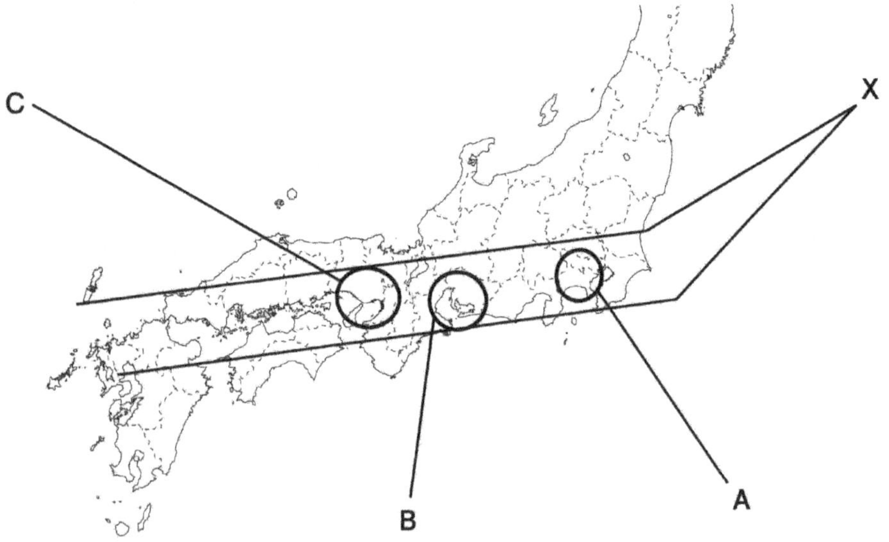

問１　地図中のＡは東京都から神奈川県に広がる工業地帯で，Ｂは愛知県を中心に広がる工業地帯である。それぞれの名前を答えなさい。

問２　地図中のＸは工業地帯・工業地域が連なっている地域である。これは何と呼ばれているか，答えなさい。

問３　地図中のＡの工業地帯・工業地域で貿易額の多い神奈川県の港として正しいものを，下のア～エから１つ選び，記号で答えなさい。

ア．焼津《やいづ》港　　イ．横浜港　　ウ．苫小牧《とまこまい》港　　エ．下田《しもだ》港

問４　地図中のＢの工業地帯・工業地域で，自動車関連の製造生産額が全国１位の愛知県の都市名として正しいものを，下のア～エから１つ選び，記号で答えなさい。

ア．名古屋市　　イ．瀬《せ》戸市　　ウ．大津市　　エ．豊田市

問５　地図中のＣの工業地帯・工業地域の名前として正しいものを，下のア～エから１つ選び，記号で答えなさい。

ア．阪神工業地帯　　イ．北九州工業地域

ウ．京葉工業地域　　エ．瀬《せ》戸内工業地域

問６　昭和30年代に日本は高度経済成長期に入り，大きく経済発展をした。それは外国から原材料を輸入し，すぐれた技術で製品にして輸出するという貿易を行っていたからである。このような貿易を何というか，答えなさい。

問７　その土地の原材料を使い，長年受け継がれてきた技術をもとにした伝統工業で作られた製品を伝統的工芸品という。次のページの写真は秋田県の伝統的工芸品であるが，これを何というか。その名前として正しいものを，下のア～エから１つ選び，記号で答えなさい。

ア．南部鉄器　　イ．曲げわっぱ

ウ．江戸切子　　エ．京友禅《ぜん》

問８　あなたが工場をつくる立場であったら，内陸部と臨海部のどちらに作るか。どちらかに丸をつけ，その理由を答えなさい。

２　次のカードは，いずれも平安・鎌倉時代の４人の人物を表すカードである。次の文章を読んで，あとの問いに答えなさい。

A
この人物は，平氏の全盛期を築いた武将であり，武士として初めて太政大臣《だいじょうだいじん》となって権力を握《にぎ》った。朝廷内での権力争いの中で自分の娘を天皇に嫁《とつ》がせるなどして権力を得たことで，荘園などから高額の税を得つつ，（　①　）貿易でも大きな利益を手にした。そのため“平家にあらずんば，人にあらず”という言葉が広まった。

B
この人物は，(あ) 鎌倉幕府の初代執権を務めた。もともとは流人の (い) 源頼朝を監視《かんし》する役目だったが，娘の（　②　）が源頼朝に嫁ぐことになり，結婚を許した。先見の明のある人物だったこともあり，頼朝の右腕《うで》として活躍し，頼朝の支配権を全国に及《およ》ばせることに貢献《こうけん》した。

C
この人物は絶大な権力を持ち，それまで弱まっていた朝廷の力を盛り返そうとした。(う) 歌人としての評価が高く，文武両道の才能があった。不安定な鎌倉幕府を倒《たお》そうと考え，それまでの北面の武士に加えて西面の武士を新設させ，1221年に（　③　）の乱が始まった。しかし，思いのほか兵士が集まらず，（　②　）の行った大演説によって挙兵からわずか１ヶ月で敗北することになった。

D
この人物は，相模《さがみ》の国に生まれ，人生の半分を外交政策に費やして30代の若さで死を遂《と》げた。13世紀中頃，中国に誕生した元は（　④　）によって建国された。この元が二度も日本に攻めて来た出来事をまとめて元寇という。この襲来《しゅうらい》に備えるために，博多湾岸に石塁《せきるい》を作らせるなど，元軍の上陸自体を食い止める方法を考え出した。

問１　各カードの人物の組み合わせを下のア～エから１つ選び，記号で答えなさい。

ア．A　平清盛　　B　北条時政　　C　後鳥羽上皇　　D　北条時宗
イ．A　源義経　　B　北条時宗　　C　後白河法皇　　D　北条時政
ウ．A　北条時政　　B　後鳥羽上皇　　C　北条時宗　　D　平清盛
エ．A　平清盛　　B　源義経　　C　後鳥羽上皇　　D　北条時政

問２　上の４枚のカードの空らん（①）～（④）にあてはまる語句を答えなさい。

問３　下線部（あ）の将軍は，御家人《ごけにん》たちと土地を仲立ちとした主従関係を結んだ。将軍は御家人たちが先祖伝来から持つ土地を保障し，手がらをたてた御家人には新しい土地を与えた。これを「御《ご》恩」というが，その「御恩」に対して，御家人たちが命をかけて将軍のために戦うことを何というか。漢字２字で答えなさい。

問４　下線部（い）の人物は御家人に指示し平氏を滅亡させたが，この戦いを何というか。下のア～エから１つ選び，記号で答えなさい。

ア．屋島の戦い　　イ．桶狭《おけはざ》間の戦い

ウ．長篠《しの》の戦い　　エ．壇《だん》ノ浦《うら》の戦い

問５　下線部（う）について下のア～エから，カード**C**の人物が詠《よ》んだ和歌を選び，記号で答えなさい。

ア．古池や　蛙《かわず》飛び込む　水の音

イ．この世をば　わが世とぞ思ふ　望月の　欠けたることも　なしと思へば

ウ．人も愛し　人も恨《うら》めし　あじきなく　世を思ふゆゑに　もの思ふ身は

エ．教皇は太陽，皇帝は月である

問６　**【資料１】**に登場する人物は，庶民の生活の中に入り庶民に対して鎌倉仏教の一つを広めた僧侶《そうりょ》，一遍《いっぺん》である。この人物は鎌倉仏教のうち何を広めたか，下のア～エから１つ選び，記号で答えなさい。

ア．浄土宗

イ．時宗

ウ．曹洞《そうとう》宗

エ．浄土真宗

【資料１】（一遍上人絵伝より）

問７　**【資料２】**は，鎌倉幕府の地図である。なぜ鎌倉幕府をこの場所に作ったのか，考えて答えなさい。

問８　鎌倉幕府の成立年は，1185年とされているが，この年に鎌倉幕府の成立と考えられるどんな出来事があったからなのか答えなさい。

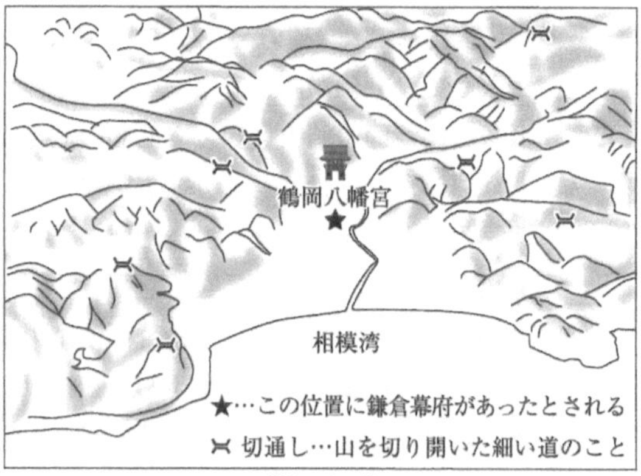

【資料２】

3　次の文章を読んで，本文中の空らん（①）～（⑩）にあてはまる語句を，次のページの**【語群】**から選び，それぞれ記号で答えなさい。

　1945年８月，ポツダム宣言を受け入れた日本は，ＧＨＱのマッカーサーの草案にもとづいて，日本国憲法がつくられた。この憲法は1946年（　①　）に公布され，1947年（　②　）に施《し》行

された。この憲法の三大原則は（　③　），（　④　）の尊重，平和主義であった。太平洋戦争では，1945年８月６日に（　⑤　）に，1945年８月９日には（　⑥　）に原子爆弾《ばくだん》が投下されるなど，日本は大きな被《ひ》害を受けた。その経験から，戦争を放棄《き》し，平和を強く求める平和主義がかかげられた。

また日本国憲法第41条には「国会は，国権の最高機関であつて，国の唯《ゆい》一の立法機関である。」と定められている。国会には衆議院と参議院の２種類があり，衆議院の任期は（　⑦　）年で，参議院の任期は（　⑧　）年である。

また日本の政治では，国会・（　⑨　）・裁判所の三権がそれぞれ，「立法権」・「行政権」・「司法権」をもち，それぞれ独立した機関が担当している。これは国の権力が一つの機関に集中することを防ぎ，国民の権利や自由を守るためである。

日本国憲法第96条には，憲法改正について定められている。この憲法を改正するためには，「各議員の総議員の（　⑩　）以上の賛成で，国会が，これを発議し，国民に提案してその承認を経なければならない。この承認には，特別の国民投票又《また》は国会が定める選挙の際に行は《わ》れる投票において，その過半数の賛成を必要とする」と定められていて，1947年に施行されて以来，いまだに一度も改正されたことはない。

【語群】

ア．内閣	イ．４	ウ．三権分立	エ．長崎
オ．過半数	カ．国民主権	キ．三分の二	ク．８月15日
ケ．５月３日	コ．広島	サ．８	シ．三審《しん》制
ス．京都	セ．大統領	ソ．５	タ．沖縄
チ．６月23日	ツ．基本的人権	テ．６	ト．11月３日

4　次の問１～問５について，答えをア～エから１つ選び，記号で答えなさい。

問１　今年，中国の進める国家安全維《い》持法が施行された特別行政区はどこか。

ア．南京　　イ．北京　　ウ．台湾　　エ．香港

問２　昨年９月には西アジアのある国で，タリバン政権が再び政権を握《にぎ》ることとなったがその国はどこか。

ア．パキスタン　　イ．サウジアラビア　　ウ．アフガニスタン　　エ．シリア

問３　昨年のノーベル物理学賞の受賞者で，大気と海洋を結合した物質の循環《じゅんかん》モデルを提唱し，二酸化炭素濃《のう》度の上昇が地球温暖化に影響するという予測を世界に発信した人物は誰か。

ア．山中伸弥《やまなかしんや》氏　　イ．真鍋淑郎《まなべしゅくろう》氏　　ウ．湯川秀樹《ゆかわひでき》氏　　エ．天野浩《あまのひろし》氏

問４　最近では現金を使わない支払い方法が増えてきている。その方法を何というか。

ア．キャッシュレス決済　　イ．パスポート決済

ウ．小切手決済　　エ．オンライン決済

問５　これまでインターネットに接続されていなかった“モノ”が，ネットワークを通じて相互に情報を交換する仕組みのことを何というか。

ア．SDGs　　イ．IT　　ウ．IoT　　エ．ICT

いた」とありますが、「理子」がそのように感じていた理由として、最も適当なものを選び、記号で答えなさい。

ア　普段本を読まない人が読む本は、本にこだわりのある自分の好みには合わないと思ったから。

イ　普段から本を読まない人は、売れているという評判だけで本を選ぶと思っていたから。

ウ　ベストセラーになる本は、装丁が少女趣味なので自分の装丁の好みとは違ったから。

エ　すごく売れているという事実が世間に広まっていることがどうしても許せなかったから。

問三　――線部③「たった一冊の小説が、自分の心を強くした」とありますが、「理子」の「心を強くした」理由として最も適当なものを選び、記号で答えなさい。

ア　今自分が置かれている状況は、小説の主人公に比べれば過酷というには程遠いものだったから。

イ　家族を喪うという重大な出来事が、ベストセラー小説に書かれるほどありふれた事だと知ったから。

ウ　家族を喪うことの悲しみや再生に向かう気持ち、そこから得られるものが小説に書かれていたから。

エ　大切な誰かを喪うことは、生きている上で最もつらく悲しい出来事だと小説から教えられたから。

問四　――線部④「これを読めてよかった」とありますが、「理子」が「よかった」と感じた理由として当てはまらないものを次から一つ選び、記号で答えなさい。

ア　母の病気という暗い現実に対して、鬱屈した気持ちから前向きな気持ちに切り替えられたから。

イ　母の病気という深刻な事態に対して、初めて泣いて気持ちを吐き出すことができたから。

ウ　母の病気という予期せぬ出来事に、心を強く持ち、正面から向き合う覚悟ができたから。

エ　母の病気という思いがけない現実を、作り話にもあることだと受け流すことができたから。

問五　――線部⑤「ここが閉店？　そんなの信じたくない」とありますが、この店は「理子」がどのような時に足を向けたくなる店なのですか。文章中の言葉を使って十五字以内で答えなさい。

問六　――線部⑥「さすがに潮時だろう」とありますが、具体的にはどうすることを指しているのですか。文章中の言葉を使って説明しなさい。

問七　空欄 ※ に当てはまる一字として正しいものを次から選び、記号で答えなさい。

ア　頭　　イ　胸　　ウ　腹　　エ　腰

問八　――線部⑦「小学校の頃は毎週土曜には必ず立ち寄った」とありますが、子供の頃の「理子」にとって、この店はどのような場所だったのですか。文章中から三十五字以内で探し、最初と最後の五字を抜き出して答えなさい。

問九　――線部⑧「自分自身の将来を決めた店でもある」とありますが、「理子」が書店員という仕事を選んだ理由が書かれている一文を探し、最初の五字を抜き出して答えなさい。

「えっ、ほんとに？」

「理子ちゃんにも、いろいろお世話になったね。いままでほんとにありがとう」

「そんなの、勝手です。おじさん、言ってたじゃない。できるだけ長く続けるって」

思わず口から出たのは、そんな言葉だった。

⑤ここが閉店？　そんなの信じたくない。

「この辺は駅から遠いからほかに書店はないし、小さな子供やお年寄りはここがなくなったら困るじゃないですか。どこで本を買えばいいって言うんです」

小学生の頃の自分は、歩いていける範囲が自分の世界だった。子供の足で歩ける範囲ぎりぎりのところにあるこの店は、自分の世界の一番端で、同時に本の中の異世界に誘ってくれる特別な場所だった。いまの子供たちにだって、きっと同じだ。

「それを言われるとね、おじさんも辛いよ。ずっとうちを贔屓《ひいき》にしてくれたお客さんもいるからなあ。腰さえ悪くなけりゃ、続けるつもりだったんだけどね」

「おじさん、腰が悪いの？」

「ああ、ヘルニアなんだよ。だましだましずっと続けてきたんだがねえ。この前、また悪くしちゃってね。さすがにもう限界なんだ」

「そんなに……悪かったの？」

時々、腰が痛いという話は聞いていた。だけど、おじさんはにこにこしながら話をするし、腰が痛いのは職業病みたいなものだから、余り深刻に受け止めなかったのだが。

「医者にもこれ以上ひどくしたら、歩けなくなると脅されたからねえ。年も年だし、⑥さすがに潮時だろう」

そう言って笑う店主の肩がひとまわり小さくなっているような気がした。髪もまっしろだ。昔とちっとも変わらないと思っていたけど、いつのまにかおじさんも年を取った。おじいさん、と呼ばれておかしくない年なのだ。

「だけど……残念だわ」

［※］を抉《えぐ》られるような寂しさが湧き上がる。この店には小さい頃からたくさんの思い出がある。⑦小学校の頃は毎週土曜には必ず立ち寄った。目当ての週刊少女漫画誌を立ち読みするためだ。お金が無くて買えなかった子供向けミステリの単行本を、丸々一冊立ち読みしたこともある。そんな時も、おじさんはにこにこしながら見逃してくれた。吉本ばななだけでなく、いろんな作家をここで知った。いろんな本との出会いがあった。

自分の子供時代の思い出は、ここと密接に結びついている。そして、⑧自分自身の将来を決めた店でもあるのだ。

（碧野圭『書店ガール』）

＊装丁…書物の表紙などのデザイン

問一　――線部①「それだけでもショックだったが、父はさらに追い討ちをかけた」について

（一）「理子」がショックを受けた「それ」とはどのようなことですか。文章中から二十一字で抜き出して答えなさい。

（二）「父」が「追い討ちをかけた」とありますが、その内容はどのようなことですか。二十字以内で説明しなさい。

問二　――線部②「当時はベストセラーになる本に対して反発を感じて

家族を喪《うしな》うことの悲しみ。孤独。癒しがたい空白感。絶望と、再生に向かう意志。

　そこに書かれていることは、これから自分に降りかかることだと思えた。作り話だし、どこか少女漫画のようだと思ったけれど、臆面《おくめん》もなく泣けた。母の病気の話を聞いた時は泣けなかった。ことの深刻さに、ショックで泣くこともできなかったのだ。だが小説なら泣ける。泣いて泣いて一晩中泣き明かして、そうしてすっきりした。泣いて気持ちを吐き出したことで、前に進める気持ちが湧いてきた。

　大切な誰かを喪うことは、生きてる限り避けては通れない。哀しみも寂しさもきっと襲ってくるだろう。だけど、そうした感情を味わったからこそ得られる何かがきっとある。そこでできる絆もあるに違いない。

③たった一冊の小説が、自分の心を強くした。主人公が物語の中で手にするカツ丼は、自分にとってはこの本そのものだった。そして、母の病と向き合う覚悟ができた。残されたわずかな時間、できるだけ母に寄り添おうと思ったし、短い大学生活だとしても自分なりに楽しもうと思った。

　あとで「おもしろかった。④これを読めてよかった」と、本の感想を言ったら、店主に「それはよかった。理子ちゃんが辛そうな顔をしていたので、趣味と違うかもしれないと思ったけど、ああいう本がいいんじゃないか、と思ったんだよ」と言われた。お見通しなんだな、と思った。そして、そんなふうに自分のことを気にしてくれる店主が嬉しかった。

　だから、仕事で辛い時、しんどい時は、この店に来る。来て何があるというわけじゃなくても、なんとなく安心する。あのゆったりした空間がほっとするのだ。

　なにより、ここが自分の仕事の原点だ。この店があったから、自分は書店員になろうと思ったのだ。『キッチン』という本に出会ったことで、自分の気持ちが救われた。自分もおじさんみたいに必要な人に必要とされる本を手渡す、そんな仕事がしたいと思ったのだ。

　この時間にはもう、店は閉まっているだろう。だけど、せめて外からでも店を眺めたい。そうすれば、少しは勇気が出るかもしれない。そう思って、わざわざ遠回りをして店に来てみたのだ。だが、予想に反して、店には半分明かりがついていた。店主が誰かと話をしている。立ち止まって遠巻きに見ていると、店主が客と店から出てきた。

「じゃあ、明日、改めて書類をお持ちしますよ」

「すみません。何度もご足労をお掛けして。では、よろしくお願いします」

　店主は頭を下げて去っていく客を見送った。そうして、頭を上げたところで、理子に気がついた。

「やあ、理子ちゃん。いま、帰るところ？　遅くまで頑張るね」

「ええ。でも、おじさんこそ、こんな時間まで店を開けてるなんて、どうしたの？」

「いや、店を開けていたんじゃなくてね、不動産屋の人と相談をしていたんだ。うちの営業時間が終わってから来てもらったら、こんなに遅くまでかかっちゃった」

「不動産屋って？」

「あ、理子ちゃんにはまだ話していなかったっけ。実はうちね。今月いっぱいで閉店することになったんだ」

五　次の文章を読んで、後の問いに答えなさい。

理子は武蔵小金井の駅前から西之久保《にしのくぼ》循環のバスに乗った。いつもとは違うバスだ。誰も居ない家に、すぐには帰りたくない。バスに乗って十分ほど、スーパーの前の停留所で降りた。夜十時を回っているので、スーパーはすでに閉店してあたりは誰もいない。街灯の明かりを頼りに、狭い道路の端を歩いて南の方に進む。そして、二分も経たずに目的の店に着く。

一伸堂。いつも行く近所の本屋だった。辛いことや落ち込むことがあると、いつもきまってここに来る。

ずっと昔、母が病気で倒れ、余命幾ばくもないという事実を知った時、やっぱりこの店に来た。その朝、父から初めて母の容体についての説明を聞いた。母が倒れて闘病生活に入る。しかし、それは約束された死をどれだけ引き延ばすことができるか、という戦いだ。死ぬまでのわずかな時間をどれだけ苦しまずに過ごせるか、そのための戦いだ。

①それだけでもショックだったが、父はさらに追い討ちをかけた。

『これからおかあさんの闘病のためにお金がいる。おかあさんにはできるだけのことをしてやりたい。だから、悪いが、おまえを私立の四年制大学には入れてやれない。国公立か、私立だったら短大にしてほしい』

受験直前のクリスマスのことだった。行きたい大学があった。英語教育に定評のある私立の難関大学だ。そこを目指して頑張ってきたから、いまさら国公立への変更は不可能だった。そもそも国公立の入試に必須である共通一次試験の申し込みをしていなかった。そうなると、おのずと道は見えてくる。

いまさら、短大に行かなきゃいけないのか。だったら、こんなに頑張る必要はなかったのに。

母の病気は悲しいし、少しでもいい治療を受けてもらいたいと思う。その気持ちに偽りはない。

だけど、そのために自分の進路を変えなきゃいけない。それはどうにも納得できなかった。

そして、そう思う親不孝な自分が許せない。

そんな鬱屈《うっくつ》を抱えたまま、この本屋に来た。とくに理由があったわけではない。時間をもてあました時、そこに行くのが習慣になっていただけだ。

その日も、店主はいつものように穏やかに迎えてくれた。だけど、いつもと違うのは、珍しく自分から本を勧めてくれたのだ。

『これ、面白かったから、読んでみない？』

当時、評判になっていた吉本ばななの『キッチン』だった。たぶん、いつもなら買わないタイプの本だ。＊装丁《そうてい》が少女趣味な気がしたし、すごく売れているという事実がなんだか嫌だった。若かったこともあって、②当時はベストセラーになる本に対して反発を感じていた。ベストセラーになるということは、普段本を買わない人が好む本ということだから、自分のような本好きとは相容《あいい》れないものだ、と思っていたのだ。

それでもその本を買って帰ったのは、たまたま誕生祝に叔母にもらった図書券五千円分が手付かずで残っていたことと、そんな状況だったから、いろんなことがどうでもいいや、と思えたのだ。おじさんが勧めるんだから、なんでもいい。

だけど、それを読んで泣いた。

オ　子どもたちが地元のことを学ぶきっかけになり、ここから地形や文化を学ぶことにもつながっていく。

問三　空欄［X］・［Y］・［Z］に入る言葉の組み合わせとして最も適当なものを次から選び、記号で答えなさい。

ア　[3]のわからない　－　[1]の好き　－　[2]の嫌い
イ　[1]の好き　－　[2]の嫌い　－　[3]のわからない
ウ　[2]の嫌い　－　[3]の分からない　－　[1]の好き
エ　[3]のわからない　－　[2]の嫌い　－　[1]の好き

問四　――線部②「暗雲がただよっている」の意味として最も適当なものを次から選び、記号で答えなさい。

ア　複数の選択肢があって困る
イ　先の見通しが立たない
ウ　お互いに信用ができない
エ　つまらないものになってしまう

問五　――線部③「南国市と高知県内でつくったりとれたりした食べものをできるだけ多く食べさせていきます」とありますが、具体的にどのように食べさせたのですか。文章中の言葉を使って答えなさい。

問六　空欄［※］に入る言葉として最も適当なものを次から選び、記号で答えなさい。

ア　国内産　　イ　県内産
ウ　県外産　　エ　国外産

問七　次の会話は、30ページの表1、2を見て班で話し合っている様子です。二つの表の内容と合っていない発言を、次の中から一つ選び、記号で答えなさい。

ア　みなよさん
「果物はずっと県内産のものだけを使っていることが分かるわ。魚介類は、六月は国外産のものも使っていたみたいだけど、二月の表だと県内産だけを使っているみたいね。」

イ　リュウくん
「県内産の食材でずっと高い使用率をキープしているのは、米類と果実類だね。しかも、お米は発芽玄米を使用しているというから、健康にも良さそうだね。県内産を使っているうえに、健康になれるのは嬉しいね。」

ウ　つとむくん
「六月に比べて二月の表では、県内産の使用率が上がった食材もあるね。秋から冬にかけては、県内産のキノコや芋が多く使われているね。」

エ　ヨウコさん
「二月の方が県内産野菜の使用率が下がったということは、冬の給食の献立には野菜が少ししか入っていないということになるわ。子どもたちの野菜不足が心配だわ。」

問八　――線部④「4　食べ残す子がいなくなってきた」とありますが、それはなぜですか。地産地消の良さが理由に含まれるように答えなさい。

問九　――線部⑤「こういう取り組み」とありますが、この「取り組み」の特徴を述べている部分を、文章中から十八字で抜き出して答えなさい。

ものが多いのです。たとえば、おかずが「とりとゴボウの煮物」だとすると、とり肉もゴボウもニンジンもコンニャクもほとんどが南国市か高知県の農家の産で、キンメダイの煮つけがあれば、それも高知県の漁師が獲ったものです。

　こんなふうに、一〇年も地元産のものを食べさせるという取り組みをしてきているのです。そして、一〇年たってこのようないまでいう地産地消の形を教育にもちこんだ成果は、どのようなものがあったでしょうか。それは、つぎのようなものです。

１　病気がちの子どもがいなくなった。
２　成績がよくなった。
３　いじめがなくなった。
④４　食べ残す子がいなくなってきた。

　主にこの四点だということです。昔のように基本にもどって食を変えることが、こんなに大きな成果をもたらすのですから、驚きです。

　また南国市の中学生は、小学校で地元の食材による給食を食べて育ってきたのですが、その中学生たちはみんな南国市が好きだ、ということでした。なんとすばらしい、幸せな子どもたちがいるのでしょうか。全国の八割の子どもたちが「わからない」、二割が「嫌い」だというなかで、南国の中学生はみんな南国が好きなのだということです。そこに私は、ひじょうに大切な食育というものの姿があると感じたのです。

　棚田米をつくっている上倉地区では、JA南国市の主催で「米づくり親子セミナー」が開かれています。毎年数校の小学校五年生たちが一年間、親子でいっしょに米づくりを体験しているのです。

　いまから一〇年前には、誰一人として「食育」という言葉をいっていませんし、「地産地消」ともいっていませんでした。［Ｂ］、一〇年も前にいち早く南国市の大人たちが、すばらしい発想のもとにこういうことをはじめたのです。この実践は、地産地消と食育とが一体化しているものです。このようにして育てられた子どもたちの中から、将来すばらしい南国市をつくっていくことにたずさわる人物が、かならずあらわれることでしょう。今後⑤こういう取り組みが全国に波及していけば、私は日本がいま一度、強い国にもどれるのではないかと思っています。

（小泉武夫『いのちをはぐくむ農と食』）

問一　空欄［Ａ］・［Ｂ］に入る言葉を、それぞれ次から選び、記号で答えなさい。

ア　しかし　イ　つまり
ウ　さらに　エ　ところで
オ　そして

問二　――線部①「地産地消」とありますが、「地産地消」の良い点として文章中に述べられているものを次からすべて選び、記号で答えなさい。

ア　子どもたちが地元のものを食べることで、ふるさと意識が育まれ、地元の活性化につなげることができる。
イ　収穫されたものを他府県の人が買うことによって、その地域全体の資産価値を上げることができる。
ウ　地元で作ったものを日本全体に知らせることで、その地域の農産物の知名度を上げることができる。
エ　地元で生産された食べものは、生産者が確実に分かることから、安心や安全を確保することができる。

は各教室に配られ、給食当番の子どもたちが炊きたてのご飯を食器に盛ります。それを子どもたちがうけとって自分の席にもっていきます。

表１　南国市の学校給食における地域食材使用状況

（2007年６月調査分）

分類	県内産	県外産	国外産	合計	県内産比率	備考
	重量（kg）	重量（kg）	重量（kg）	重量（kg）	（重量ベース）	
米　類	1052.7	24.4		1077.1	97.7％	発芽玄米使用
芋　類	5.4	73.3		78.7	6.9％	
野菜類	1414.6	265.9	35.9	1716.4	82.4％	外国産：パプリカ
果実類	268.6			268.6	100.0％	
キノコ類	4.7	17.04	0.9	22.64	20.8％	外国産：キクラゲ
魚介類	226.35	126.1	14.2	366.65	61.7％	外国産：エビ
肉　類	178.4	133		311.4	57.3％	
その他	3246.86	502	5.5	3754.36	86.5％	
全　体	6397.61	1141.74	56.5	7595.85	84.2％	

表２　南国市の学校給食における地域食材使用状況

（2008年２月調査分）

分類	県内産	県外産	国外産	合計	県内産比率	備考
	重量（kg）	重量（kg）	重量（kg）	重量（kg）	（重量ベース）	
米　類	2418.52	31.4		2449.92	98.7％	発芽玄米使用
芋　類	116.35	152.15		268.5	43.3％	
野菜類	992.71	704.63		1697.34	58.5％	
果実類	95.31			95.31	100.0％	
キノコ類	31.2	86.86		118.06	26.4％	
魚介類	39.27			39.27	100.0％	
肉　類	225.79	450.2		675.99	33.4％	
その他	3598.75	1052.45		4651.2	77.4％	
全　体	7517.9	2477.69	0	9995.59	75.2％	

炊きたてのご飯ですから、子どもたちもおいしいと言ってよく食べます。しかも、牛乳は地元のもので、デザートもおかずの材料も地元産の

ド」の精神もそこに宿るのです。そういうものも一つにして、昔の食の世界にもどろうということなのです。

とにかく、地産地消をすることにより、地元のものを食べることによって食べものの安心・安全が確保でき、食料自給率が高まり、農家が活性化するのです。なかでも、子どもたちに地元のものを食べさせることはひじょうに大切です。なぜかというと、いまの子どもたちは地元のことをあまり理解しないで育っているからです。

ある研究グループが、中学生と高校生を対象に全国二〇〇カ所の市町村でアンケート調査をしたそうです。

調査項目はたったの一つでした。「あなたはこの町が好きですか」というアンケートで、[1]好き、[2]嫌い、[3]わからない、の三つの選択肢から答を一つだけ選んでもらうというものでした。

さて、どういう結果が出たでしょうか。

驚きました。八割が [X] だったのです。二割が [Y] でした。なんと [Z] はほとんどなかったということでした。

つまり、明日を背負って立つ若者たちが、地元をまったく好きだと思っていないのです。どちらかといえば、地元は嫌いという傾向です。これが日本の現状だということを、大人たちはどのくらい知っているでしょうか。このことは将来の日本にとってひじょうに重要な問題だ、と私は思いました。

こういうことが背景にありますから、地産地消がひじょうに重要であることはわかると思います。私でもこの年齢で「田舎が恋しい」と思うのはなぜかといったら、子どものときから田舎の食べものを食べてくると、ふるさとの味が忘れられなくなるのです。食べものを通して、「ふるさとはいいな」と思っているのです。

いまの多くの子どもたちは、親がスーパーマーケットから買ってきた、どこの誰がつくったのかわからない食べものばかりを食べているのですから、地元意識とかふるさと意識が育たないのはあたりまえなのです。

このようなことを最近の日本人はずっとやってきたために、日本の将来にいま、②暗雲がただよっていると感じる人が少なくないところまできてしまったのです。

食育と地産地消はひじょうに関係があることをお話しします。それは日本一幸せな子どもたちの話です。

いまから約一〇年前、高知県南国市では、市と農協、漁協とが一体となって、ある試みが開始されました。

「南国市ではこれから新しい取り組みをします。どこの誰がつくったかわからない食べものを、このまま子どもたちに食べつづけさせることはできません。安全性の問題とかいろんな問題がありますから、これからは子どもたちに、③南国市と高知県内でつくったりとれたりした食べものをできるだけ多く食べさせていきます」

と宣言したのです。

そして南国市では、その年から今日まで、学校給食では和食を中心として地元の食べものを多く食べさせてきたのです。

市内の小学校と公立幼稚園には、一升が炊ける電気炊飯器が調理室においてあり、棚田《たなだ》でつくられたお米を炊きます。表１、２からもわかるように、[※] の米が九八～九九％をしめています。電気炊飯器のスイッチがカチャッと切れるのが、ちょうど一二時ごろです。その炊飯器

【国　語】（四五分）〈満点：一〇〇点〉

一　次の――線部の漢字の読み方をひらがなで答えなさい。

1　険悪な空気に耐えられない。
2　私の父は会社を興した。
3　均整のとれた体型だ。
4　彼は快活な性格だ。
5　解熱したので安心した。

二　次の――線部のカタカナを漢字に直しなさい。

1　ゼッケイを見て感動した。
2　大臣にニンメイされた。
3　広場にグンシュウが集まる。
4　ここはオウライの多い道だ。
5　とても仲の良いフサイだ。

三　次の問いに答えなさい。

（一）次の文中の空欄にからだの一部を表す漢字を入れ、（　）内の熟語と同じ意味の慣用句を作りなさい。

1　□が高い（得意）
2　□が広い（有名）
3　□を持つ（味方）
4　□を抱える（苦悩）
5　□を割る（白状）

（二）次の文の傍線部分を、文の内容に適した表現に直しなさい。

1　彼に聞いたことは決して話すと心に決めた。
2　この家はとても豪華で、まるでお城に住んでいる。
3　毎日必死に勉強したから、点数が伸びなかった。
4　りんごを買おうか。しかも、みかんを買おうか迷う。
5　おそらく明日は雨が降る。

四　次の文章を読んで、後の問いに答えなさい。

地産地消はひじょうに大切です。昔はどこでも地産地消で生活していました。その土地で獲った魚や育てた農産物を地元で食べるのが地産地消ですから、いまさらその大切さを強調されなくてもわかっていると思うかもしれません。

ではなぜいま、あらためて①地産地消がいわれているのでしょうか。

それはいまの日本の農と食に大きな問題があるからです。日本はいま、農業が衰弱して、外国産の食料を大量に買っているのです。そのためこの国の食料自給率は三九％まで落ちてしまいました。これでは将来、とてもこの国はもちこたえられません。

地産地消の原点は、食べものはどこの誰がつくったのか、確実にわかるものを食べるということです。それなら安心と安全が保証できます。そのためには消費者の地元の食べものならばまちがいありませんし、そのうえ新鮮でおいしいのです。［A］地元の農家は田畑の近くで農産物が売れるので豊かになります。そういうことを実践しながら「昔にもどりましょう」ということが、地産地消の考え方なのです。

また、昔はみんな手づくりしていました。最近はやりの「スローフー

2022年度

相模女子大学中学部入試問題（適性検査型）

【適性検査】（45分）　＜満点：100点＞

1　世界自然遺産に関する，次の**【記事１】**，**【記事２】**を読み，あとの⑴～⑶の各問いに答えましょう。

【記事１】

希少《きしょう》な生き物との出会い　ルール順守で

奄美大島の森に入ると，そこは生き物たちの楽園です。今月３日午後８時ごろ，奄美市住用町の市道・三太郎線を，自然写真家でガイドの常田守さん（67）が車で案内してくれました。

（　中　略　）

三太郎線は，希少な生き物の夜間観察場所として人気が高いです。一方，観光で交通量が増え，動物が車にはねられる「ロードキル」や，通行をめぐる利用者同士のトラブルなどの問題も起きています。

環境省・奄美野生生物保護センターの山根篤夫さんは「車が来ると動物は林に隠れます。前の車が通り過ぎたすぐ後は動物が出てこないことがあり，ナイトツアーの質が下がってしまうことも指摘されています」。

生き物や自然環境へ配慮しながらナイトツアーを楽しむために，環境省や鹿児島県，奄美市などは，車両規制の実験を昨年11月と今年４～５月に行いました。２回目の実験では，午後７時～翌朝６時まで，通行は予約制とし，１時間４台に制限しました。車を無理に追い越さない，逃げる生き物をしつこく追わないなどの観察ルールの順守も呼びかけました。

（朝日中高生新聞　2021年７月11日　一部抜粋）

【記事２】

「奄美・沖縄」世界遺産決定　ユネスコ委　「自然」国内５件目

国連教育・科学・文化機関（ユネスコ，本部・パリ）の世界遺産委員会は26日のオンライン形式の会議で，「奄美大島，徳之島，沖縄島北部及び西表《いりおもて》島」（鹿児島，沖縄県）を世界自然遺産に登録することを全会一致で決めた。独特な進化を遂げた種が豊富に分布する「生物多様性」を保全する上で，国際的にも重要な地域と評価した。

国内の自然遺産への登録は2011年の「小笠原諸島」（東京都）以来10年ぶりで，５件目となる。

小泉環境相は「個性的な生き物が暮らす，唯一無二の自然の価値が，国際的にも認められた。世界の宝であるこの素晴らしい自然の価値を将来に引き継ぐ」とのコメントを発表した。

登録対象は，鹿児島県の奄美大島と徳之島，沖縄県の沖縄島北部と西表島の４地域で構成。面積は４万2698ヘクタールあり，温暖・多湿な亜熱帯性気候で多雨林が広がる。アマミノクロウサギ（奄美大島，徳之島），ヤンバルクイナ（沖縄島北部），イリオモテヤマネコ（西表島）などの絶滅危惧種や固有種が多い。

ユネスコの諮問《しもん》機関「国際自然保護連合」（IUCN，本部・スイス）は５月に登録を勧告した。一方，IUCNは，西表島で観光客を減少させる措置《そち》や，(あ) 希少種の交通事故死を減らす取り組みなどが必要と指摘しており，世界遺産委は日本政府に対し22年12月までに報告するよう求めた。

（　中　略　）

◆４島　住宅地と森近接

登録された４島は，いずれも人の居住地域と森が近接しているのが特徴だ。推薦書を作成した日本の科学委員会は，登録地周辺で重点的に保全活動を行う「緩衝《かんしょう》地帯」に加え，さらに広く住宅地などを「周辺管理地域」に設定。緩衝地帯に準じた保全・啓発《けいはつ》活動が求められる場所とした。

科学委員会委員長の土屋誠・琉球大名誉教授（生態学）は (い)「自然と人間がどう共存していくかが課題。啓発を進める周辺管理地域を設けたことで，(う) 住民や観光客の意識が高まることに期待したい」としている。

（読売新聞　2021年７月27日　一部抜粋）

⑴　**【記事２】**の下線部（あ）「希少種の交通事故死」とありますが，これと同じ意味を表す言葉を，**【記事１】**の中から５字の言葉で抜き出しなさい。

⑵　**【記事２】**の下線部（い）「自然と人間がどう共存していくかが課題」とありますが，この課題に対して，「奄美大島」ではどのような取り組みが考えられているでしょうか。**【記事１】**からわかる奄美大島での取り組みとして，あてはまるものを次から１つ選び，記号で答えなさい。

ア．島内の車の交通を完全に規制し，野生生物が生活する場所に人間が立ち入れないようにして，それぞれの生活空間を区分しようとしている。

イ．島内の野生生物は夜間に活動するものが多く，ナイトツアーを規制することで，日中は人間，夜間は生物と，生活時間帯を区分しようとしている。

ウ．島内のナイトツアーの回数をさらに増やすことで多くの観光客に野生生物を身近に感じてもらい，観光による収入を野生生物の保護に役立てようとしている。

エ．ナイトツアーの車の交通量を制限することで観光客が野生動物と出会える機会を増やし，観光としての満足度を保つとともに，野生生物への負担も減らそうとしている。

⑶　**【記事２】**の下線部（う）「住民や観光客の意識が高まることに期待したい」とありますが，奄美大島に観光で訪れた人々に配付するパンフレットに，「世界自然遺産」としての島の価値を意識してもらうための呼びかけのメッセージを載《の》せることにしました。**【記事１】【記事２】**の内容をふまえて，10字以上，20字以内のメッセージを考え，答えなさい。句読点は１字と数えることとします。

2　のりこさんは，家族７人分のアジのみそ煮《に》を作ろうと考え，３種類の料理本を見比べながら参考にすることにしました。次のページの**【資料１】**，**【資料２】**を読み，あとの⑴⑵の各問いに答えましょう。

⑴　調理に使用する食材は，皮や骨など，食べずに捨てる廃棄《はいき》部と食べることのできる可食部に分けられます。また，１つの食材に対する，廃棄部の割合（％）を廃棄率《りつ》といいます。参考にした料理

本には，アジ１匹の廃棄率は55％と書いてありました。のりこさんが調理に使用するアジ１匹が133ｇの場合，可食部は何ｇになりますか。ただし，小数点以下を四捨五入して整数で答えなさい。

⑵　次に，たれの準備をします。**【資料１】**は，３冊の料理本Ａ，Ｂ，Ｃそれぞれに載《の》っていた材料表です。**【資料２】**は計量スプーン１杯の重量表です。これらを参考に，たれの味がもっとも甘い料理本を選び，Ａ～Ｃの記号で答えなさい。たれは，酒・水・みりんの全体量に対するさとうの量の比率が高いほど甘くなります。また，選んだ料理本の材料表をもとに７人分のアジのみそ煮を作ると必要なみそは何ｇになりますか。ただし，答えを出すまでの考え方や途中式も書きなさい。

【資料１】 料理本Ａ、Ｂ、Ｃそれぞれのアジのみそ煮の材料表

〈料理本Ａ〉

１人分：アジ100g

たれの材料	
しょうが	5g
酒	10cc
水	35cc
みりん	15cc
みそ	大１
さとう	小２
しょうゆ	小１

〈料理本Ｂ〉

３人分：アジ300g

たれの材料	
しょうが	15g
酒	55cc
水	80cc
みりん	45cc
みそ	大$3\frac{1}{2}$
さとう	大$2\frac{1}{2}$
しょうゆ	大１

〈料理本Ｃ〉

５人分：アジ500g

たれの材料	
しょうが	25g
酒	100cc
水	125cc
みりん	75cc
みそ	大$5\frac{1}{2}$
さとう	大$3\frac{1}{2}$と小１
しょうゆ	大２と小２

※大…大さじ、小…小さじ

【資料２】 計量スプーン１杯の重量表

	小さじ１杯	大さじ１杯
みそ	6g	18g
さとう	3g	9g
しょうゆ	6g	18g

3　みおさんは，右のイラストの畑を借りて野菜を育てる計画を立てています。この畑はＡ～Ｆの６区画に分かれていて，１区画に１種類の野菜を植えることができます。また春夏と秋冬には別の野菜を育てる計画を立てます。次のページの**【表】**，**【条件】**，**【図】**を見て，あとの⑴～⑶の各問いに答えましょう。

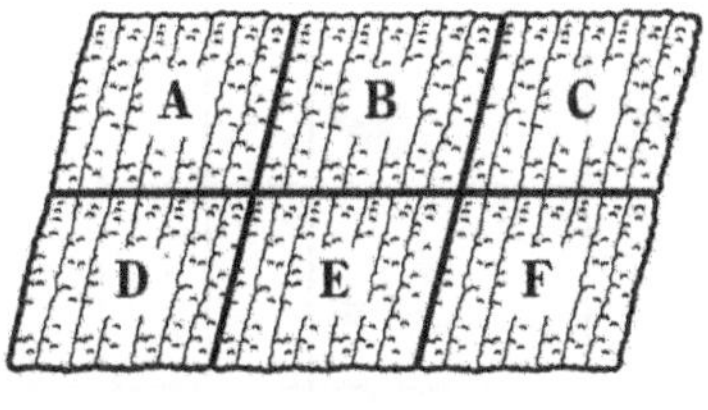

【表】栽培《さいばい》における注意事項

科目	野菜	春夏※	秋冬※	となりに植えると相性の良い野菜	となりに植えると相性の悪い野菜	備考
アブラナ科	キャベツ 	○	○	インゲン、エダマメ、キュウリ、ゴボウ、セロリ、ソラマメ、レタス	ジャガイモ	キク科の作物をとなりに植えると、害虫を防げる
	クレソン 		○	ゴボウ、レタス		日かげでも育つ
	ハクサイ 		○		キャベツ	
ウリ科	キュウリ 	○		エダマメ、トマト	インゲン、ジャガイモ	
キク科	ゴボウ 		○	ニンジン	トマト	
	レタス 	○	○	キュウリ、キャベツ、ニンジン		日かげでも育つ
セリ科	セロリ 		○	キャベツ、ソラマメ、トマト		日かげでも育つ
	ニンジン 	○	○	エダマメ、ソラマメ	キュウリ、インゲン	
ナス科	ジャガイモ 	○	○	インゲン、エダマメ、ソラマメ	トマト、キュウリ、キャベツ	日かげでも育つ
	トマト 	○		インゲン、エダマメ、キュウリ	ジャガイモ	
ヒガンバナ科	タマネギ 		○			他の野菜の害虫・病気予防に効果的
マメ科	インゲン 	○		キャベツ、キュウリ、ジャガイモ、セロリ、ニンジン		日かげでも育つ
	エダマメ 	○				
	ソラマメ 		○			

※○は栽培可能な時期を表す

⑴　１年を通して栽培可能で，日かげでも育つ野菜を【表】から選び，すべて答えなさい。

⑵　みおさんは，春夏に育てる野菜の種類と配置を考えています。下の【図１】の区画Ｃと区画Ｅで育てる野菜を【条件１】にあてはまるようにそれぞれ選び，答えなさい。

【条件１】

- ６区画すべて異なる種類の野菜を植える
- 春夏の区画Ｃは，日中の半分以上が日かげになる
- 日かげでも育つものは，できる限り日かげの区画に植える
- 同じ科目の野菜はとなり合わせ（上下左右）に植えない　※斜《なな》めは含まない
- 相性の悪い野菜はとなり合わせ（上下左右）に植えない　※斜めは含まない

【図１】春夏の畑

Ａ　キャベツ	Ｂ　レタス	Ｃ
Ｄ　キュウリ	Ｅ	Ｆ　エダマメ

⑶　みおさんは，春夏の野菜の収穫《しゅうかく》を終えた後の秋冬の栽培計画も立てています。しかし，春夏から秋冬にわたる野菜栽培の計画には，「連作障害」に注意する必要があります。連作障害とは，同じ区画で特定の野菜を育て続けると，栄養分が偏《かたよ》り，土地がやせてしまうという現象のことをいいます。そこで【図２】では【条件１】に加えて，【条件２】にもあてはまるように区画Ａ，区画Ｃ，区画Ｄで育てる野菜をそれぞれ選び，答えなさい。

【条件２】

- １年を通して異なる12種類の野菜を育てる
- 連作障害を防ぐために，同じアルファベットの区画には，春夏に植えたものとは異なる科目の野菜を植える
- 秋冬の区画Ｃと区画Ｆは，日中の半分以上が日かげになる
- 候補となる野菜が２種類以上ある場合は，相性の良い方をとなり合わせ（上下左右）に植える　※斜めは含まない

【図２】秋冬の畑

Ａ	Ｂ　タマネギ	Ｃ
Ｄ	Ｅ　ソラマメ	Ｆ　クレソン

4　もも子さん，ななみさん，みな子さんのクラスでは，「総合的な学習の時間」の学習活動の中で，プラスチックごみの削減《さくげん》につながる取り組みとして，「傘シュシュ」の作製と普及《ふきゅう》について考えました。次の**【会話文】**を読み，**【資料】**を参考にして，あとの(1)～(3)の各問いに答えましょう。

【会話文】

もも子　雨の日にはお店や様々な施設《しせつ》でビニールの傘袋が配られますよね。傘袋にかかる費用や排出《はいしゅつ》されるCO_2の量について調べてみました。雨の日には大量の傘袋が使い捨てられることをもったいなく思います。しかも，捨てられた傘袋はプラスチックごみになることも問題です。

ななみ　それなら傘の水滴を吸ってくれる「傘シュシュ」というグッズがあります。髪を結ぶシュシュと同じような形のものを，吸水性のよいタオルなどの布で作って，傘の先端《せんたん》に付けます。それをたくさん作って学校の皆さんに配れば，それぞれが出かけた先でビニールの傘袋を使わずに済むのではないでしょうか。

みな子　いいですね。材料となるタオルも，使い古しのものを使えば，それもリサイクルになります。生徒の皆さんに呼びかけて，使い古しのタオルを寄付してもらいましょう。

ななみ　全校生徒280人，全員に１つずつ配れる数を作りたいですね。皆さんにフェイスタオルを寄付してもらうとして，何枚ぐらい必要なのでしょうか。

みな子　傘シュシュを１つ作るには，縦30㎝，横25㎝の縫い合わせていない一枚布が必要です。一般的なフェイスタオルのサイズが縦34㎝，横85㎝ですから，全校生徒の人数分を作るには最低でも □ 枚のフェイスタオルが必要ですね。

もも子　学校の皆さんに使ってもらうだけでなく，この学校の近くにある相模大通り商店街のお店にも置いてもらい，来店するお客さんに傘袋でなく傘シュシュを使ってもらえば，さらにプラスチックごみの削減につながりますね。

みな子　商店街の皆さんにご協力いただくのですね。それには，商店街の皆さんに，傘シュシュを使うことの利点を理解してもらわなくてはいけませんね。

ななみ　まずは商店街のお店に向けて，傘シュシュ導入をアピールするチラシを作りましょう。

【資料１】

ビニール傘袋にかかる経費試算表

袋使用者数	袋単価	降水日	経費額
1,000 人	3円	60 日	180,000 円
2,000 人			360,000 円
3,000 人			540,000 円

ビニール傘袋のCO_2排出量試算表

袋使用者数	袋１枚あたりのCO_2の量	降水日	CO_2排出量
1,000 人	12 g	60 日	0.7 t
2,000 人			1.4 t
3,000 人			2.1 t

【資料２】

2020年度　相模原市月間降水日

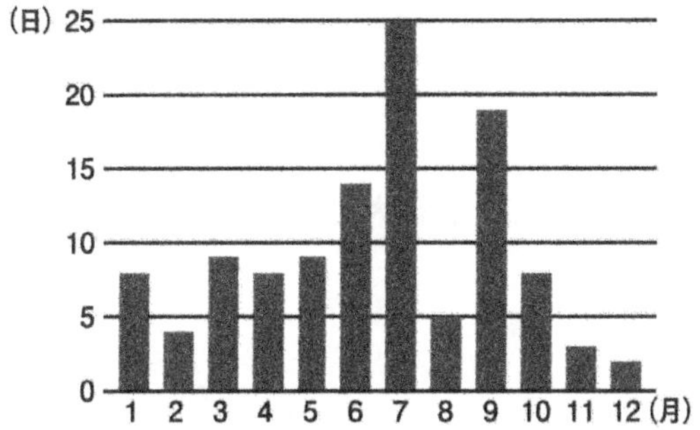

2020年度　相模大通り商店街来街者数

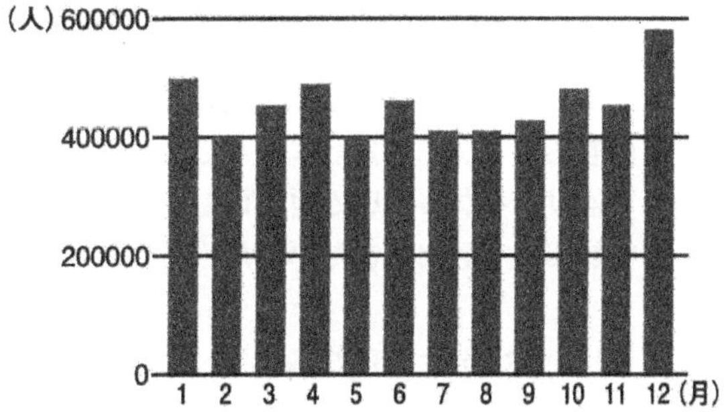

⑴　**【会話文】**の □ に入る数字を答えなさい。

⑵　**【資料１】**，**【資料２】**の内容として，あてはまるものを次のア～オの中からすべて選び，記号で答えなさい。

ア．相模大通り商店街で，１年間に消費された傘袋が36,540枚だった場合，その３割を削減すると，32,886円の節約になる。

イ．2020年度の相模大通り商店街では，降水日の多い月は，月間の来街者が必ず少なくなるという傾向にあった。

ウ．１日雨が降ると平均5,000枚の傘袋を消費する商業施設において，年間60日雨が降ると，傘袋にかかる費用は100万円を超える。

エ．2020年度の相模大通り商店街の８月に雨が降った日の来街者の平均が8,000人だった場合，４人に１人が傘袋を利用したとすると，このひと月で消費された傘袋は１万枚ほどだと推定される。

オ．2020年度の相模大通り商店街の年間来街者数は480万人を下回った。

⑶　**【会話文】**の下線部「傘シュシュ導入をアピールするチラシ」を次のページの**【資料３】**のように作りました。あなたなら，傘シュシュのどのような利点をアピールしますか。傘シュシュを店に置くことの利点を ① ，② に入るように２つ考え，それぞれ10字以上で答えなさい。句読点は１字と数えることとします。

【資料３】

傘袋の配布を取りやめ傘シュシュの導入をご検討ください。

傘シュシュとは、傘の先端につけて傘の水滴を吸い取るアイテムです。雨の日に来店するお客様に傘用ビニール袋ではなく傘シュシュを配布しませんか。相模南中学校ではリサイクルとして回収したタオルで傘シュシュを作り、相模大通り商店街のお店で配布していただきたいと思っています。

傘シュシュはお店の床がぬれないだけでなく

①

と

②

のメリットがあります。

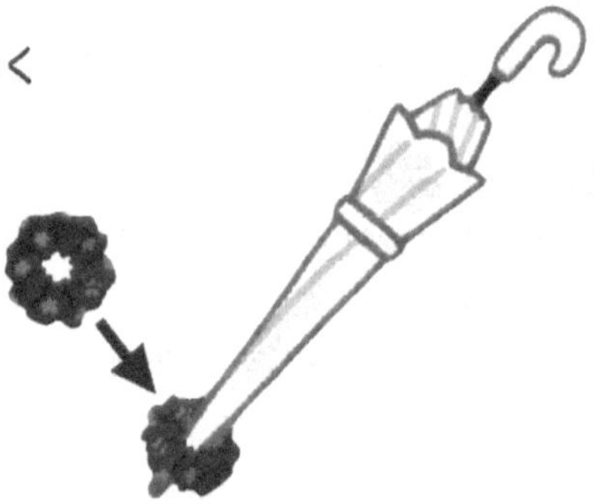

第1回

2022年度

解 答 と 解 説

《2022年度の配点は解答欄に掲載してあります。》

<算数解答>

1 (1) 20 (2) 9 (3) 1 (4) $\frac{5}{12}$ (5) 7 (6) $\frac{1}{33}$

2 (1) 280000 (2) 18 (3) 600円 (4) 93 (5) 24番目 (6) 105度

3 (1) 48通り (2) 12通り 4 (1) 1.9km (2) 101分間

5 (1) 44g (2) 7.6% 6 (1) 10.26cm^2 (2) 25.12cm^2

○推定配点○

各5点×20　計100点

<算数解説>

1 (四則計算)

(1) 32－12＝20

(2) 7＋2＝9

(3) 10－9＝1

(4) (15＋5＋3＋2)÷60＝$\frac{5}{12}$

(5) 49.2÷6－1.2＝8.2－1.2＝7

(6) □＝$\frac{46}{33}-1\frac{12}{33}=\frac{1}{33}$

基本 2 (概数，単位の換算，割合と比，数の性質，数列，平面図形)

(1) 275914を千の位で四捨五入すると，280000

(2) $6\frac{54}{60}\div\frac{23}{60}=\frac{69}{10}\times\frac{60}{23}=18$

(3) 1600÷(5＋3)×3＝600(円)

(4) 50＝2×5×5より，1＋2＋5＋10＋25＋50＝93

(5) 右のような数列において，6段目までの最後の数は1＋2＋3＋～＋6＝(1＋6)×6÷2＝21(番目)　したがって，3つ目の7は21＋3＝24(番目)

1
2, 2
3, 3, 3
4, 4, 4, 4

(6) 右図より，角アは60＋45＝105(度)

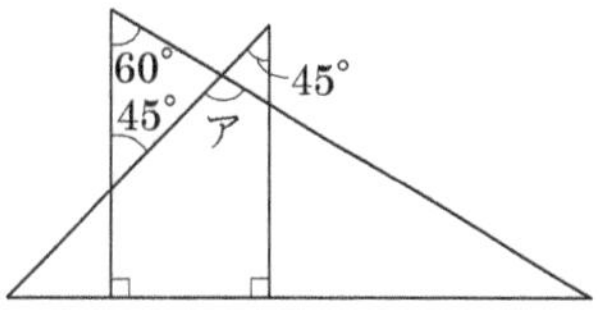

重要 3 (数の性質，場合の数)

(1) 百の位に入る数…0を除いた4つ
十の位に入る数…百の位に入らない3つに0をふくめた4つ
一の位に入る数…百の位の数と十の位の数を除いた3つ
したがって，できる整数は4×4×3＝48(通り)

(2) 5の倍数になる場合，一の位に0が入る…したがって，できる整数は4×3＝12(通り)

重要 4 (速さの三公式と比，グラフ，単位の変換，概数)

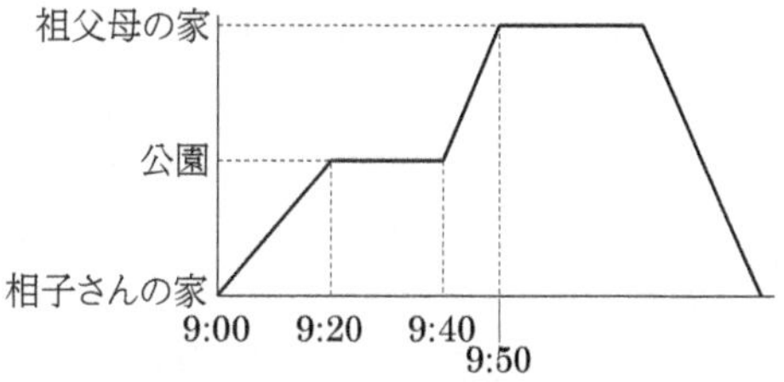

(1) グラフより，$3\times\frac{20}{60}+5.4\times\frac{10}{60}=1.9$(km)

(2) (1)より，帰りの時間は$1.9\div4=\frac{19}{40}$(時間)
すなわち$60\times\frac{19}{40}$＝28.5分＝28分30秒
したがって，祖父母の家にいることができるのは

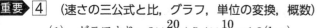

12時－(28分30秒＋9時50分)＝1時間41分30秒すなわち101分間

重要 5 **(割合と比)**

(1)　濃さ8％の食塩水…500÷(4＋1)×4＝400(g)　　濃さ12％の食塩水…500－400＝100(g)
したがって，食塩は400×0.08＋100×0.12＝44(g)
【別解】 500×{(4×0.08＋1×0.12)÷5}＝100×(0.32＋0.12)＝44(g)

(2)　(1)より，500gの食塩水の濃さは44÷500×100＝8.8(％)であり，これに濃さ16％の食塩水100gを混ぜると，500：100＝5：1より，濃さが(5×8.8＋1×16)÷(5＋1)＝10(％)になる。したがって，この食塩水50gと濃さ7％の食塩水200gを混ぜると，50：200＝1：4より，濃さが(1×10＋4×7)÷(1＋4)＝7.6(％)になる。

図1

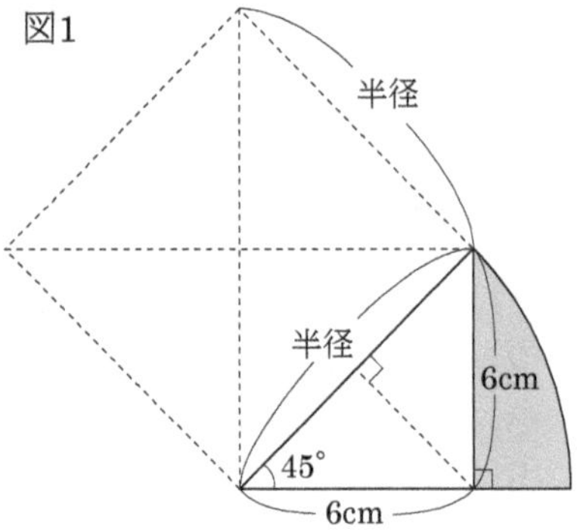

6 **(平面図形)**

やや難 (1)　右図1より，おうぎ形の半径×半径の面積は6×6×2＝72(cm^2)　　したがって，色がついた部分は72×3.14÷8－6×6÷2＝28.26－18＝10.26(cm^2)

重要 (2)　図アより，4×4×3.14÷6×3＝8×3.14＝25.12(cm^2)

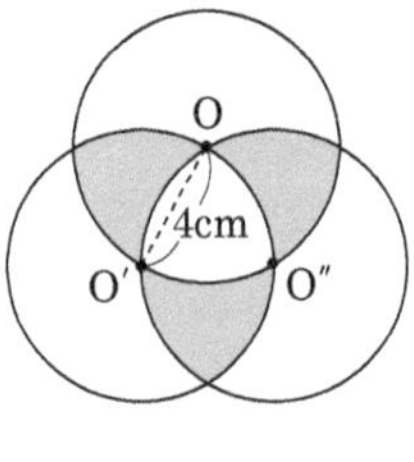

図ア

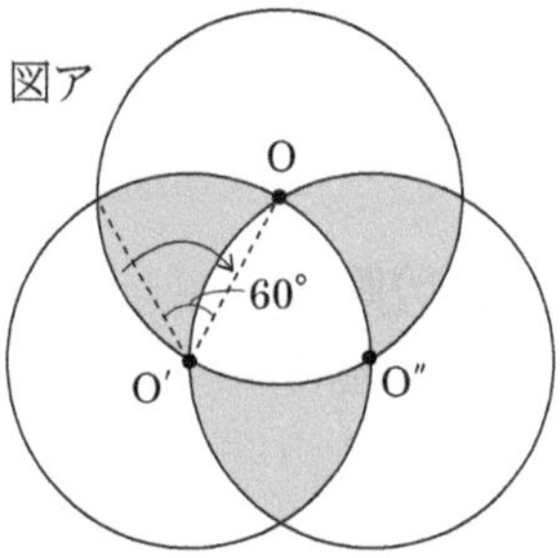

★ワンポイントアドバイス★

4「祖父母の家にいることができる時間」は，最後の答えについて「秒以下を切り捨てる」。6(1)「色のついた部分の面積」は，「おうぎ形の半径×半径の面積」がポイントになり，よく出題される問題である。

＜国語解答＞

一　1　じゅんえん　　2　ほうさく　　3　わたぐも　　4　へんせい　　5　きじゅつ

二　1　激流　　2　基準　　3　建設　　4　金属　　5　減速

三　(一)　1　一目置かれている　　2　息を殺して　　3　たかをくくる　　4　さじを投げて　　5　猫の手も借りたい　　(二)　1　近ずいて→近づいて　　2　必らず→必ず　　3　断わった→断った　　4　こんにちわ→こんにちは　　5　確める→確かめる

四　問一　B　　問二　(一つ)　目が開いた顔　　(二つ)　視線が合っている顔　　問三　意識して把握するべき対象　　問四　①　視線の方向に敏感になる　　②　意図らしきものを読み取る　　問五　(最初)赤ちゃんが　　(最後)ようになる　　問六　ウ　　問七　目は口ほどに物を言う　　問八　エ　　問九　(最初)ひとつの世　　(最後)有すること

五　問一　①　ウ　　②　ア　　問二　ア，エ　　問三　イ，ウ　　問四　真面目・人見知り　　問五　イ　　問六　A　未練と執着　　B　人前に出る　　問七　ビー玉みたいにキラキラしていた　　問八　ウ　　問九　自分の方が劣っている

○配点○

一～三　各2点×20　　四・五　各3点×20　　計100点

＜国語解説＞

基本 **一 (漢字の読み)**

1 「延」の訓読みは「の-びる」。 2 「豊」の訓読みは「ゆた-か」である。 3 「わた」は訓読み。「綿花」の「メン」が音読みである。 4 「編」の訓読みは「あ-む」である。 5 「述」の訓読みは「の-べる」だ。

二 (漢字の書き取り)

1 「激」は全16画の漢字。15画目の始点は14画目に右側を少し出した所だ。 2 「準」は全13画の漢字。12画目は長めに。13画目は「ふるとり」を一本で書いたように見えないように書く。
3 「建」は全9画の漢字。6画目はとめる。同音の「健」と混同しないようにする。 4 「属」は全12画の漢字。4画目は左にはらう。 5 「減」は全12画の漢字。12画目の点を忘れずに書く。

三 (慣用句，かなづかい)

(一) 1 優秀であることを認めて敬意を示すことを「一目置く」という。ここでは「一目置かれている」と表記する。 2 息をつめてじっとしていることを「息を殺す」という。ここでは「息を殺して」と表記する。 3 この程度だと安易に予想することを「たかをくくる」という。文末なのでそのままの表記だ。 4 あきらめることを「さじを投げる」という。ここでは「さじを投げて」と表記する。 5 非常に忙しく手不足で、どんな手伝いでもほしいことのたとえは「猫(ねこ)の手も借りたい」である。

(二) 1 近くにつくことが「近づく」なので「近ずく」が誤りだ。 2 「必ず」は「ず」が送りがなである。 3 「断る」は「ことわ-る」という送りがななので「断った」となる。 4 「こんにちは」は「は」である。 5 「確かめる」は「たし-かめる」という送りがなだ。

四 (論説文－論理展開・段落構成，細部の読み取り，指示語の問題，空欄補充，ことわざ)

重要 問一 入れる文は両親も自分も成長しているというものだ。「も」と言うのだから，前部分にも何らかの「成長」があるはずだ。Bで終わる段落には，「親も成長する」ことを説明しているので，これを受けて入れる文が「みなさんの親も～」と続くことになる。

問二 「目」が重要なポイントになることが「新生児が～」で始まる段落で述べられている。まず一つ目は「目が開いた顔」を好むとしている。さらに，「視線が合っている顔」を好むと説明されている。

問三 赤ちゃんを対象とした実験により，視線が合っている顔で学習していることがわかった。つまり，自分とのかかわりがある顔だとか，意味のある顔だと知るようになるということだろう。それらをまとめて「意識して把握すべき対象」としている。

重要 問四 ① 四か月の説明は「新生児が顔に注目～」で始まる段落にある。四か月になると「視線の方向に敏感になる」時期だから，赤ちゃんと視線が合うとしげしげと注目されてしまうと説明している。 ② 10か月頃のことは「新生児には意図を読み取る～」で始まる段落に説明されている。「相手の意図らしきものを読み取る」ようだと観察している。

問五 「このご褒美」の内容は「自分のほうを～」で始まる段落で確認できる。ぼんやりとしか見てくれなかった赤ちゃんが，しっかり自分のほうを見てくれるようになる成長がご褒美で，それによって子育ての励みになるのだ。25字指定なので「赤ちゃんが～くれるようになる」までだ。

問六 母親だから自動的に信頼関係が結べるというものではなく，どのような立場の人でも，視線をしっかり合わせるようなコミュニケーションを重ね，愛情を注ぐ接し方をすれば赤ちゃんとの信頼関係は築けるということになるのでウである。

やや難 問七 目が色々なことを伝えるということだ。このような意味のことわざは「目は口ほどに物を言う」である。

問八　ここでは目，視線が話題になっていることを確認しよう。怖い場所にいても，お母さんが，何でもないよというように「微笑んで」自分を見ていれば平気で進んでくるが，ダメよ危ないというように「怖い顔をしてい」れば動かずその場に留まったという実験の結果だ。

問九　互いに向き合って見つめ合う段階から進んだ状態が――線⑦ということだ。簡単なイメージでは並んで一つのものを見ている状態ということになる。これによって「その対象を確認しあう」ということになる。それをまとめたのが「ひとつの世界～共有すること」ということになる。

五　**(物語－心情・情景，細部の読み取り，空欄補充，ことばの意味，記述力)**

問一　①「途方に暮れる」とは，手段や方法がなくなり，どうしてよいかわからなくなり困るという意味の言葉だ。　②「屈託なく」の「屈託」は，ある一つのことばかりが気にかかって他のことが手につかないことなので，それがないということは「無邪気に」という意味になる。

基本　問二　「本気で取り組まないと気がすまない」という気持ちが強いが，そのように読めば，周囲から「なに張り切ってるの」と笑われそうで恥ずかしいという思いが「相反する気持ち」である。

問三　「すべて」という条件である。問二で考えたように，放送部員として本気で読みたいとは思うのに，周りの反応を気にする「私」に対して，有紗は，きちんと放送部員用の声で音読している。この姿を見て，周囲のことなど気にしない「気持ちの強さ」を感じ，つまらないことに動揺せず「音読へのプライド」を捨てていないことを知り「勝てない」と感じたのである。

問四　「本を指し～」で始まる段落に，彼女の「真面目」な性格と述べられている。また，「膝を折り，～」で始まる段落に，相当の「人見知り」とも述べられている。

やや難　問五　直後の「浮かんでくる疑念」に着目する。「～先輩，優しいですね」という言葉に対して苦笑し，Xの疑念を口に出したら面倒くさい人だと思われるような内容が入る。イとエで迷うところだが，疑念ということからイの疑問形がふさわしい。

問六　A・B　付箋がたくさん貼ってある文庫本を持ち歩いているということは，気持ちの上では朗読をやりたいという強い思いだ。そこには，捨てきれない「未練と執着」があるのだ。しかし，高校一年のときの失敗を今でも引きずり，有紗との差を思い知った当時から「人前に出る」ことが恐ろしくなっているので，唯奈が無邪気に「一緒なら」と言っても「そうだね，がんばろうね」などという返事ができないのだ。

問七　希望がいっぱいの唯奈の瞳ということだ。比ゆを用いてという条件なので「ビー玉みたいにキラキラしていた」唯奈の目である。

問八　おめでとうというお祝いは本心ではあるが，もう一つ，お祝いとは正反対の本心もあるということになる。それは有紗に対するしっと心，ねたましく思う気持ちということになる。

やや難　問九　高校一年の失敗以前は「有紗より劣っていると感じたことはなかった」のだ。しかし，「私」は失敗し，有紗は見事に全国大会出場を決めたことから，ライバルどころか対等でもないと思い，人前に出ることさえしなくなっているのだ。それは，自分の中だけではなく，公然と「自分の方が劣っている」という現実を突きつけられることが怖かったからである。

★ワンポイントアドバイス★

時間配分に注意しよう。知識問題での失点はできる限りなくそう。

第2回

2022年度

解 答 と 解 説

《2022年度の配点は解答欄に掲載してあります。》

＜算数解答＞

[1] (1) 23　(2) 166　(3) 19.5　(4) $\frac{7}{60}$　(5) $\frac{7}{12}$　(6) 0.5

[2] (1) 92円　(2) 180　(3) 27　(4) 7925秒　(5) 3.4%　(6) 21.5cm^2

[3] (1) 32cm^3　(2) 72cm^2　[4] (1) 8枚　(2) 12人

[5] (1) 18通り　(2) 10通り　[6] (1) 100枚　(2) 白(が)2022(枚多い)

○推定配点○

各5点×20([6](2)完答)　計100点

＜算数解説＞

[1] (四則計算)

(1) $44-21=23$　(2) $112+54=166$

(3) $13.5+6=19.5$　(4) $\frac{13}{15}-\frac{3}{4}=\frac{7}{60}$

(5) $\frac{5}{4}-\frac{7}{4}\times\frac{8}{21}=\frac{5}{4}-\frac{2}{3}=\frac{7}{12}$　(6) $\square=0.95\div19\times20-0.5=0.5$

基本 [2] (割合と比，数の性質，単位の換算，平面図形)

(1) $2300\times0.04=23\times4=92$(円)

(2) $12=3\times2\times2$，$15=3\times5$，$18=3\times2\times3$より，最小公倍数は$3\times2\times2\times3\times5=180$

(3) $756=2\times2\times3\times3\times3\times7=27\times28$より，27

(4) 1時間13分＋58分＋65秒＝2時間12分5秒より，$3600\times2+60\times12+5=7925$(秒)

重要 (5) 400g：100g＝4：1より，$(4\times3+1\times5)\div(4+1)=3.4$(%)

重要 (6) 右図より，$10\times10-10\times10\times3.14\div4=100-78.5=21.5$(cm^2)

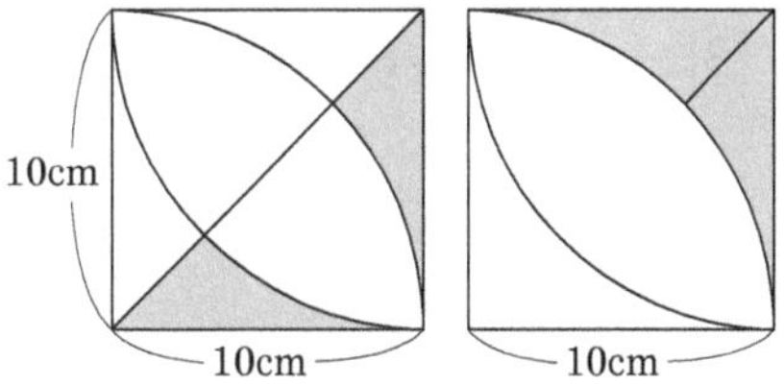

[3] (平面図形，立体図形)

基本 (1) 右図より，$2\times2\times2\times4=32$(cm^3)

重要 (2) $2\times2\times(4+3+2)\times2=72$(cm^2)

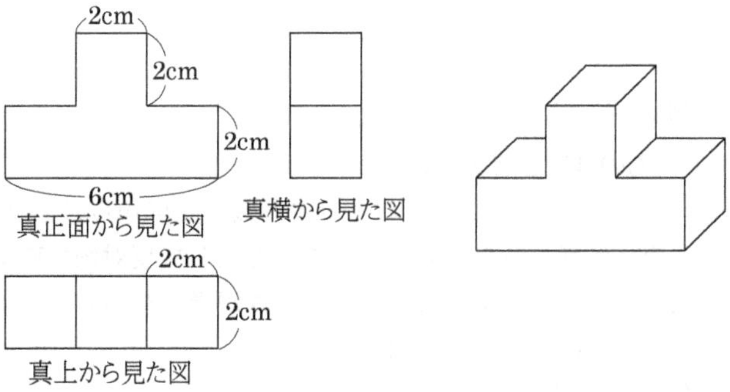

基本 [4] (鶴亀算，過不足算)

(1) $(990-50\times15)\div(80-50)=8$(枚)

(2) $(7+5)\div(5-4)=12$(人)

5 (場合の数，数の性質)

基本 (1) 3×3×2×1＝18(通り)

重要 (2) 一の位が0のとき…3×2×1×1＝6(通り) 一の位が2のとき…2×2×1×1＝4(通り)
したがって，全部で6＋4＝10(通り)
【別解】 18－2×2×1×2＝10(通り)…奇数は8通り

重要 6 (平面図形，規則性，数の性質)

(1) 1段目まで…1×1＝1(枚) 2段目まで…2×2＝4(枚) したがって，10段目までは10×10＝100(枚)

(2) 白と黒の枚数の差 1段目まで…1枚
2段目まで…2枚 3段目まで…3枚
したがって，2022段目までは白が2022枚多い

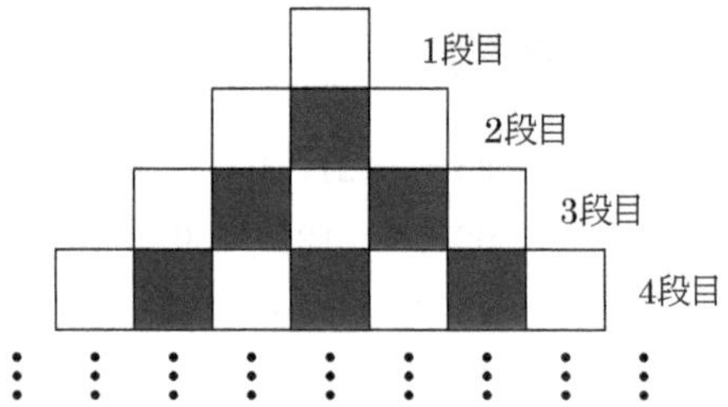

★ワンポイントアドバイス★

2(2)「3つの数の最小公倍数」は，ミスが生じやすいので注意が必要である。5(2)「4ケタの偶数の場合」は，(1)の解答から「4ケタの奇数の場合」を引いても求められる。6(1)1から連続する奇数の和は，「平方数」になる。

＜理科解答＞

1 (1) E3 (2) A1 (3) ① ア D4 イ B2 ウ A1
② 点の位置 C4[C5] おもり 20g[10g]

2 (1) ア 炭素 イ 酸素 ウ 二酸化炭素 エ 鉄 オ 木炭 (2) カ 軽く
キ 上がった (3) ク 重く ケ 下がった

3 (1) ① 受粉 (2) つぼみのおしべを全部取り去る，ふくろをかかける
(3) 実験2，4 (4) イ (5) エ (6) ① ア ② ク ③ ウ ④ カ

4 (1) ① ㋐ ② ㋑ ③ ㋒ (2) ア (3) C中学校

○配点○
1 各4点×6 2 各3点×9 3 (6) 各1点×4 他 各4点×5
4 各5点×5 計100点

＜理科解説＞

1 (力のはたらき－てこ)

基本 (1) 力のモーメント＝おもりの個数×支点からの距離である。おもりの重さが等しいのでA3と支点を中心として反対側のE3につるせばよい。

(2) 右の図2のようにおもりの重さが半分なので、支点からの距離が2倍の位置につるすからA1となる。

図2

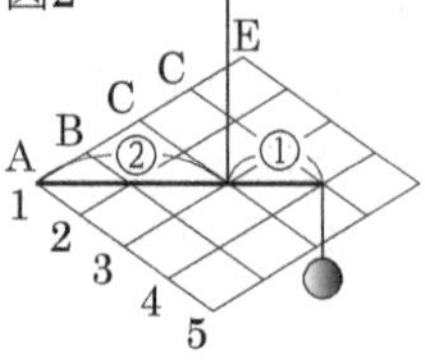

(3) ① 次ページの図3で
ア C5とE3の中間の位置は●D4となる。

イ　D4の位置のおもりとつりあうのは▲B2である。

ウ　おもりの重さが半分なので支点からの距離が2倍の▽A1につるす。

図3

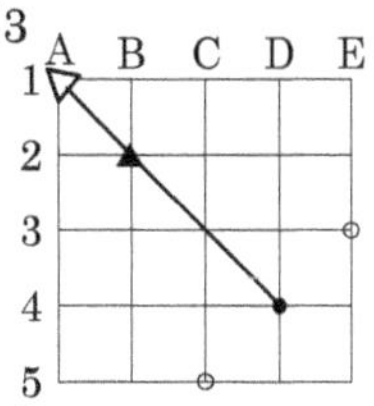

図4

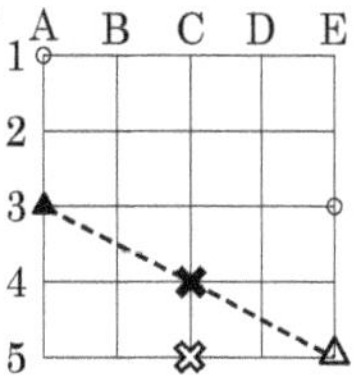

②　A1の10gのおもりとつりあうのは△E5に10gのおもりをつるす場合である。また，E3の10gのおもりとつりあうのは▲A3に10gのおもりをつるす場合と同じである。①の考え方から✖C4に20gのおもりのおもりをつるせばよい。また，C4に20gのおもりをつるすのは✕C5に10gのおもりをつるすのと同じである。

基本 **2　(物質と変化－燃焼)**

(1)　炭素が含まれている物質は燃焼すると炭素＋酸素→二酸化炭素という化学反応が起きるので，石灰水を白くにごらせる。スチールウールは炭素を含まず，鉄＋酸素→酸化鉄という化学反応が起きる。

(2)　木炭が燃焼すると成分の炭素が二酸化炭素となり発生するので軽くなる。

(3)　鉄が燃焼すると空気中の酸素と結びつき，酸化鉄になるので重くなる。

3　(生物－植物)

基本 (1)　めしべの柱頭に花粉がつくことを受粉という。

基本 (2)　実験1，2でつぼみのおしべを取り去っている。実験3，4では袋をかぶせている。

(3)　実ができないのは花が開いても袋をかぶせている実験2・4である。

(4)　袋をかぶせているのでめしべの先に花粉がつかないので実ができない。

(5)　花粉をつけたこと以外同じ条件にすることで，実をつけるために受粉することが必要であることがわかる。

(6)　横に切った時の断面①のトマトはア，③のカボチャはウ，イはキュウリ，エはオクラ，オはタマネギである。縦に切った断面②のトマトはク，④のカボチャはカ，キはメロン，ケはすいか，コはタマネギである。

4　(天体・気象・地形－流水・地層・岩石)

基本 (1)　①　傾きが急な方が流れが速いのでアである。　②　曲がっているところでは，外側の方の流れが速いのでイである。　③　流れの速いところでは浸食・運搬作用が強く，流れの弱いところで堆積作用が強く，土がたまりやすいのでウである。

(2)　流れが速くなることにより浸食作用がさらに強くなるので，アの家の方が川の氾濫の危険性がある。

(3)　氾濫地域や土砂災害区域を通らずに避難できるのはC中学校である。

★ワンポイントアドバイス★

金網型のてこでも力のモーメントのつりあいで考えることができる。問題文のヒントをしっかりつかむことが大切である。時事問題として川の氾濫に関係する問題が出題されているので，気象情報や災害のニュースも意識して見るようにしよう。

＜社会解答＞

1　問1　A　京浜　B　中京　問2　太平洋ベルト　問3　イ　問4　エ　問5　ア
問6　加工貿易　問7　イ　問8　臨海部　(例)　臨海部は港が近くにあるため，船による工業製品の輸送や原料の輸入などに便利であるから。

2　問1　ア　問2　①　日宋　②　北条政子　③　承久　④　フビライ・ハン
問3　奉公　問4　エ　問5　ウ　問6　イ　問7　(例)　周りを山で囲まれ，自然の要塞のような造りになっているから。　問8　(例)　守護・地頭が置かれたことをきっかけに全国に支配を広げたと考えられるから。

3　①　ト　②　ケ　③　カ　④　ツ　⑤　コ　⑥　エ　⑦　イ　⑧　テ
⑨　ア　⑩　キ

4　問1　エ　問2　ウ　問3　イ　問4　ア　問5　ウ

○配点○

1　問1・問2・問6　各4点×4　問8　6点　他　各2点×4
2　問1・問4～問6　各2点×4　問7・問8　各6点×2　他　各4点×5
3　各2点×10　4　各2点×5　計100点

＜社会解説＞

1　**(日本の地理―国土と自然，工業，運輸・通信・貿易，商業・経済一般)**

問1　日本で早くから工業が発展していたのは，京浜・中京・阪神・北九州などの工業地帯である。その中で，略地図中Aは，東京都・神奈川県・埼玉県・千葉県にわたる京浜工業地帯である。Bは愛知県を中心に自動車産業がさかんな中京工業地帯である。

基本　問2　略地図に示してあるように，関東地方から九州地方北部にかけてのびる，帯状の工業地域を太平洋ベルトとよんでいる。

問3　横浜港は，1858年に締結された日米修好通商条約にもとづき開港された。後に京浜工業地帯の工業港，東京の外港として発展した。焼津港と下田港は静岡県に，苫小牧港は北海道にある。

問4　愛知県豊田市では，1930年代に自動車工場が進出し織物機械の製造の技術を土台にして，自動車の生産がはじまった。現在では日本有数の「自動車の町」となっている。

問5　略地図中Cは，大阪を中心として広がる阪神工業地帯であり，江戸時代からの伝統をもつ繊維工業や明治時代からの重化学工業により，日本を代表する工業地帯となった。

問6　加工貿易とは，原材料や半製品を外国から輸入し，それを加工してできた製品や半製品を輸出する貿易の形態である。資源の乏しい日本にとって，他国から輸入した資源を加工し，それを輸出することで収益を生む能力は極めて重要であり，加工貿易はその重要度の中で発展していった。

やや難　問7　曲げわっぱとは，スギやヒノキなどの薄板を曲げて作られる円筒形の木製の箱のこと。曲げ物であり，本体とふたで一組になる。主に弁当箱として使われる事が多い。地域により呼称は異なるが，日本各地の伝統工芸品となっており，特に設問の画像にある秋田県大館市の曲げわっぱは有名である。

問8　太平洋ベルトに集まっている工場地域は，ほとんどが臨海部に発達している。これは，臨海部には港があるため，船による原料の輸入や製品の輸出などが容易に行われるからである。このことを考えて答えるとよい。

2 (日本の歴史—奈良時代から鎌倉時代)

問1　平清盛は，平氏の全盛期を築き，武士として初めて太政大臣となった。北条時政は鎌倉幕府の初代執権であり頼朝の支配権を全国に及ぼせることに貢献した。後鳥羽上皇は，鎌倉幕府を倒そうと兵をあげた。北条時宗は，元寇のときの鎌倉幕府の執権である。

問2　清盛は，中国の宋との貿易の利益に目をつけ，航路を整え兵庫(神戸市)の港を整備して日宋貿易を行った。北条政子(頼朝の妻・北条時政の娘)は頼朝亡き後，幕府の中心となり尼将軍と呼ばれた。1221年承久の乱が起こり，幕府軍は朝廷軍を破った。チンギス・ハンの孫であるフビライ・ハンは都を大都(北京)に移し国号を元と定めて皇帝になった。

問3　鎌倉幕府では，将軍と御家人とは主従関係によって結ばれ，将軍は御恩として，御家人に以前からの領地を保護し，新しい領地をあたえた。逆に御家人は，将軍に忠誠を誓い奉公した。

問4　頼朝は，平氏を倒すために弟の義経などを送って攻めさせた。義経は平氏を追いつめ，ついに壇ノ浦の戦いで滅ぼした。屋島の戦いでは，まだ平氏は滅んでいない。桶狭間の戦いと長篠の戦は信長の戦いである。

やや難　問5　ウが後鳥羽上皇の和歌であり，「人をいとおしく思うこともあれば，いっぽうでは人を恨めしく思うこともある。思うにまかせず，この世を思うがゆえに，あれこれと思い悩むよこの私は。」という訳である。この歌を詠んでから9年後に，彼は朝廷復権を掲げて承久の乱をおこしたものの破れ，島根県の隠岐島へ流された。アは小林一茶，イは藤原道長，エはローマ教皇インノケンティウス3世の歌である。

重要　問6　鎌倉仏教はわかりやすく，実行しやすかったので多くの人々の心をとらえた。その中で，一遍がひらいたのは時宗である。浄土宗は法然，曹洞宗は道元，浄土真宗は親鸞，それぞれによってひらかれた。

問7　資料2にあるように，鎌倉は，東西と北が山に囲まれ切通しを通らないとは入れない。また南は相模湾があり，周囲から敵が侵入しにくい天然の要塞になっていた。頼朝は源氏ゆかりの地でもあるこの鎌倉に幕府を開いた。

問8　平氏滅亡後，義経が頼朝と対立すると，頼朝は義経をとらえることを理由に朝廷にせまり1185年に国ごとに守護を，荘園や公領ごとに地頭を置くことを認めさせ，鎌倉幕府を開いて，武家政権をたてた。

3 (政治—憲法の原理，政治のしくみ，国際社会と平和)

基本　①・②　日本国憲法の公布と施行は区別して間違わないようにしたい。公布は1946年11月3日，施行は1947年5月3日である。

基本　③・④　日本国憲法の3大原則は，国民主権・基本的人権の尊重・平和主義である。

⑤・⑥　日本は世界で唯一の被爆国である。1945年8月6日広島，8月9日長崎への原子爆弾投下は正確に覚えておこう。

⑦・⑧　衆議院の任期は4年，参議院の任期は6年(3年ごとに半数を改選)である。衆議院は解散があるが，参議院はない。このようなことから，多くの場合，国民とより強く結びついていると考えられる衆議院の意思を優先させて，国会の意思形成をしやすくするために，衆議院の優越が認められていることも覚えておこう。

⑨・⑩　日本の三権分立の機関は，国会(立法)・内閣(行政)・裁判所(司法)である。憲法改正の国会発議は，改正案に衆参両議院において，各議院の総議員の3分の2以上の賛成が必要である。

4 (時事問題)

問1　香港で反政府的な動きを取り締まる「国家安全維持法」が施行されてからは，現地で，政治活動や言論への締めつけは強まる一方で，国際都市・香港の特長と言われてきた自由で寛容な社会は，大きく変化したといわれている。

重要 問2　現在のアフガニスタンは混乱の中にある。タリバン政権は国際的に承認されておらず，国内経済は危機的状況であり，密輸が増える兆候がある。貧困が再びアフガンをテロ組織の温床にする恐れが出ている。イスラム法に基づく恐怖政治のもとで，米国を支援したアフガン人らが迫害を受ける懸念もある。

問3　眞鍋叔郎は，日系アメリカ人1世の地球科学者である。地球温暖化といった気候変動に対して60年間以上研究を行っており，懸念を表明している。

問4　キャッシュレス決済とは，クレジットカード・デビットカード・交通系や流通系の電子マネー，バーコードやQRコードを介したコード決済，そして銀行振込や口座引落など，現金以外で支払う決済手段全般のことである。

重要 問5　IoTとは，従来インターネットに接続されていなかった様々なモノ(センサー機器，駆動装置，住宅・建物，車，家電製品，電子機器など)が，ネットワークを通じてサーバーに接続され，相互に情報交換をするしくみである。読み方は「アイオーティー」で，「Internet of Things」の略からもわかるように「モノのインターネット」という意味で使われている。

★ワンポイントアドバイス★

[2]問6　鎌倉仏教には，この設問に出てくるもの以外に，日蓮が開いた日蓮宗，栄西が開いた臨済宗がある。[4]問4　現金決済は年を追うごとに減少傾向となっており，キャッシュレス決済は私たちの生活にとって身近な存在になりつつある。

<国語解答>

一　1　けんあく　2　おこ　3　きんせい　4　かいかつ　5　げねつ

二　1　絶景　2　任命　3　群衆[群集]　4　往来　5　夫妻

三　(一)　1　鼻　2　顔　3　肩　4　頭　5　口　(二)　1　話すまい　2　住んでいるようだ　3　勉強したけれど　4　それとも　5　降るだろう

四　問一　A　ウ　B　ア　問二　ア・エ　問三　エ　問四　イ　問五　学校給食で地元の食べ物を食べさせてきた　問六　イ　問七　エ　問八　地元の食べ物は新鮮でおいしいから　問九　地産地消と食育とが一体化しているもの

五　問一　(一)　母が病気で倒れ，余命幾ばくもないという事実　(二)　私立の四年制大学を受験できないということ　問二　ア　問三　ウ　問四　エ　問五　辛いことや落ち込むことがある時　問六　本屋を今月いっぱいで閉店すること　問七　イ　問八　(最初)　自分の世界　(最後)　特別な場所　問九　自分もおじ

○配点○

一～三　各2点×20　四・五　各3点×20　計100点

<国語解説>

重要 一　(漢字の読み)

1「険」の訓読みは「けわ-しい」。　2「興」の「コウ」は音読み。訓読みは「おこ-す」である。

3 「きんせい」とは，つりあいがとれて全体として整っていること。安定してつりあっていることという意味だ。　4 「快」の訓読みは「こころよ-い」。間違えやすい送りがなだ。　5 「解決」の「解」の音読みは「カイ」だが「ゲ」の読みもある。

基本 **二 (漢字の書き取り)**

1 「絶」は全12画の漢字。12画目はまげてはねる。　2 「任」は全6画の漢字。4画目は6画目より長めに書く。　3 「衆」は全12画の漢字。7～10画目の形に注意する。なお，別解として「集」もある。　4 「往」は全8画の漢字。ぎょうにんべんである。　5 「妻」は全8画の漢字。3画目は2画目の右側に出す。

三 (慣用句・ことばの用法)

(一)　1 「鼻が高い」が得意という意味になる慣用句だ。「鼻」は「白」ではなく「自」である。　2 有名という意味の慣用句は「顔が広い」である。　3 「肩を持つ」。「肩」は小学校未習の漢字。「戸」に「月」だ。　4 「苦悩する」のだから「頭を抱える」である。　5 白状するのは「口を割る」である。

(二)　1 「決して」は，下に否定の言葉と組み合わせて使う言葉だから「話すまい」になる。　2 「まるで」は「～ようだ・みたい」と組み合わせて使う言葉なので「住んでいるようだ」となる。　3 勉強した結果が点数が伸びなかったということになるのだから，「勉強したけれど」・「勉強したのに」ということになる。　4 りんごかみかんの選択なので「それとも」，「あるいは」である。　5 「おそらく」は下に推測の言葉をともなうので「降るだろう」である。

四 (論説文－細部の読み取り，接続語の問題，空欄補充，ことばの意味)

重要 問一　A　前部分は，地産地消なら安心，新鮮，おいしいという長所を述べている。後部分も地元の農家が豊かになるという長所を続けているのでウの「さらに」だ。　B　前部分は，10年前はだれも食育も地産地消も言っていなかったという説明で，後部分は，10年前にいち早く発想していたというのだからアの「しかし」が入る。

問二　南国市で地産地消の給食を出すことにした話が続き，その結果として「また南国市の中学生～」で始まる段落にアの内容が述べられている。　イ 「資産価値を上げることができる」という内容は述べられていない。　ウ 「農産物の知名度を上げる」ことは目的ではない。　エ 「地産地消の原点は～」で始まる段落にエの内容がある。　オ 「地形や文化を学ぶ」という内容はない。

基本 問三　「また南国市の中学生～」で始まる段落が着目点になる。八割がわからない。二割が嫌いということでXとYは当てはめられる。Zは，わからないと嫌い以外の感情であるので「好き」になる。

問四　暗い雲がかかっているということになる意味だから「先の見通しが立たない」ということだ。

やや難 問五　「そして南国市では，～」で始まる段落からが，南国市の具体的な取り組みを説明しているところだ。学校給食で地元でとれる食べ物を食べさせてきたのである。

問六　直前が，「表1，2からもわかるように」だ。米類ではどちらの表でも県内産の割合が高いのでイである。

問七　「合っていないもの」という条件に注意する。ア～ウの発言内容は，それぞれ表から読み取ることができるが，エの発言では，確かに二月の方が県内産野菜の使用率は下がっているが，県外産で補っていて，合計としては19.060kgしか差はないので，「野菜不足が心配」は合わない。

やや難 問八　「市内の小学校～」で始まる段落と，続く「炊きたての～」で始まる段落に着目する。具体例としてご飯と，デザート，魚が挙がっている。どの食材もとれてすぐに食べるのだから「新鮮」であり「おいしいと言ってよく食べる」とある。

問九　直前の文は，「このようにして育てられた」だ。この「このようにして」が指し示す内容を考える。どのような「実践」なのかということを「地産地消と食育とが一体化しているもの」と説明している。

五　（物語－心情・情景，細部の読み取り，慣用句，記述力）

やや難　問一　（一）　まずは，最初のショックである。「ずっと昔～」で始まる段落が着目点になるが，どこをぬき出すかがポイントになる。母親が病気で倒れ，余命幾ばくもないという事実がショックだったのだ。　（二）「いまさら短大に～」で始まる段落からわかるように理子の希望は四年制大学に進学することだった。しかも，「いまさら国公立への変更は不可能ということから，目指していたのは私立の四年制大学だったのである。それを受験できないことが追い打ちということになる。

基本　問二　直後にある「普段本を読まない人が買う本で，自分のような本好きとは相容れないと思っていた」というところに着目しアを選択する。

問三　――線③直前に着目する。大切な何かを喪う感情を味わったからこそ得られるものがあるという読後感をもったのだからウである。

問四　「当てはまらないもの」という条件に注意する。問三で考えたこと，また，「そこに書かれていること～」で始まる段落の内容から，ア～ウの内容は読み取れる。が，母の病気は作り話でもあることだと受け流せるようなものではないのでエが当てはまらない。

やや難　問五　「どのような時」が問われていることだ。「だから，仕事で辛い時～」で始まる段落からも，「～理子ちゃんが辛そうな顔をしていたので～」という店主の言葉からも，理子が辛かったり落ち込んだりした時に店に行っていたことがわかる。

問六　「潮時」とは，潮の満ちる時、また、引く時という意味の他に，物事を始めたり終えたりするのに、適当な時機という意味がある。ここでは後者の意味である。これまでも腰が痛くて店を続けるのが大変なときもあったが，いよいよ医者にもこれ以上悪くしたら歩けなくなるとまで言われたので，店を続けるのは限界がきたということになる。「どうすることか」という問いなので「店を閉じること」のような書き方にする。

問七　「寂しさ」を表現する言葉なので「胸を抉られる」である。

問八　「小学生の頃の自分～」で始まる段落が着目点になる。小学生の自分が歩いて行ける範囲が自分の世界だ。その中で書店は「自分の世界の一番端～特別な場所」だったと思い返している。

問九　「なにより，ここが自分の仕事の～」で始まる段落が着目点だ。この店があったから書店員になろうと思ったわけだが，その理由は「自分もおじさん～したいと思ったのだ」ということである。

★ワンポイントアドバイス★

45分の制限時間から考えると設問数が多い。スピード力を養う必要がある。

適性検査型

2022年度

解　答　と　解　説

《2022年度の配点は解答欄に掲載してあります。》

＜適性検査解答＞

1 (1) ロードキル　(2) エ　(3) 将来に引き継ごう，唯一無二の奄美の自然

2 (1) 60(g)

(2) たれの味がもっとも甘い料理本

・料理本Aの場合

酒・水・みりんの全体量は，10＋35＋15＝60(cc)

さとうの量は小さじ2より，3×2＝6(g)

酒・水・みりんの全体量に対するさとうの量の比率は6÷60＝0.1

・料理本Bの場合

酒・水・みりんの全体量は，55＋80＋45＝180(cc)

さとうの量は大さじ2と$\frac{1}{2}$より，9×2.5＝22.5(g)

酒・水・みりんの全体量に対するさとうの量の比率は22.5÷180＝0.125

・料理本Cの場合

酒・水・みりんの全体量は，100＋125＋75＝300(cc)

さとうの量は大さじ3と$\frac{1}{2}$と小さじ1より，9×3.5＋3＝34.5(g)

酒・水・みりんの全体量に対するさとうの量の比率は，34.5÷300＝0.115

酒・水・みりんの全体量に対するさとうの量の比率は，Bが最も高い。

選んだ料理本　B

7人分のみその重量

たれの味がもっとも甘い料理本はBである。料理本Bは3人分の材料表であるため，3人分のみその量は大さじ3と$\frac{1}{2}$より，18×3.5＝63(g)　7人分は，63×$\frac{7}{3}$＝147(g)　よって，7人分に必要なみその量は147g

7人分のみその重量　147(g)

3 (1) レタス・ジャガイモ　(2) C　ジャガイモ　E　トマト

(3) A　ゴボウ　C　セロリ　D　ニンジン

4 (1) 94　(2) ア・エ　(3) ①　お店の経費を削減できること　②　CO_2の排出量を減らせること

○配点○

1 (3) 8点　他　各6点×2

2 (1) 6点　(2) (料理本) 12点　(重量) 8点　3 各5点×6

4 (1) 6点　(2) 8点　(3) 各5点×2　計100点

＜適性検査解説＞

基本 1　(国語，社会：文章読解，世界自然遺産)

(1)　「希少《きしょう》種の交通事故死」と同じ意味を表す言葉を【記事1】から抜《ぬ》き出す。【記事1】第2段落「動物が車にはねられる」は，直後の「ロードキル」の意味の説明になっている。

(2)　【記事1】には，(観光客が)「生き物や自然環境へ配慮《はいりょ》しながらナイトツアーを楽しむ」ために，奄美《あまみ》大島で「車両規制」や「観察ルールの順守の呼びかけ」を行っているとある。よって，エが適切。

(3)　世界自然遺産としての島の価値は，「独特な進化を遂《と》げた種が豊富」「個性的な生き物が暮らす」「唯一無二《ゆいいつむに》の自然」「絶滅危惧種《ぜつめつきぐしゅ》や固有種が多い」ことなどが読み取れる。これらを20字以内でまとめる。呼びかけのメッセージであるため，語尾も工夫する。

2　(算数：割合)

(1)　アジ1匹の廃棄率《はいきりつ》は55％より，可食部は100－55＝45(％)となる。のりこさんが調理するアジ1匹は133gなので，133×0.45＝59.85　　小数点以下を四捨五入《ししゃごにゅう》し，答えは60gとなる。

(2)　まず，たれの味がもっとも甘い料理本を選ぶ。問題文に「たれは，酒・水・みりんの全体量に対するさとうの量の比率が高いほど甘くなります」とあるので，それぞれの酒・水・みりんの全体量，さとうの量を計算し，その比率を求めて料理本A・B・Cを比較する。【資料2】をもとに，大さじ・小さじをグラム数にそろえるとよい。

　次に，選んだ料理本Bの材料表をもとに，7人分のアジのみそ煮《に》を作るときに必要なみその量を考える。料理本Bは3人分の材料表である点に注意する。

3　(総合問題：資料読解)

(1)　【表】を適切に読み取る。春夏・秋冬ともに栽培《さいばい》可能なのは，キャベツ・レタス・ニンジン・ジャガイモ。このうち日かげでも育つのは，備考より，レタス・ジャガイモ。

(2)　【条件1】と【図1】をもとに考える。春夏に栽培可能な野菜で，かつ「6区間すべて異なる野菜を植える」ので，区画A，B，D，Fに植えてある野菜を除外すると，育てる野菜の候補《こうほ》はニンジン・ジャガイモ・トマト・インゲンとなる。

区画Fにエダマメ(マメ科)があり，区画C，区画Eとも「同じ科目の野菜はとなり合せに植えない」ので，インゲンは候補から除外される。

「区画Cは日中の半分以上が日かげ」であり「日かげで育つものはできる限り日かげの区画に植える」ので，区画Cで育てる野菜はジャガイモとなる。

区画Eは，ニンジン，トマトが候補である。区画Dにキュウリがあり，「相性の悪い野菜はとなり合せに植えない」ので，ニンジンが候補から除外され，トマトが候補に残る。よって，区画Cはジャガイモ，区画Eはトマト。

(3)　【条件1】【条件2】【図2】をもとに考える。秋冬に栽培可能な野菜で，かつ「1年を通して異なる12種類の野菜を育てる」ので，春夏に植えた野菜，区画B，E，Fに植えてある野菜を除外すると，育てる野菜の候補はハクサイ，ゴボウ，セロリ，ニンジンとなる。

まず，「区画Cは日中の半分以上が日かげ」であり「日かげで育つものはできる限り日かげの区画に植える」ので，区画Cで育てる野菜はセロリとなる。

区画A・Dはハクサイ，ゴボウ，ニンジンの3種類が候補である。「候補となる野菜が2種類以上ある場合は，相性の良い方をとなり合わせに植える」ので，区画Eのソラマメと相性の良いニンジンを区画Dに植える。

区画Aは，「連作障害を防ぐために，同じアルファベットの区画には，春夏に植えたものとは異なる科目の野菜を植える」ので，キャベツと同じアブラナ科であるハクサイは候補から除外され，ゴボウだけが候補に残る。よって，区画Aはゴボウ，区画Cはセロリ，区画Dはニンジン。

重要 4 **(総合問題：資料読解)**

(1)　85÷25＝3.4より，フェイスタオル1枚につき3つのシュシュを作ることができる。シュシュは全校生徒280人分必要なので，280÷3＝93.333…　小数点以下をくり上げて，答えは94枚となる。

(2)　36,540枚の傘袋《かさぶくろ》の3割を削減《さくげん》した場合に節約できる金額を考える。【資料1】より傘袋は1枚3円なので，36,540×0.3×3＝32,866(円)。よって，アは正しい。

【資料2】より，降水日の多い6，7，9月も，商店街来街者数は400,000人前後とほぼ横ばいなので，イは誤り。

【資料1】より，ビニール傘袋の袋単価は3円なので，1日雨が降ると平均5,000枚の傘袋を消費する商業施設において，年間60日雨が降った時に傘袋にかかる費用は，3×5,000×60＝900,000で約90万円となる。ウは誤り。

【資料2】より，相模《さがみ》大通り商店街で8月に雨が降った日は5日あり，その平均来街者数が8,000人なので，8月に雨が降った日の総来街者数は，8000×5＝40,000(人)。4人に1人が袋を利用したとすると，このひと月で消費された傘袋は，40,000÷4＝10,000で約1万枚。よって，エは正しい。

【資料2】より，2020年度の相模大通り商店街来街者数はどの月も40万人を超えているので，年間来街者数は少なくとも400,000×12＝4,800,000で480万人を超えていると推定できる。よって，オは誤り。

(3)　【会話文】や【資料1】から，「ビニール傘袋の経費削減」「ビニール傘袋の使い捨てによるCO_2排《はい》出量《しゅつりょう》を減らせる」「プラスチックごみの削減」などの利点が読み取れる。これらを10字以内にまとめて答える。

★ワンポイントアドバイス★

さまざまな資料や図などをよく読んで答えさせる問題が多い。複数の資料をから，問題を解くのに必要な情報を正確に読み取ることが大切。記述問題や計算式，考え方を答える問題もあるので理由や説明を自分の言葉で簡潔《かんけつ》に書けるようにしっかり練習しよう。

MEMO

大切なことはメモしておこうネ！

解答用紙集

○月×日　△曜日　天気（合格日和）

◆ご利用のみなさまへ

＊解答用紙の公表を行っていない学校につきましては、弊社の責任において、解答用紙を制作いたしました。

＊編集上の理由により一部縮小掲載した解答用紙がございます。

＊編集上の理由により一部実物と異なる形式の解答用紙がございます。

人間の最も偉大な力とは、その一番の弱点を克服したところから生まれてくるものである。 ――カール・ヒルティ――

東京学参株式会社

相模女子大学中学部(第1回)　2024年度

◇算数◇

※ 120%に拡大していただくと，解答欄は実物大になります。

1

(1)		(2)		(3)	
(4)		(5)		(6)	

2

(1)		(2)	%	(3)	通り
(4)	名	(5)	通り	(6)	cm^2

3

(1)	cm^3	(2)	cm^2

4

(1)	g	(2)	分後

5

(1)	時間　　　分
(2)	式・図・考え方 km

6

(1) 式・図・考え方

(2) 式・図・考え方

個

2024年度 相模女子大学中学部（第一回）

◇国語◇

※164％に拡大していただくと、解答欄は実物大になります。

一

1		2		3		4	く	5	

二

1		2		3		4		5	

三

（一）	1		2		3		4		5	
（二）	1		2		3		4			
	5									

四

問一 ①　②

問二　問三　問四

問五 (20)

問六

問七 （一）　（二）

問八　問九

五

問一

問二　問三

問四

問五　と、わかりません。

問六　問七

問八

問九

問十

相模女子大学中学部(第2回)　2024年度　◇算数◇

※ 120%に拡大していただくと，解答欄は実物大になります。

1

(1)		(2)		(3)	
(4)		(5)		(6)	

2

(1)		(2)	分後	(3)	通り
(4)	秒速　m	(5)	人	(6)	度

3

(1)	cm^3	(2)	cm^2

4

(1)	g	(2)	%

5

(1) 式・図・考え方

m

(2) 式・図・考え方

分　　　　秒後

6

(1) 式・図・考え方

番目の数

(2) 式・図・考え方

相模女子大学中学部(第2回)　2024年度

◇理科◇

※ 167%に拡大していただくと，解答欄は実物大になります。

1

(1)		(2)	g	(3)	g	(4)	g

2

(1)		(2)			
(3)					
(4)		(5)	%	(6)	%

3

(1)					
(2)					
(3)		(4)		(5)	g

4

(1)		(2)	
(3)	から。		
(4)	→ → →	(5)	

相模女子大学中学部(第2回)　2024年度

◇社会◇

※ 167％に拡大していただくと，解答欄は実物大になります。

1

問1				問2			
問3		問4		問5		問6	
問7							
問8	船舶		航空機		鉄道		自動車	

2

問1	A	B	
問2	あ	い	
問3	(1)		
	(2)	①	
		②	

問4	Ⅰ	Ⅱ	問5		問6	

3

①	②	③	④	⑤
⑥	⑦	⑧	⑨	⑩

4

問1		問2		問3		問4		問5	

2024年度　相模女子大学中学部(第2回)

◇国語◇

※164%に拡大していただくと、解答欄は実物大になります。

一　1　2　3　4　5　かる

二　1　2　3　4　5

三
(一)　1 A　B　2 A　B　3 A　B　4 A　B　5 A　B
(二)　1　2　3　4　5

四
問一　問二　問三　問四　問五　問六　問七　問八 I　II　問九

五
問一　問二　問三　問四 ①　②　問五 最初　最後　から　問六　問七　問八　問九　問十

相模女子大学中学部（適性検査型）　2024年度

◇適性検査◇

※ 122％に拡大していただくと，解答欄は実物大になります。

1

(1)	A		B	

(2)	①		
	②		10
			20
	③		

2

(1)	回

(2)	1位	チーム
	2位	チーム
	3位	チーム

(3)	ア		イ		ウ		エ	
	オ		カ		キ		ク	

3

(1)	円

(2)	

4

(1)	①	時　分
(2)	②	時　分

(3)										
										30
										50

相模女子大学中学部(第1回)　2023年度

◇算数◇

※ 118%に拡大していただくと，解答欄は実物大になります。

1

(1)		(2)		(3)	
(4)		(5)		(6)	

2

(1)		(2)		(3)	時間　分　秒
(4)	cm	(5)		(6)	cm^2

3

(1)	g	(2)	g

4

(1)	cm^2	(2)	cm^3

5

(1) 式・図・考え方

番目

(2) 式・図・考え方

6

(1) 式・図・考え方

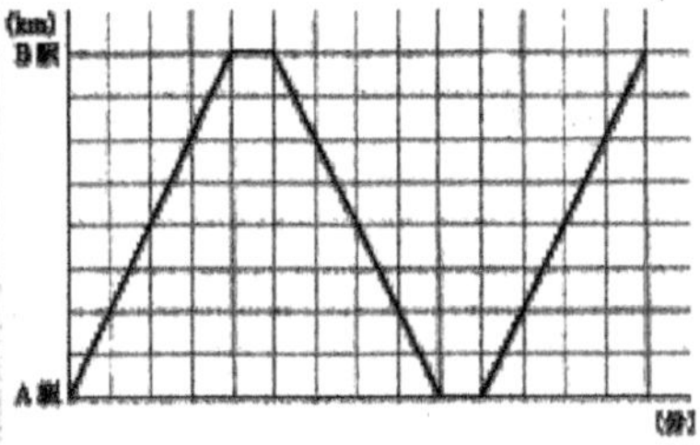

km

(2) 式・図・考え方

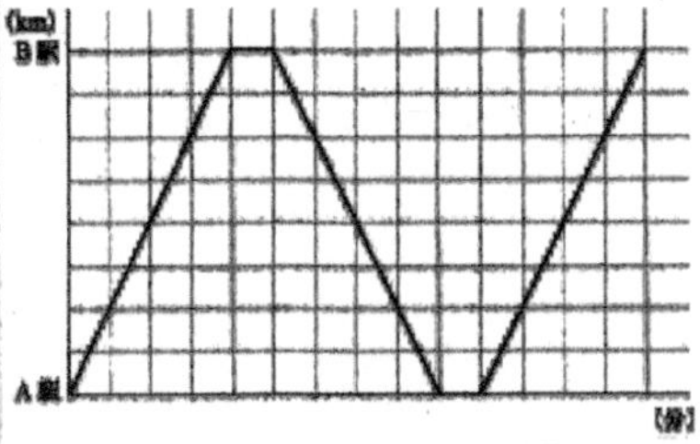

時　分

◇国語◇

相模女子大学中学部(第1回)　２０２３年度

※１６７％に拡大していただくと，解答欄は実物大になります。

一

1		2		3		4		5	か

二

1		2		3		4		5	

三

(一)	1		2		3		4		5	
(二)	1		2		3		4		5	

四

問一	A	B	
問二		人	
問三		問四	問五
問六			
問七			
問八		問九	

五

問一		
問二		
問三		問四
問五		問六
問七		問八
問九	一つ	
	二つ	

相模女子大学中学部(第2回)　2023年度

◇算数◇

※ 118%に拡大していただくと，解答欄は実物大になります。

1

(1)	(2)	(3)
(4)	(5)	(6)

2

(1)　円	(2)　%	(3)
(4)　人	(5)　通り	(6)　cm^2

3

(1)　L	(2)　分後

4

(1)　cm^2	(2)　cm^3

5

(1) 式・図・考え方

本

(2) 式・図・考え方

個

6

(1) 式・図・考え方

個

(2) 式・図・考え方

個

相模女子大学中学部(第2回)　2023年度

◇理科◇

※ 120%に拡大していただくと，解答欄は実物大になります。

1

(1)		(2)	30 g	100 g
(3)	g	(4)		
(5)				

(4)

あ	い	う	え	お	か	き	く	け

2

(1)	実験1	実験2	(2)		(3)	
(4)						

(5)	A		B		C		D		E		F	

3

(1)		(2)	子の時期	親の時期
(3)	魚類 → 両生類 → は虫類	(4)		
(5)				

4

(1)		(2)	
(3)			
(4)		(5)	

相模女子大学中学部(第2回)　2023年度

◇社会◇

※ 120%に拡大していただくと，解答欄は実物大になります。

1

問1		問2	あ	い	問3	い	う
問4		問5					
問6	（記号）	（説明）					
問7							
問8							

2

問1	A	B		問2		問3	
問4		問5		問6		問7	
問8	（政策）						
	（理由）						
問9		問10		問11			

3

①	②	③	④	⑤
⑥	⑦	⑧	⑨	⑩

4

問1		問2		問3		問4		問5	

◇国語◇

相模女子大学中学部(第2回)　２０２３年度

※１６７％に拡大していただくと，解答欄は実物大になります。

一

1	2	3	4	5
			し	

二

1	2	3	4	5

三

(一)

	ア	イ
1	線	線
2	陸	陸
3	場	場
4	路	路
5	極的	極的

(二)

1	2	3	4	5

四

問一　問二 ①　②　問三　問四　問五 A　B　問六　問七 〜 だから　問八　問九　問十

五

問一　問二　問三　問四　問五　問六 姿　問七　問八　問九　問十 A　B　C

相模女子大学中学部(適性検査型)　2023年度

◇適性検査◇

※ 125%に拡大していただくと，解答欄は実物大になります。

1

(1)	①	最初						最後					
	②												

(2)															15
															30

2

		高さ 120cm の板		高さ 100cm の板		高さ 80cm の板	
		幅 70cm	幅 40cm	幅 45cm	幅 30cm	幅 80cm	幅 50cm
(1)	東側	枚	枚	枚	枚	枚	枚
	西側	枚	枚	枚	枚	枚	枚
	北側	枚	枚	枚	枚	枚	枚

(2)	

3

(1)

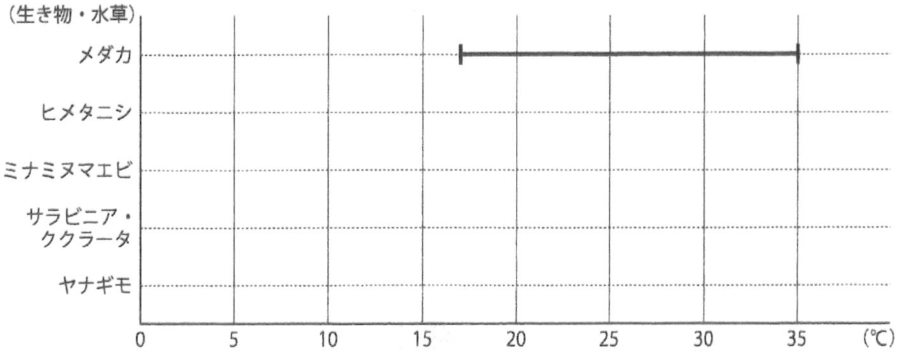

(2)	

(3)	水に浮く水草	
	底土に根をはる水草	

(4)	℃

4

(1)	

(2)	

	田中さん	鈴木さん	高橋さん	佐藤さん
(3)				

相模女子大学中学部(第1回)　2022年度

◇算数◇

※ 118%に拡大していただくと，解答欄は実物大になります。

1

(1)		(2)		(3)		(4)		(5)		(6)	

2

(1)		(2)		(3)	円	(4)		(5)	番目	(6)	度

3

(1)	通り	(2)	通り

4

(1)	km	(2)	分間

5

(1) 式・図・考え方

g

(2) 式・図・考え方

%

6

(1) 式・図・考え方

cm^2

(2) 式・図・考え方

cm^2

◇国語◇

相模女子大学中学部(第1回)　２０２２年度

※１４７％に拡大していただくと、解答欄は実物大になります。

一

1		2		3		4		5	

二

1		2		3		4		5	

三

(一)

1		2	
3		4	
5			

(二)

1 最も難しい試験が近ずいてきたので、勉強を始めよう。

2 君との約束は必らず守ると心に誓って、旅に出た。

3 友達に誘われたが、予定があるので断わった。

4 元気よく「こんにちわ。」と言うと、笑顔で応じてくれた。

5 もう一度持ち物を確めると、忘れ物があることに気づいた。

四

問一

問二 一つ　二つ

問三

問四 ①　②

問五 最初　最後　こと

問六　問七

問八　問九 最初　最後

五

問一 ①　②　問二　問三

問四 ・　問五

問六 A　B

問七

問八

問九

相模女子大学中学部(第2回)　2022年度

◇算数◇

※ 118%に拡大していただくと，解答欄は実物大になります。

1

(1)		(2)		(3)		(4)		(5)		(6)	

2

(1)	円	(2)		(3)		(4)	秒	(5)	%	(6)	cm^2

3

(1)	cm^3	(2)	cm^2

4

(1)	枚	(2)	人

5

(1) 式・図・考え方

通り

(2) 式・図・考え方

通り

6

(1) 式・図・考え方

枚

(2) 式・図・考え方

が　　　枚多い

相模女子大学中学部(第2回)　2022年度

◇理科◇

※ 119%に拡大していただくと，解答欄は実物大になります。

1

(1)			(2)				
(3)	①	ア		イ		ウ	
	②	点の位置			おもり	g	

2

(1)	ア		イ		ウ	
	エ		オ			
(2)	カ		キ			
(3)	ク		ケ			

3

(1)		(2)	
(3)			
(4)		(5)	

(6)	①		②		③		④	

4

(1)	①		②		③	
(2)		(3)				

相模女子大学中学部(第2回)　2022年度

◇社会◇

※ 120%に拡大していただくと，解答欄は実物大になります。

1

問1	A　工業地帯			B　工業地帯			問2		
問3		問4		問5		問6		問7	
問8	(どちらかに○) 内陸部　臨海部								
	(理由)								

2

問1							
問2	①	②		③		④	
問3		問4		問5		問6	
問7							
問8							

3

①	②	③	④	⑤
⑥	⑦	⑧	⑨	⑩

4

問1		問2		問3		問4		問5	

2022年度

相模女子大学中学部(第2回)

※ 145%に拡大していただくと、解答欄は実物大になります。

◇国語◇

一

1		2	した	3		4		5	

二

1		2		3		4		5	

三

(一)	1		2		3		4		5	
(二)	1		2		3					
	4		5							

四

問一	A		B		問二
問三		問四			
問五					
問六		問七			
問八					
問九					

五

問一	(一)				
	(二)				
問二		問三		問四	
問五					
問六					
問七					
問八	最初		最後		
問九					

相模女子大学中学部(適性検査型)　2022年度

◇適性検査◇

※ 125%に拡大していただくと，解答欄は実物大になります。

1

(1)

(2)

(3)

10

20

2

(1)　g

(2)

たれの味がもっとも甘い料理本

考え方や途中式

選んだ料理本

7人分のみその重量

考え方や途中式

7人分のみその重量　g

3

(1)					
(2)	C		E		
(3)	A		C		D	

4

(1)		
(2)		
(3)	①	
	②	

MEMO

大切なことはメモしておこうネ！

MEMO

大切なことはメモしておこうネ！

MEMO

大切なことはメモしておこうネ！

MEMO

大切なことはメモしておこうネ！

〈ダウンロードコンテンツについて〉

本問題集のダウンロードコンテンツ、弊社ホームページで配信しております。現在ご利用いただけるのは「2025年度受験用」に対応したもので、**2025年3月末日**までダウンロード可能です。弊社ホームページにアクセスの上、ご利用ください。

※配信期間が終了いたしますと、ご利用いただけませんのでご了承ください。

中学別入試過去問題シリーズ

相模女子大学中学部　2025年度

ISBN978-4-8141-3210-2

[発行所] 東京学参株式会社

〒153-0043　東京都目黒区東山2-6-4

書籍の内容についてのお問い合わせは右のQRコードから　⇒

※書籍の内容についてのお電話でのお問い合わせ、本書の内容を超えたご質問には対応できませんのでご了承ください。

2024年6月6日　初版